现代管理数学方法案例集

徐海燕　朱建军　赵士南　编著

科学出版社

北　京

内 容 简 介

本书以实用性和可操作性为导向,系统介绍现代化管理中常用的系统软件及实际应用案例。全书共5章:第1、2章详细介绍统计学、运筹学和决策领域常用的软件工具(SPSS、MATLAB、LINGO、WinQSB、DEAP等),特别增加了博弈论软件(Gambit)和冲突分析图模型软件(GMCR Ⅱ、NUAAGMCR)的相关介绍,操作步骤详细、简单易学;第3~5章分别介绍统计学、运筹学和决策领域的实际应用案例,涵盖了航空、物流、零售、制造业等各个行业,内容丰富、实用性强。

本书既可作为高等院校管理科学与工程、工商管理、项目管理等专业的本科生、研究生及MBA的专业教材,也可作为企业和社会管理人员的实践指南。

图书在版编目(CIP)数据

现代管理数学方法案例集 / 徐海燕,朱建军,赵士南编著. —北京:科学出版社,2019.3

ISBN 978-7-03-058198-3

Ⅰ. ①现⋯ Ⅱ. ①徐⋯ ②朱⋯ ③赵⋯ Ⅲ. ①管理学–数学–案例
Ⅳ. ①C931.1

中国版本图书馆 CIP 数据核字(2018)第 149995 号

责任编辑:方小丽 / 责任校对:郑金红
责任印制:张 伟 / 封面设计:蓝正设计

科 学 出 版 社 出版
北京东黄城根北街 16 号
邮政编码:100717
http://www.sciencep.com
北京中石油彩色印刷有限责任公司 印刷
科学出版社发行 各地新华书店经销
*
2019年3月第 一 版 开本:787×1092 1/16
2019年8月第二次印刷 印张:16 1/2
字数:396 000
定价:**78.00** 元
(如有印装质量问题,我社负责调换)

前　言

《现代管理数学方法》涵盖了统计学、运筹学和决策分析领域常用的理论模型和方法，但在数据处理、模型求解和决策分析方面仍需花费大量的时间与精力，亟须利用功能强大的专业软件进行辅助计算。因此，我们又编写了一本配套教材《现代管理数学方法案例集》，重点介绍统计学、运筹学和决策分析领域常用的软件和实际案例，引导大家学会使用专业的系统软件以大幅提高决策分析的效率，并通过案例学习进一步巩固所学的理论和方法。与其他同类教材相比，本书主要具有以下两个特色。

（1）涵盖了统计学、运筹学和决策分析领域的常用软件，特别增加了博弈论软件（Gambit）和冲突分析图模型软件（GMCR II、NUAAGMCR）的相关内容。给出了软件使用的详细步骤和操作界面，思路清晰、简单易学，很大程度上降低了软件学习的门槛。

（2）从航空、物流、零售、制造业等领域中提炼出了大量的实际案例，内容丰富、实用性强。本书还提供了翔实的案例分析思路、模型构造及软件求解过程，充分体现了从数据分析、模型构建、模型求解到最后决策制定的一整套现代管理数学方法。

围绕上面的两个特色，本书主要内容可以划分为软件介绍和案例分析两个部分。

软件介绍（第 1、2 章）：该部分主要介绍统计学、运筹学和决策分析领域常用的系统软件。其中，统计学常用的数据分析工具包括 Excel、SPSS、MINITAB 和 EViews；运筹学常用的建模优化工具包括 Excel、LINGO、WinQSB、AHP、DEAP 和 MATLAB；决策分析常用的工具包括 GTM、GAMBIT、GMCR II 和 NUAAGMCR。这些软件工具极大地提高了数据处理、模型求解及决策分析的效率。

案例分析（第 3～5 章）：该部分主要介绍统计学、运筹学和决策分析领域的实际应用案例，很多案例都是从实际生活中提炼出来的，如经济发展与环境质量协调度研究、华润苏果公司的选址问题、南京烟草公司存储模式研究、英国脱欧博弈模型、加拿大 Elmira 环境污染冲突模型等。统计学案例包括主成分分析、回归分析和聚类分析三方面内容；根据内容深浅，运筹学案例被划分为初等运筹学案例（线性规划、运输模型、选址模型、最小费用最大流、网络优化模型、存储模型）和高等运筹学案例（排队论和动态规划）；决策分析案例则主要涵盖 AHP、DEA、TOPSIS、博弈论及冲突分析图模型理论等。

　　本书中的很多案例素材来自于所指导本科生及研究生的学术成果，作者在本书的编写过程中也从国内外同类专业教材中获得了一定的启发，在此表示衷心的感谢！

　　由于作者水平和时间有限，书中难免存在一些不足之处，恳请广大读者批评指正。

徐海燕

2018 年 10 月

目　录

第 5 章

第1章

统计学常用软件

1.1 Excel

Excel 是微软办公套装软件的一个重要的组成部分，它可以进行各种数据的处理、统计分析和辅助决策操作，广泛地应用于管理、统计、财经、金融等众多领域。Excel 的统计分析功能体现在四个方面：分析工具库、公式与函数、图表功能和 VBA 编程。

Excel 专门提供了一组数据分析工具，只需为每一个分析工具提供必要的数据和参数，该工具就会输出相应的结果。分析工具库使 Excel 具备了专业统计分析软件的某些功能，包括描述统计分析、相关与回归分析、直方图、时间序列分析、抽样工具、假设检验等，具体内容如图 1.1.1 所示。

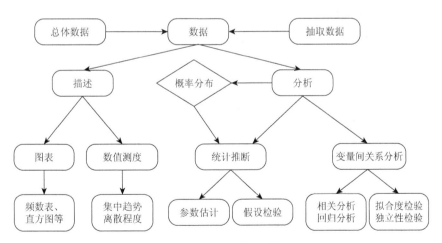

图 1.1.1　Excel 统计功能

1. 加载 Excel 数据分析宏程序

具体操作如下：以 Microsoft Excel 2013 为例，在菜单栏中执行"文件"→"选项"→"加载项"→"转到"命令，在可用加载宏对话框中勾选"分析工具库"及"分析工具库-VBA"，并单击"确定"按钮，如图 1.1.2 所示。"数据分析"宏程序加载后（图 1.1.3），会在 Excel 的"数据"菜单里出现"数据分析"的命令选项。

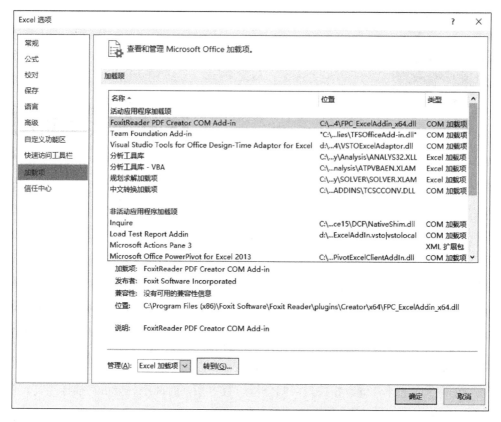

图 1.1.2 加载项

完成了 Excel "数据分析"宏程序的加载后,执行数据菜单中的"数据分析"命令,即会弹出 Excel 的"数据分析"对话框,如图 1.1.4 所示。在整个分析工具宏程序库中设有各种数据处理分析的工具宏程序,包括用于进行描述统计分析的描述统计和直方图等分析工具宏,也包括可以进行推断统计分析的方差分析、相关和回归分析、统计推断和检验以及时间序列指数平滑法等分析工具宏。

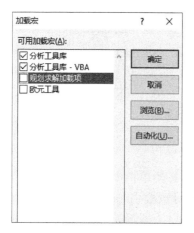

图 1.1.3 Excel 功能模块加载

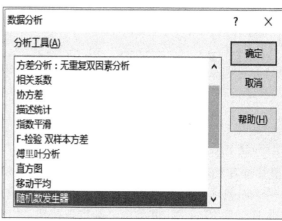

图 1.1.4 "数据分析"对话框

2. Excel 的统计函数

在 Excel 提供的函数中，有 76 个统计函数，如表 1.1.1 所示。

表 1.1.1　Excel 中统计函数及其功能

函数	功能
AVEDEV	返回一组数据与其均值的绝对偏差的平均值
AVERAGE	计算参数的算术平均数
AVERAGEA	返回所有参数的平均值
BETADIST	返回累积 beta 分布的概率密度
BETAINV	计算 beta 分布累积函数的反函数值
BINOMDIST	返回一元二次项分布的概率
CHIDIST	计算单尾 chi-squared 的概率值
CHIINV	计算单尾 chi-squared 分布的反函数值
CHITEST	计算独立检验的结果
CONHDENCE	返回总体平均值的置信区间
CORREL	计算两个数组的相关系数
COUNT	计算指定范围或数组里含有数字的个数
COUNTA	计算参数清单里含有非空白数据的个数
COVAR	计算协方差，即每对数据点的偏差乘积的平均数
CRITBINOM	返回使累积二项式分布大于等于临界值的最小值
DEVSQ	返回数据点与各自样本均值偏差的平方和
EXPONDIST	返回指数分布函数
FDIST	计算 F 概率分布
FINV	计算 F 概率分布的反函数值
FISHER	计算数值的 Fisher 变换
FISHERINV	计算 Fisher 变换函数的反函数值
FORECAST	根据已知的 x 和 y 数组的线性回归预测 x 值
FREQUENCY	以一垂直数组计算频率的分布
FTEST	返回 F 检验结果的值
GAMMADIST	返回伽马分布函数
GAMMAINV	计算伽马累积分布的反函数值
GAMMALN	计算伽马函数的自然对数
GEOMEAN	返回一正数数组或数值区域的几何平均数
GROWTH	根据给定的数据预测指数增长值
HARMEAN	计算一组数据的调和平均数
HYPGEOMDIST	返回超几何分布
INTERCEPT	计算因变量和自变量的线性回归线的截距值

续表

函数	功能
KURT	计算一组数据的峰值
LARGE（Array，K）	返回数据集 Array 中第 K 个最大的数值
LINEST	返回一线性回归方程的参数
LOGEST	计算描述指数曲线预测公式的参数
LOGINV	计算 x 的对数正态分布累积函数的反函数值
LOGNORMDIST	计算 x 的对数正态分布的累积函数
MAX	返回一组参数中的最大值，忽略逻辑值及文本字符
MAXA	返回一组参数中的最大值，不忽略逻辑值和字符串符
MEDIAN	计算一组参数的中间值
MIN	返回一组参数中的最小值，忽略逻辑值及文本字符
MINA	返回一组参数中的最小值，不忽略逻辑值和字符串
MODE	返回一组数据或数据区域中出现频率最高的数
NEGBINOMDIST	返回负二项式分布
NORMDIST	返回给定平均值和标准差的正态分布的累积函数
NORMINV	对于指定的均值和标准差，计算其正态分布累积函数的反函数值
NORMSDIST	返回标准正态分布函数值
NORMSINV	返回标准正态分布的区间点
PEARSON	计算皮尔逊（Pearson）积矩法的相关系数
PERCENTILE	返回数组的 K 百分比数值点
PERCENTRANK	返回特定数值在一组数中的百分比排位
PERMUT	计算从给定元素数目的集合中选取若干元素的排列数
POISSON	计算泊松概率分布
PROB	计算落在概率上下值之间的相对概率
QUARTILE	返回一组数据的四分位点
RANK	计算某数字在指定范围中的排序等级
RSQ	返回给定数据点的 Pearson 积矩法相关系数的平方
SKEW	计算一个分布的偏斜度
SLOPE	计算直线回归的斜率
SMALL（Array，K）	返回数据集 Array 中第 K 个最小的数值
STANDARDIZE	计算一个标准化正态分布的概率值
STDEV	根据某样本估计出标准差
STDEVP	将参数序列视为总体本身，返回其总体标准差
STEYX	返回回归中每个由 x 预测 y 值的标准误差
TDIST	计算 Student-t 分布值
TINV	计算指定自由度和双尾概率的 Student-t 分布的区间点

续表

函数	功能
TREND	返回一条线性回归拟合线的一组纵坐标值（Y 值）
TRIMMEAN	计算数组内部的平均值
TTEST	计算 Student-t 检验的概率值
VAR	根据抽样样本，计算方差估计值及逻辑值文字将省略
VARA	根据抽样样本，计算方差估计值
VARP	根据整个总体本身，计算方差文字及逻辑值省略不计
VARPA	根据整个总体，计算方差
WEIBULL	计算 Weibull 分布值
ZTEST	计算 z 检验的双尾 P 值

在 Excel 运行过程中调用统计函数主要采用两种方法。第一种是在工作簿的单元格中直接输入等号及统计函数的函数名称，然后在有关的参数选项中填入正确的参数，即可得到计算结果。第二种是利用粘贴函数按钮调用，单击粘贴函数快捷按钮，或执行"公式"→"插入函数"命令（图 1.1.5），即会弹出一个 Excel 函数选择表。

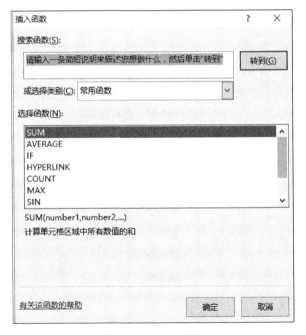

图 1.1.5　插入函数

3. 应用举例：相关与回归分析

1）相关分析

利用 Excel 中数据分析功能可以计算相关系数。以下面的促销投入与销售收入数据为例（图 1.1.6），计算促销投入与销售收入的相关系数。

	A	B	C
1	月份	促销投入（万）	销售收入（万）
2	1	0.3	16
3	2	0.4	18
4	3	0.6	19
5	4	0.7	20
6	5	0.8	22
7	6	0.9	23
8	7	1	25
9	8	0.8	24
10	9	0.6	22
11	10	0.5	20
12	11	0.6	24
13	12	0.5	23

图 1.1.6　促销投入与销售收入

步骤 1：完成数据输入之后，执行菜单栏中的"数据"→"数据分析"命令，在弹出的数据分析对话框中选择"相关系数"，并单击"确定"按钮，如图 1.1.7 所示。

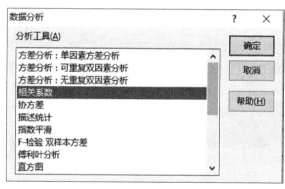

图 1.1.7　数据分析对话框

步骤 2：在弹出的"相关系数"对话框中进行参数设置，如图 1.1.8 所示。确定输入区域和输出区域。然后单击"确定"按钮，就可以得到促销投入和销售收入的相关系数矩阵，如图 1.1.9 所示。

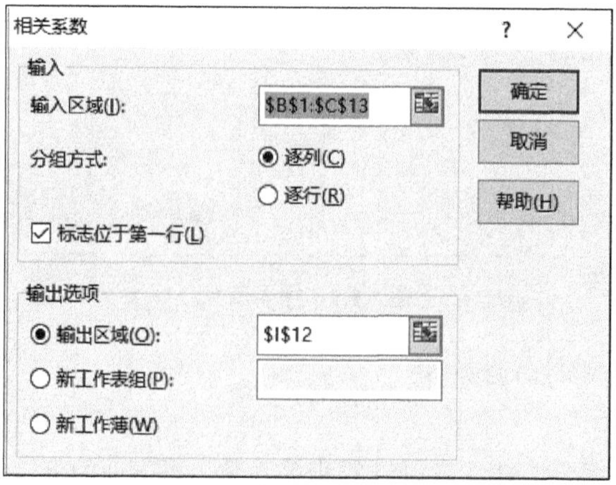

图 1.1.8　相关系数参数设置

	促销投入（万）	销售收入（万）
促销投入（万）	1	
销售收入（万）	0.760043243	1

图 1.1.9 相关系数矩阵

2）回归分析

步骤 1：完成数据输入之后，执行菜单栏中的"数据"→"数据分析"命令，在弹出的数据分析对话框中选择"回归"，并单击"确定"按钮，如图 1.1.10 所示。

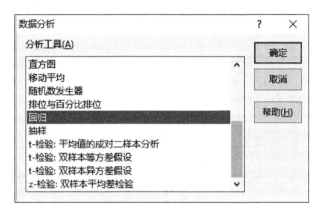

图 1.1.10 回归分析选项

步骤 2：单击"确定"按钮后，会弹出回归分析的对话框，进行参数设置，如图 1.1.11 所示。在"Y 值输入区域"中，输入"C2:C13"，"X 值输入区域"中输入"B2:B13"，

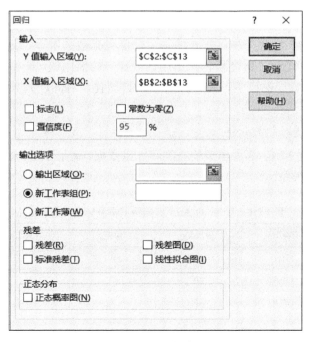

图 1.1.11 回归分析参数设置

输出选项默认"新工作表组"，单击"确定"按钮，得到回归分析的结果，如图 1.1.12 所示。由计算结果可知，回归模型为 $\hat{Y}=14.86+10.09X$。

SUMMARY OUTPUT							
回归统计							
Multiple	0.760043						
R Square	0.577666						
Adjusted	0.535432						
标准误差	1.868501						
观测值	12						
方差分析							
	df	SS	MS	F	Significance F		
回归分析	1	47.7537	47.7537	13.67793	0.00412		
残差	10	34.91297	3.491297				
总计	11	82.66667					
	Coefficient	标准误差	t Stat	P-value	Lower 95%	Upper 95%	下限 95.0%	上限 95.0%
Intercept	14.85968	1.83163	8.112817	1.04E-05	10.77855	18.94081	10.77855	18.94081
X Variabl	10.08881	2.727909	3.698368	0.00412	4.010651	16.16697	4.010651	16.16697

图 1.1.12　回归分析结果

1.2　SPSS

SPSS（statistical product and service solutions）为 IBM 公司推出的一系列用于统计学分析运算、数据挖掘、预测分析和决策支持任务的软件产品及相关服务的总称。它集数据录入、整理、分析功能于一身，分析结果清晰、直观、易学易用，而且可以直接读取 Excel 及 DBF 数据文件。SPSS 的基本功能包括数据管理、统计分析、图表分析、输出管理等。SPSS 统计分析过程包括描述性统计、均值比较、一般线性模型、相关分析、回归分析、对数线性模型、聚类分析、数据简化、时间序列分析、多重响应等几大类。

1. 利用 SPSS 进行相关分析

表 1.2.1 是某地 20 名 13 岁男童的身高和体重数据，运用 SPSS 相关分析功能来分析身高与体重的相关关系。

表 1.2.1　某地 20 名 13 岁男童身高和体重数据信息

编号	身高/cm	体重/kg	编号	身高/cm	体重/kg
1	135.1	32	6	167.8	36
2	139.9	30	7	167.8	42
3	163.6	46	8	149.7	31
4	146.5	34	9	145.0	33
5	156.2	37	10	148.5	37

续表

编号	身高/cm	体重/kg	编号	身高/cm	体重/kg
11	165.5	50	16	147.6	41
12	135.0	28	17	157.5	43
13	153.3	41	18	155.1	45
14	152.0	32	19	160.5	38
15	160.5	47	20	143.0	32

步骤 1：打开 SPSS 软件，输入 20 名男童的身高和体重数据，如图 1.2.1 所示。

步骤 2：执行菜单栏中的"分析"→"相关"→"双变量"命令，如图 1.2.2 所示。

图 1.2.1　输入身高和体重数据　　　　图 1.2.2　选择双变量相关分析

步骤 3：在弹出的双变量相关对话框中设置参数。首先将左侧的两个变量（身高和体重）添加到右侧的"变量"框中，然后选择相关系数"Pearson"，显著性检测"双尾检验"，并勾选"标记显著性相关"，如图 1.2.3 所示。如果需要对原始数据进行统计描述，单击"选项"按钮，在弹出的对话框中选择"平均值和标准差"，如图 1.2.4 所示。

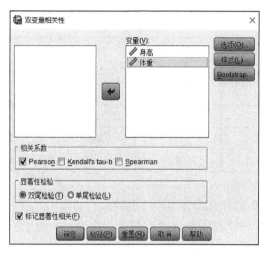
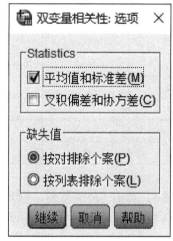

图 1.2.3　双变量相关分析参数设置　　　　图 1.2.4　选项对话框设置

步骤 4：单击"确定"按钮，得到相关分析和描述性分析的结果，如表 1.2.2 所示。

表 1.2.2　分析结果

描述统计分析结果			
指标	平均值	标准偏差	N
身高	152.505	10.0861	20
体重	37.75	6.340	20

相关性分析结果			
指标		身高	体重
身高	Pearson 相关性	1	0.741**
	显著性（双尾）		0.000
	N	20	20
体重	Pearson 相关性	0.741**	1
	显著性（双尾）	0.000	
	N	20	20

** 在置信度（双测）为 0.01 时，相关性是显著的；N 表示样本容量。

从表 1.2.2 的相关性分析结果可以看出，体重和身高之间的 Pearson 相关系数为 0.741，即 $r = 0.741$，表示体重与身高呈正相关关系，且两变量是显著相关的。

2. 利用 SPSS 进行回归分析

下面仍以上述 20 名 13 岁男童的身高与体重数据为例，阐述 SPSS 软件进行线性回归分析的过程。

步骤 1：在 SPSS 软件中输入要进行回归分析的数据，然后执行"图形"→"旧对话框"→"散点/点状"命令，如图 1.2.5 所示。绘制散点图，判断身高与体重之间是否存在线性相关，如果线性相关，则继续进行线性回归分析。散点图结果如图 1.2.6 所示。

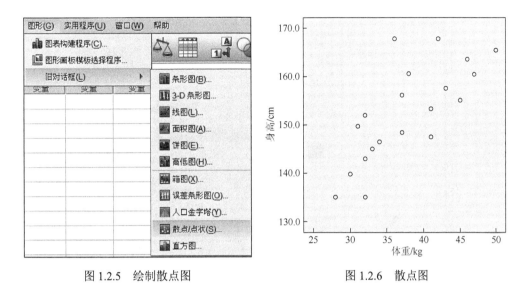

图 1.2.5　绘制散点图　　　　　　图 1.2.6　散点图

步骤 2：执行菜单栏中的"分析"→"回归"→"线性"命令，如图 1.2.7 所示。

图 1.2.7　选择线性回归分析

　　步骤 3：在弹出的线性回归对话框中设置相关参数。在此将"身高"作为因变量，"体重"作为自变量，如图 1.2.8 所示。

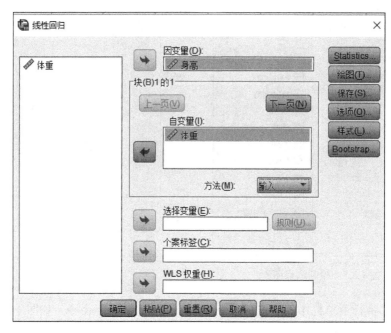

图 1.2.8　线性回归参数设置

　　步骤 4：单击"Statistics"按钮，设置回归系数和残差，如图 1.2.9 所示。确定后单击"继续"和"确定"按钮，即可得到回归分析的结果，如图 1.2.10 所示。

　　根据上述分析结果，可以确定 20 名 13 岁男童的身高（H）与体重（W）的线性回归方程为 $H = 1.178W + 108.024$，$R^2 = 0.549$，拟合度不是很高，可以继续尝试采用其他回归分析方法。

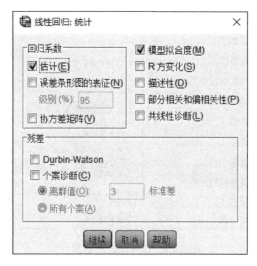

图 1.2.9　统计量设置

模型摘要

模型	R	R^2	调整后的R^2	标准估算的错误
1	0.741[a]	0.549	0.524	6.9621

a. 预测变量：（常量），体重

$ANOVA^a$

模型		平方和	自由度	均方	F	显著性
1	回归	1060.380	1	1060.380	21.877	0.000[b]
	残差	872.470	18	48.471		
	总计	1932.850	19			

a. 因变量：身高

b. 预测变量：（常量），体重

系数[a]

模型		非标准化系数		标准系数	t	显著性
		B	标准错误	贝塔		
1	（常量）	108.024	9.637		11.210	0.000
	体重	1.178	0.252	0.741	4.677	0.000

a. 因变量：身高

图 1.2.10 线性回归分析结果

3. 利用 SPSS 进行聚类分析

分别用 K-均值聚类和系统聚类根据 3 个指标对 14 个国家进行聚类分析。

1）K-均值聚类

步骤 1：导入数据，在菜单栏中执行"文件"→"打开"→"数据"（图 1.2.11）命令，然后弹出"打开数据"对话框（注意导入文件格式，如图 1.2.12 所示），最后导入数据，如图 1.2.13 所示。

图 1.2.11 导入数据图

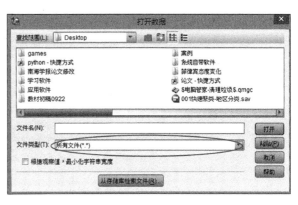

图 1.2.12 打开数据

步骤 2：执行菜单栏中的“分析”→“分类”→“K-均值聚类”命令，弹出对话框，如图 1.2.14 所示。

	name	open	rate	aGDP
1	美国	72.8	92.0	5547
2	日本	76.3	91.0	5532
3	瑞士	74.8	94.0	5545
4	阿根廷	68.9	88.9	5415
5	阿联酋	70.6	70.7	5543
6	保加利亚	68.0	86.0	4423
7	古巴	72.1	74.9	2085
8	巴拉圭	66.8	84.2	4163
9	格鲁吉亚	69.6	74.0	2473
10	南非	59.6	73.6	4972
11	中国	65.3	72.3	2123
12	罗马尼亚	66.7	77.9	3013
13	希腊	74.4	86.8	5406
14	哥伦比亚	66.1	83.3	4331

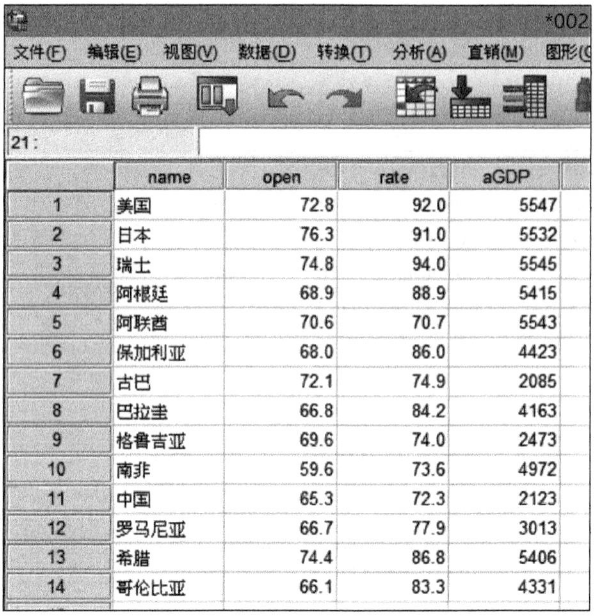

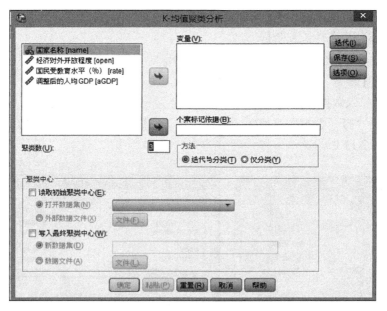

图 1.2.13　数据

图 1.2.14　“K-均值聚类分析”对话框

步骤 3：弹出“K-均值聚类分析”对话框，将“国家”变量选入“个案标记依据”中，将其他变量选入“变量”，如图 1.2.15 所示。在“方法”单选框中选中“迭代与分类”，在“聚类数”中填上“3”，表示聚类结果将分成 3 类。

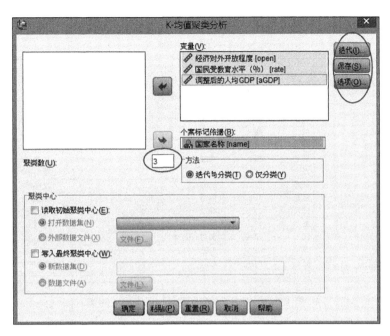

图 1.2.15　选项

单击"迭代"按钮，弹出"K-均值聚类分析：迭代"对话框，在"最大迭代次数"中填上"10"（默认值），如图 1.2.16 所示，表示设定的最大迭代次数为 10。

单击"选项"按钮，在"K-均值聚类分析：选项"对话框中选择"初始聚类中心"、"每个个案的聚类信息"，如图 1.2.17 所示，表示输出结果将包括这两项内容。

单击"保存"按钮，在"K-Means 群集：保存"对话框中选择"聚类成员"、"与聚类中心的距离"，如图 1.2.18 所示，表示输出结果将包括这两项内容，并保存在"变量视图"以及"数据视图"中，如图 1.2.19 所示。其中，变量"QCL_1"表示案例的

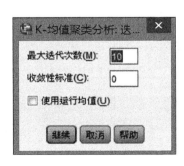

图 1.2.16　迭代对话框

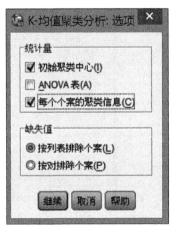

图 1.2.17　选项对话框

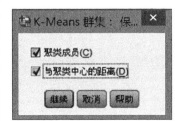

图 1.2.18　保存对话框

类别号，即表示该个案属于哪一类；"QCL_2"表示案例与其类别中心之间的距离。

name	open	rate	aGDP	QCL_1	QCL_2
美国	72.8	92.0	5547	1	124.33651
日本	76.3	91.0	5532	1	109.41802
瑞士	74.8	94.0	5545	1	122.51051
阿根廷	68.9	88.9	5415	1	8.91353
阿联酋	70.6	70.7	5543	1	121.02586
保加利亚	68.0	86.0	4423	2	117.34747
古巴	72.1	74.9	2085	3	338.51997
巴拉圭	66.8	84.2	4163	2	142.66708
格鲁吉亚	69.6	74.0	2473	3	49.52001
南非	59.6	73.6	4972	1	451.15406
中国	65.3	72.3	2123	3	300.52644
罗马尼亚	66.7	77.9	3013	3	589.51081
希腊	74.4	86.8	5406	1	17.25199
哥伦比亚	66.1	83.3	4331	2	25.37654

图 1.2.19　输出案例类别和与聚类中心距离

步骤 4：所有设置完毕后，单击"确定"按钮，即可得到输出结果分析如图 1.2.20 所示。

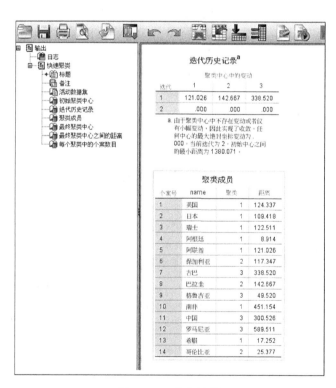

图 1.2.20　输出结果

结果的导出：SPSS 的输出结果的默认格式是"spv"，如果想导出其他格式的文档可以执行"文件"→"导出"命令,最后会弹出"导出输出"对话框(图 1.2.21 和图 1.2.22)。用户可以根据自己的需求选择相应的格式导出。

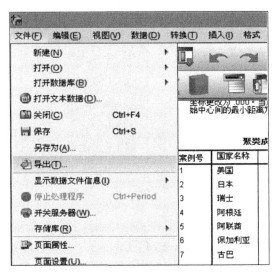

图 1.2.21 结果导出

图 1.2.22 "导出输出"对话框

2）系统聚类

步骤1：首先进行数据导入（前面已经介绍），然后在数据编辑窗口的主菜单中执行"分析"→"分类"→"系统聚类"命令，如图1.2.23所示。

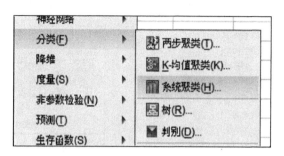

图1.2.23 系统聚类

步骤2：弹出"系统聚类分析"对话框，将"国家名称"变量选入"标注个案"中，将其他变量选入"变量"框中，如图1.2.24所示。在"分群"中选中"个案"，表示进行Q型聚类。在"输出"复选框中选中"统计量"和"图"，表示要输出的结果包含以上两项。

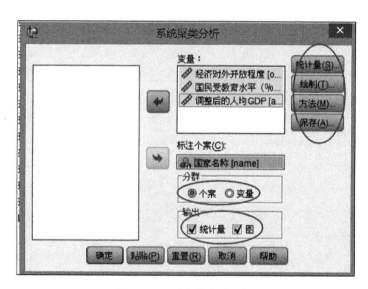

图1.2.24 系统聚类对话框

单击"统计量"按钮，在"系统聚类分析：统计量"对话框中选择"合并进程表"、"相似性矩阵"，如图1.2.25所示，表示输出结果将包括这两项内容。方案范围填2～4类，表示把所有个案分别分为2类、3类和4类（可以根据实际情况填写）。

单击"绘制"按钮，在"系统聚类分析：图"对话框中选择"树状图"，并在"冰柱"下方选择"所有聚类"，如图1.2.26所示，表示输出的结果将包括谱系聚类图（树状）以及冰柱图（垂直）。

　　单击"方法"按钮,弹出"系统聚类分析:方法"对话框(图 1.2.27),"聚类方法"下拉菜单中可选择 7 种方法,本例中选择"组间联接","度量标准-区间"下拉菜单中可选择 8 种度量方法,本例中选择"平方 Euclidean 距离"。

　　单击"保存"按钮,如图 1.2.28 所示,将方案范围设为 2~4(与之前统计量中方案范围一致),它表示将最后案例的类别号保存在"变量视图"以及"数据视图"中。如图 1.2.29 所示,其中变量 CLU4_1、CLU3_1、CLU2_1 分别表示将案例分为 4、3、2 类的类别号,即表示该案例属于哪一类。

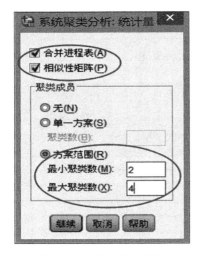

图 1.2.25　统计量对话框

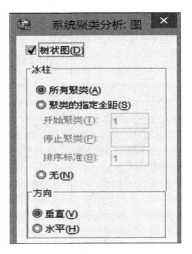

图 1.2.26　图对话框

图 1.2.27　方法对话框

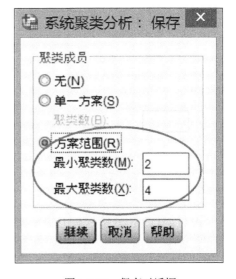

图 1.2.28　保存对话框

　　步骤 3:设置完毕后,单击"确定"按钮,即可得到输出结果分析如图 1.2.30 所示。

name	open	rate	aGDP	CLU4_1	CLU3_1	CLU2_1	实
美国	72.8	92.0	5547	1	1	1	
日本	76.3	91.0	5532	1	1	1	
瑞士	74.8	94.0	5545	1	1	1	
阿根廷	68.9	88.9	5415	1	1	1	
阿联酋	70.6	70.7	5543	1	1	1	
保加利亚	68.0	68.0	4423	2	2	1	
古巴	72.1	74.9	2085	3	3	2	
巴拉圭	66.8	84.2	4163	2	2	1	
格鲁吉亚	69.6	74.0	2473	3	3	2	
南非	59.6	73.6	4972	1	1	1	
中国	65.3	72.3	2123	3	3	2	
罗马尼亚	66.7	77.9	3013	4	3	2	
希腊	74.4	86.8	5406	1	1	1	
哥伦比亚	66.1	83.3	4331	2	2	1	

图 1.2.29　案例类别号输出

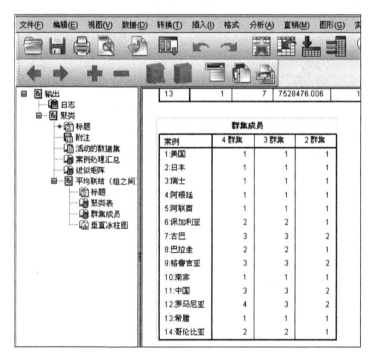

图 1.2.30　结果分析

1.3　MINITAB

　　MINITAB 统计分析软件包最初是由美国宾夕法尼亚州立大学发展起来的产品。其特点包括操作简便、软件兼容性好、功能多、精度高、对硬件要求低、具有现代化图表引擎、具有强大的宏功能等。MINITAB 作为统计教学软件包，与 SAS、SPSS 等软件并驾齐驱，其统计分析模块主要包括基本统计分析、回归分析、方差分析、控制图、质量编制计划工具、可靠性/生存分析、多变量分析、时间序列分析、统计报表、非参数检验、探索性数据分析等内容。此外，它还包括图形绘制模块和数据计算模块。

1. MINITAB 软件整体介绍

打开 MINITAB 软件，初始界面如图 1.3.1 所示。

图 1.3.1　MINITAB 初始界面

其中，第二栏标记部分为主要操作菜单，"文件"菜单主要用于外部文件的导入、内部文件的导出以及新文件的创建等；"编辑"菜单主要用于导入数据或者新建数据的基本操作，如实现排序、转置、删除、增加等功能；"数据"菜单主要用于行列数据的一些基本计算和标准化处理等；"统计"菜单则是 MINITAB 的核心菜单，包括 13 项主要操作功能，常用的操作包括基本统计量、回归、多变量、时间序列等；"图形"菜单则主要用于一些统计图形的绘制，如散点图、直方图、概率分布图、时间序列图等。另外，"编辑器""工具""窗口""帮助"菜单则是一些功能性菜单，进行辅助性操作。

界面中央类似 Excel 表格部分为主要数据操作区域，纵向标有字母-数字的为变量指标输入区域，可以自定义变量名称。横向标有数字的为样本输入区域。该区域通过外部数据导入或者手动输入数据，同时支持复制、粘贴等基本操作，当基本数据在此汇总完成之后，才进行进一步的统计分析操作。

2. 主成分分析实例介绍

MINITAB 软件功能庞大且操作丰富，因而不能全部介绍。此处以江苏省 13 市 8 项经济指标作为基本案例背景，详细介绍主成分分析在 MINITAB 中的实现过程。

首先将江苏省 13 市 8 项经济指标数据导入或者直接从 Excel 表格中复制到 MINITAB 中，得到基本数据如图 1.3.2 所示。

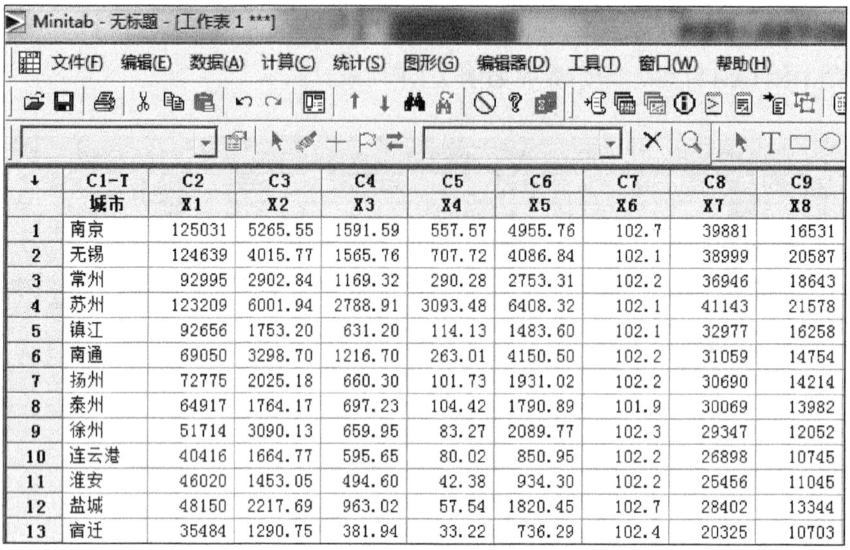

↓	C1-T	C2	C3	C4	C5	C6	C7	C8	C9
	城市	X1	X2	X3	X4	X5	X6	X7	X8
1	南京	125031	5265.55	1591.59	557.57	4955.76	102.7	39881	16531
2	无锡	124639	4015.77	1565.76	707.72	4086.84	102.1	38999	20587
3	常州	92995	2902.84	1169.32	290.28	2753.31	102.2	36946	18643
4	苏州	123209	6001.94	2788.91	3093.48	6408.32	102.1	41143	21578
5	镇江	92656	1753.20	631.20	114.13	1483.60	102.1	32977	16258
6	南通	69050	3298.70	1216.70	263.01	4150.50	102.2	31059	14754
7	扬州	72775	2025.18	660.30	101.73	1931.02	102.2	30690	14214
8	泰州	64917	1764.17	697.23	104.42	1790.89	101.9	30069	13982
9	徐州	51714	3090.13	659.95	83.27	2089.77	102.3	29347	12052
10	连云港	40416	1664.77	595.65	80.02	850.95	102.2	26898	10745
11	淮安	46020	1453.05	494.60	42.38	934.30	102.2	25456	11045
12	盐城	48150	2217.69	963.02	57.54	1820.45	102.7	28402	13344
13	宿迁	35484	1290.75	381.94	33.22	736.29	102.4	20325	10703

图 1.3.2　初始数据导入图

然后进行主成分分析，由于各指标量纲不一致，需要对原始数据进行归一化处理，或者在主成分分析时采用相关阵计算主成分，省去归一化过程；由于事先不知道选择多少主成分合适，计算全部主成分；画出“碎石图”以图形方式决定主成分的合适个数。

具体步骤，从“统计”→“多变量”→“主成分”入口进入“主成分分析”对话框，指定变量“X1-X8”，在“矩阵类型”中选择“相关”。在“要计算的分量数”中输入变量数“8”。打开“主成分分析-图形”窗口，选中“碎石图”，得到计算结果。操作过程如图 1.3.3 所示，碎石图结果如图 1.3.4 所示。

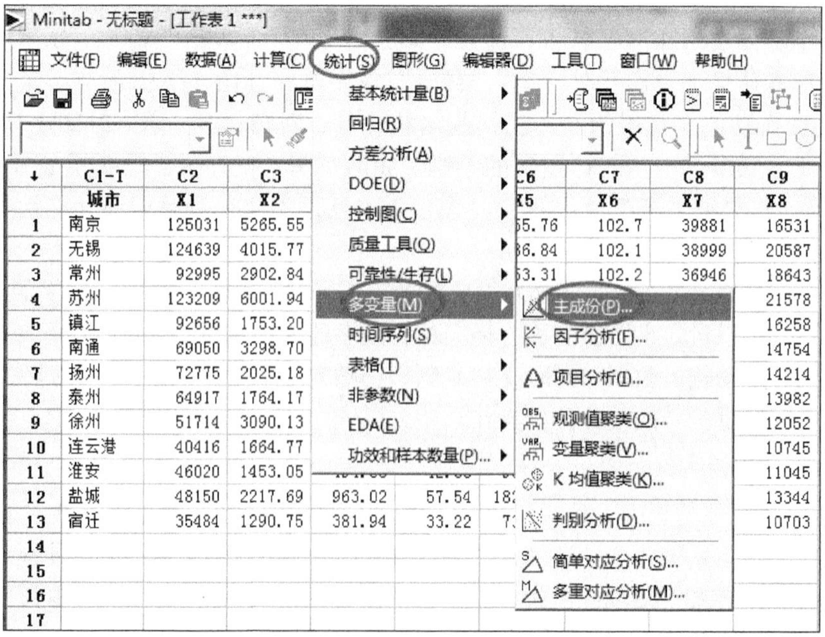

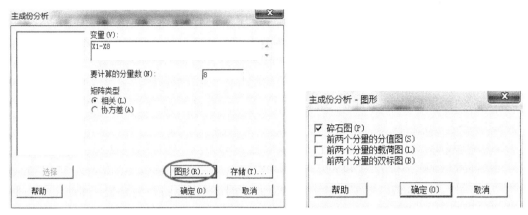

图 1.3.3　主成分分析基本操作图

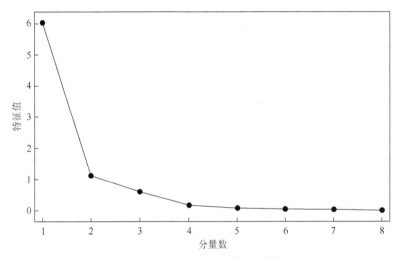

图 1.3.4　主成分分析的碎石图

单击"确定"按钮后，在会话窗口得到 MINITAB 输出结果图如图 1.3.5 所示。

主成分分析：X1，X2，X3，X4，X5，X6，X7，X8

相关矩阵的特征分析

特征值	6.0054	1.1163	0.5886	0.1573	0.0667	0.0453	0.0152	0.0051
比率	0.751	0.140	0.074	0.020	0.008	0.006	0.002	0.001
累积	0.751	0.890	0.964	0.983	0.992	0.997	0.999	1.000

变量	PC1	PC2	PC3	PC4	PC5	PC6	PC7	PC8
X1	0.374	-0.056	-0.457	0.093	-0.466	-0.581	-0.205	0.209
X2	0.384	0.237	0.118	-0.457	-0.219	0.073	0.686	0.223
X3	0.393	0.069	0.298	0.115	0.287	0.182	-0.372	0.696
X4	0.343	-0.095	0.647	0.413	-0.392	-0.028	0.000	-0.361
X5	0.391	0.128	0.116	-0.502	0.411	-0.316	-0.306	-0.450
X6	-0.027	0.933	-0.106	0.323	0.014	-0.009	-0.033	-0.106
X7	0.381	-0.040	-0.406	-0.064	-0.213	0.721	-0.235	-0.254
X8	0.376	-0.196	-0.284	0.488	0.534	-0.065	0.446	-0.117

图 1.3.5　MINITAB 中主成分分析输出结果图

输出结果说明：变量相关阵的最大特征值为6.0054，即第一主成分方差为6.0054，所占总方差比率为0.751。第二主成分的特征值为1.1163，所占总方差比率为0.140。前两个主成分的累计贡献率已经达到0.890，这也说明只要两个主成分就够了。

图1.3.5同时给出了各项主成分系数，其中PC1所在列为第一主成分系数，PC2所在列为第二主成分系数，以此类推，给出了全部主成分的系数。根据主成分的数学模型，选择前两个主成分得到如下线性组合表示：

$$F_1 = 0.374X_1 + 0.384X_2 + 0.393X_3 + 0.343X_4 + 0.391X_5 - 0.027X_6 + 0.381X_7 + 0.376X_8$$

$$F_2 = -0.056X_1 + 0.237X_2 + 0.069X_3 - 0.095X_4 + 0.128X_5 - 0.933X_6 - 0.04X_7 - 0.196X_8$$

从图1.3.4中也可以直观看出，从第三个分量开始时特征值开始趋于水平，所占比重较小。因此，选择前两个主成分是合理的。

接下来，以这两个主成分作为新的指标，求出13个城市各自的主成分得分，具体步骤如下。重新进行一次主成分分析，只是在进入"主成分分析"对话框后，在"要计算的分量数"中设置个数为"2"，因为已经选定了两个主成分，而非全部主成分。并且单击"存储"按钮，在"特征值"里填入"C10"，在"系数"里填入"C11-C12"，在"分值"里填入"C13-C14"。然后单击"确定"按钮。这样就会在数据区域获得相应的特征值、主成分系数以及主成分得分。操作过程及其结果如图1.3.6和图1.3.7所示。

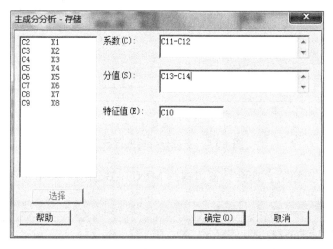

图 1.3.6　MINITAB中主成分得分计算操作过程图

↓	C1-T	C2	C3	C4	C5	C6	C7	C8	C9	C10	C11	C12	C13	C14
	城市	X1	X2	X3	X4	X5	X6	X7	X8	特征值	系数1	系数2	Z1	Z2
1	南京	125031	5265.55	1591.59	557.57	4955.76	102.7	39881	16531	6.00539	0.374392	-0.05573	2.71673	2.19242
2	无锡	124639	4015.77	1565.76	707.72	4086.84	102.1	38999	20587	1.11633	0.384036	0.236510	2.68250	-0.7416
3	常州	92995	2902.84	1169.32	290.28	2753.31	102.2	36946	18643		0.393277	0.068727	0.98722	-0.4297
4	苏州	123209	6001.94	2788.91	3093.48	6408.32	102.1	41143	21578		0.342802	-0.09450	5.64783	-0.4676
5	镇江	92656	1753.20	631.20	114.31	1483.60	102.1	32977	16258		0.390535	0.127580	-0.4722	-0.9913
6	南通	69050	3298.70	1216.70	263.01	4150.50	102.2	31059	14754		-0.02735	0.933284	0.37212	0.03198
7	扬州	72775	2025.18	660.30	101.73	1931.02	102.2	30690	14214		0.381283	-0.03971	-0.8843	-0.3454
8	泰州	64917	1764.17	697.23	104.42	1790.89	101.9	30069	13982		0.376197	-0.19603	-1.0762	-1.5832
9	徐州	51714	3090.13	659.95	83.27	2089.77	102.3	29347	12052				-1.1431	0.40546
10	连云港	40416	1664.77	595.65	80.02	850.95	102.2	26898	10745				-2.2304	-0.2175
11	淮安	46020	1453.05	494.60	42.38	934.30	102.2	25456	11045				-2.3370	-0.2678
12	盐城	48150	2217.69	963.02	57.54	1820.45	102.7	28402	13344				-1.2700	1.85050
13	宿迁	35484	1290.75	381.94	33.22	736.29	102.4	20325	10703				-2.9929	0.56415

图 1.3.7　主成分得分输出图

为了更加清晰地描述两个主成分下各城市的经济综合指数得分，在 MINITAB 中绘制相应的散点图，以 Z_1、Z_2 分别作为横、纵坐标，得到主成分图如图 1.3.8 所示。

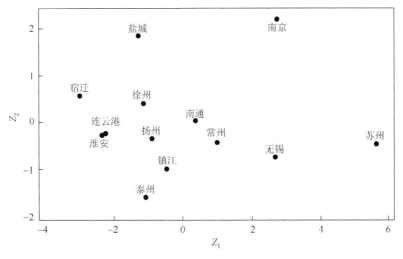

图 1.3.8　前两个主成分得分散点图

图 1.3.8 表明，各个城市越靠近右上角则经济综合指数得分越高，相反越靠近左下角表明经济综合指数得分越低。从图中可以直观看出，南京、苏州、无锡等经济综合指数得分较高，连云港、宿迁、淮安等经济综合指数得分较低。这种直观结果也是符合实际的。

最后，构造综合评价函数 $Y = \dfrac{\lambda_1}{\lambda_1 + \lambda_2} F_1 + \dfrac{\lambda_2}{\lambda_1 + \lambda_2} F_2$。具体地，在数据存储区域只需要利用 C10、C13、C14 的数据进行简单计算即可。经济综合指数如表 1.3.1 所示。

表 1.3.1　经济综合指数

城市	南京	无锡	常州	苏州	镇江	南通	扬州
经济综合指数 Y	2.6345	2.1458	0.7651	4.6892	−0.5537	0.3188	−0.7999
城市	泰州	徐州	连云港	淮安	盐城	宿迁	
经济综合指数 Y	−1.1557	−0.9004	−1.9149	−2.0127	−0.7809	−2.4353	

将表 1.3.1 中结果与采用 SPSS 软件计算的结果比较发现基本一致。因此 MINITAB 也是进行多元统计分析的有效工具，而且相对而言，在处理主成分分析时比 SPSS 更加方便。

1.4　EViews

EViews 是 Econometrics Views 的缩写，直译为计量经济学观察，通常称为计量经济学软件包。它的本意是对社会经济关系与经济活动的数量规律，采用计量经济学方法与技术进行"观察"。另外 EViews 也是美国 QMS 公司研制的在 Windows 下专门从事数据分析、回归分析和预测的工具。使用 EViews 可以迅速地从数据中找出统计关系，并用得到的关系去预测数据的未来值。

EViews 的应用范围包括统计分析、线性回归分析、非线性单方程模型、联立方程模型、动态回归模型、分布滞后模型、VAR 模型、ARCH\GARCH 模型、离散选择模型、时间序列模型、编程与模拟等分析模块，用户通过 EViews 既可以进行基本的统计和回归分析，也可以完成复杂的计量经济建模。

1. EViews 简单线性回归分析

回归分析是用来分析两个及两个以上变量之间相互作用的重要建模方法。回归分析的主要目的是研究自变量和因变量之间的数量关系，研究的主要内容包括建立回归模型探索变量之间的相关程度、利用回归模型估计和预测因变量的变化等。其中，根据回归形式的不同，回归模型可以分为线性回归、非线性回归等多种回归分析方法，在这里主要对基础的线性回归模型的 EViews（8.0 版本）操作进行介绍。通过一个案例进行讲解，主要内容包括：

（1）简单线性回归模型估计；

（2）回归方程的视图；

（3）模型预测。

当采用模型 $E(Y) = \mu(X) + \varepsilon, X(x_1, x_2, \cdots, x_n)$ 研究变量 X 与 Y 的关系式时，如果 μ 是线性函数，则要进行的回归就是线性回归分析，其中，Y 为因变量，X 为自变量，ε 为随机误差。建立了上述线性回归模型后，接下来要估计模型的参数，使用 EViews 可以很方便地估计出模型的参数，并给出相应的统计量。

注意：对上述线性回归模型进行最小二乘估计时，还需要满足以下基本假设：

（1）解释变量是非随机变量，且彼此之间不存在相关，即 $\mathrm{Cov}(x_i, x_j) = 0$ $(i \neq j)$；

（2）随机误差项之间相互独立且都服从期望为零、标准差为 σ 的正态分布，即 $\varepsilon_i \sim N(0, \sigma^2)$；

（3）解释变量与随机误差项不相关，即 $\mathrm{Cov}(x_i, \varepsilon_j) = 0$。

案例：美国 1959 年第一季度（1959Q1）至 1970 年第四季度（1970Q4）的人均消费支出（CS）和人均可支配收入（INC）部分有关数据如表 1.4.1 所示，且这些数据为经过物价指数调整后的数值。

表 1.4.1　CS 和 INC 部分数据

样本数	INC	CS	样本数	INC	CS	样本数	INC	CS
1959Q1	341.9	310.4	1960Q3	364.4	333.1	1962Q1	394	355.3
1959Q2	349.1	316.4	1960Q4	365.6	335	1962Q2	399.7	361.3
1959Q3	350.3	321.7	1961Q1	369.3	335.7	1962Q3	403.6	365.4
1959Q4	354.8	323.8	1961Q2	374.9	340.6	1962Q4	407.9	371.7
1960Q1	359.1	327.3	1961Q3	381.4	343.5	1963Q1	412.1	375.1
1960Q2	362.7	333.2	1961Q4	389.6	350.7	1963Q2	416.7	379.4

续表

样本数	INC	CS	样本数	INC	CS	样本数	INC	CS
1963Q3	423.5	386.4	1966Q1	521.2	472	1968Q3	626.2	569.1
1963Q4	432.3	391.1	1966Q2	526.7	477.1	1968Q4	637.9	577.5
1964Q1	442.5	400.5	1966Q3	538	486.4	1969Q1	643.9	588.8
1964Q2	454.8	408.3	1966Q4	549	492	1969Q2	658.1	599.4
1964Q3	462.7	417.1	1967Q1	558.3	496.8	1969Q3	679	609.2
1964Q4	470.1	419.8	1967Q2	566.1	506.2	1969Q4	692.5	621.1
1965Q1	476.6	430.6	1967Q3	576.7	513.7	1970Q1	702.5	632.4
1965Q2	485.2	437.8	1967Q4	586.4	521.2	1970Q2	721.5	642.7
1965Q3	500.9	447.2	1968Q1	602.7	539.5	1970Q3	737.6	655.2
1965Q4	513	461.5	1968Q2	618.8	553.2	1970Q4	746.9	662.1

宏观经济中的消费理论认为，CS 和 INC 存在很强的线性关系。现以 CS 为因变量，INC 为自变量，建立如下消费模型：

$$CS = c_0 + c\,INC + \varepsilon_t$$

1）简单线性回归模型估计

简单线性回归模型估计主要分为三个步骤：新工作文件的建立和数据导入；变量之间的相关分析；模型建立与参数估计。

步骤 1：新工作文件的建立和数据导入。

工作文件建立：执行"File"→"New"→"Workfile"命令，在弹出的对话框"Workfile Create"中，"Workfile structure type"由于数据为时间序列型，选取"Dated-regular frequency"；"Data specification"中由于数据为季度数据，所以需要将"Frequency"设置为"Quarterly"，并将"Start date"和"End date"分别设置为"1959Q1"和"1996Q1"，具体操作如图 1.4.1 所示。

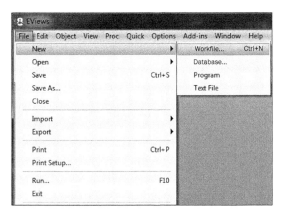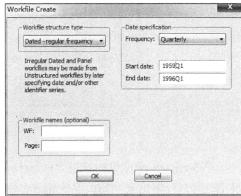

图 1.4.1 新工作文件的建立

数据导入：执行"File"→"Import"→"Import from file"命令，在弹出的对话框"Open"中，选取数据文件进行导入，如图 1.4.2 所示。

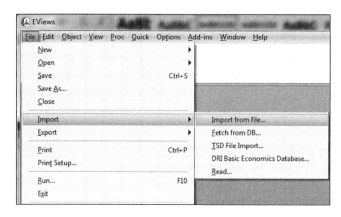

图 1.4.2　数据导入数据

步骤 2：变量之间的相关分析。

在建立消费模型之前，为了保证线性模型的合理性，首先需要分析 CS 和 INC 之间的相关性，可通过计算两者的相关系数以及绘制两者之间的散点图进行分析。

序列 CS 和 INC 之间的相关系数计算：同时选取 INC 和 CS 序列，右击"Open/as Group"，在序列组 G1 中执行"View"→"Covariance Analysis"命令，弹出"Covariance Analysis"对话框，如图 1.4.3 所示。

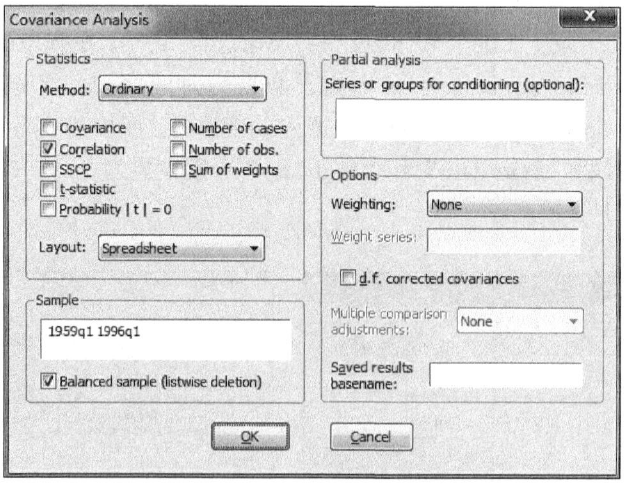

图 1.4.3　协变量分析对话框

在 Statistics 选项框内选取"Correlation"，单击"OK"按钮，得到图 1.4.4 所示序列组 G1 相关分析结果。相关系数矩阵显示，INC 和 CS 之间的相关系数为 0.999 732，几乎接近于 1，两者属于正向高度相关关系。

| G | Group: G1 Workfile: UNTITLED::Untitled\ | | | | _ □ X |

| View | Proc | Object | | Print | Name | Freeze | | Sample | Sheet | Stats | Spe |

	Correlation		
	INC	CS	
INC	1.000000	0.999732	▲
CS	0.999732	1.000000	
			▼

图 1.4.4 序列 G1 的相关系数矩阵

绘制序列 INS 和 CS 的回归散点图：G1 中执行 "View" → "Graph" 命令，弹出 "Graph Options" 对话框，如图 1.4.5 所示。单击 "Specific" 下的 "Scatter"，并且在 "Fit lines" 选项后的下拉菜单中选取 "Regression Line"。单击 "OK" 按钮，得到序列 INC 和 CS 的回归散点图，如图 1.4.6 所示。

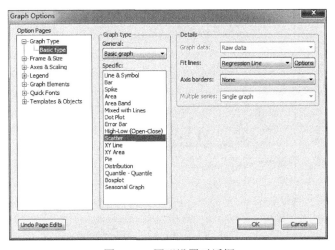

图 1.4.5 图形设置对话框

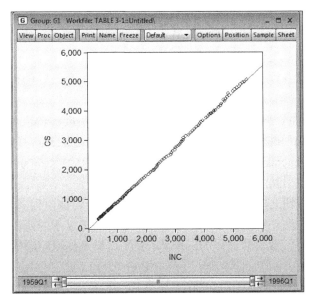

图 1.4.6 序列 INC 和 CS 的回归散点图

序列 INC 和 CS 的相关系数以及两者之间的回归散点图表明，INC 和 CS 确实存在高度的线性关系。

步骤 3：模型建立与参数估计。

确定序列 INS 和 CS 之间存在高度的线性关系后，接下来可以建立消费函数模型，主要过程为：首先建立一个方程对象，在菜单栏中执行"Quick"→"Estimate Equation"命令，弹出方程定义的对话框如图 1.4.7 所示；方程定义对话框中要求用户在"Equation specification"编辑框中对方程形式进行说明，即输入因变量、自变量以及函数形式。案例分析可采用列表法和公式法两种说明方法。

图 1.4.7   方程定义对话框

列表法是指按照被因变量、回归因子（含常数项和自变量）的顺序依次列出来，不需要设定随机项。故此案例列表法可输入： CS c INC 。

公式法是指在输入框中直接将模型方程写出来，不需要设定随机项。故此案例公式法可输入： CS $= c(1) + c(2) \times$ INC 。

在 EViews 中模型回归估计的方法是通过"Equation Estimation"对话框中"Estimation settings"的"Method"进行选择的，主要包括 LS（least squares）、TSLS（two stage least squares）、GMM（generalized method of moments）、ARCH（autoregressive conditional heteroskedastic）等估计方法，在这里选取 LS 估计方法。

单击"确定"按钮之后，在图 1.4.8 中显示估计结果，窗口顶部显示因变量的名称、参数估计所使用的方法、变量样本范围等内容。中间部分显示的是回归的结果，包括模型各个参数的估计值、参数估计值的标准差、t 统计量及其相应的概率。窗口最下面的是回归的一些统计量。

根据图 1.4.8，可以写出消费函数的估计方程（小数点后保留 4 位有效数字），其中括号内为相应系数估计值的 t 统计量值：

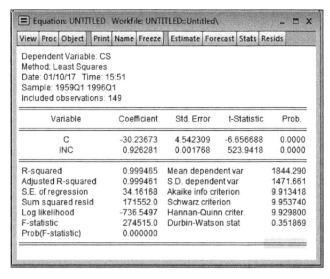

Equation: UNTITLED　Workfile: UNTITLED::Untitled\

View | Proc | Object | Print | Name | Freeze | Estimate | Forecast | Stats | Resids

Dependent Variable: CS
Method: Least Squares
Date: 01/10/17　Time: 15:51
Sample: 1959Q1 1996Q1
Included observations: 149

Variable	Coefficient	Std. Error	t-Statistic	Prob.
C	-30.23673	4.542309	-6.656688	0.0000
INC	0.926281	0.001768	523.9418	0.0000

R-squared	0.999465	Mean dependent var	1844.290
Adjusted R-squared	0.999461	S.D. dependent var	1471.661
S.E. of regression	34.16168	Akaike info criterion	9.913418
Sum squared resid	171552.0	Schwarz criterion	9.953740
Log likelihood	-736.5497	Hannan-Quinn criter.	9.929800
F-statistic	274515.0	Durbin-Watson stat	0.351869
Prob(F-statistic)	0.000000		

图 1.4.8　方程估计结果

$$\mathrm{CS} = -30.2367 + 0.9263 \times \mathrm{INC}$$
$$(-6.6567) \quad (523.9418)$$

回归系数的 t 统计量都很显著，并且相应的概率值小于 0.0001，因此，至少在 99.9% 的置信水平下，可以认为常数项及 INC 系数的估计值都显著地不为零。回归方程的 $R^2 = 0.9995$，$\overline{R}^2 = 0.9995$ 都很接近 1，说明回归方程的拟合效果很好。

2）回归方程的视图

回归方程显示：单击图 1.4.9 所示的回归方程窗口工具栏中的“View”功能键，单击“Representations”，弹出图 1.4.10 所示的界面。

图 1.4.10 从上至下分为三个部分，分别是消费函数估计方程的三种显示形式，即估计方程的命令形式、回归方程的代数形式和带有系数估计值的方程形式。

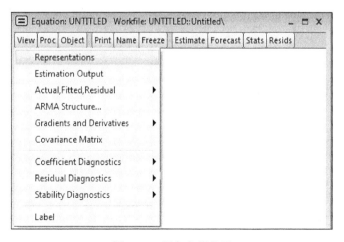

图 1.4.9　回归方程显示

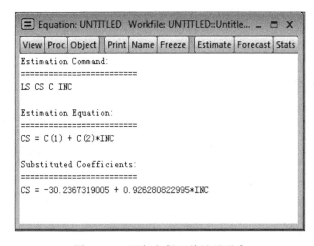

图 1.4.10　回归方程三种显示形式

Actual、Fitted 和 Residual 命令操作如下。

执行回归方程窗口工具栏中的 "View/Actual" → "Fitted" → "Residual/Actual" → "Fitted" → "Residual Table" 命令，将以表格的形式显示因变量的实际值、拟合值和残差值，如图 1.4.11 所示。

执行回归方程窗口工具栏中的 "View/Actual" → "Fitted" → "Residual/Actual" → "Fitted" → "Residual Graph" 命令，将以折线图的形式显示因变量的实际值、拟合值和残差值，如图 1.4.12 所示。

obs	Actual	Fitted	Residual	Residual Plot
1959Q1	310.400	286.459	23.9413	
1959Q2	316.400	293.128	23.2721	
1959Q3	321.700	294.239	27.4606	
1959Q4	323.800	298.408	25.3923	
1960Q1	327.300	302.391	24.9093	
1960Q2	333.200	305.725	27.4747	
1960Q3	333.100	307.300	25.8000	
1960Q4	335.000	308.412	26.5885	
1961Q1	335.700	311.839	23.8612	
1961Q2	340.600	317.026	23.5741	
1961Q3	343.500	323.047	20.4532	
1961Q4	350.700	330.642	20.0577	
1962Q1	355.300	334.718	20.5821	
1962Q2	361.300	339.998	21.3023	
1962Q3	365.400	343.610	21.7898	
1962Q4	371.700	347.593	24.1068	
1963Q1	375.100	351.484	23.6164	
1963Q2	379.400	355.744	23.6555	
1963Q3	386.400	362.043	24.3568	
1963Q4	391.100	370.194	20.9055	
1964Q1	400.500	379.643	20.8575	
1964Q2	408.300	391.036	17.2642	
1964Q3	417.100	398.353	18.7466	
1964Q4				

图 1.4.11　实际值、拟合值和残差值表格显示

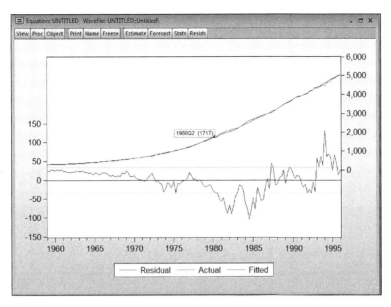

图 1.4.12 实际值、拟合值和残差值的折线图

执行回归方程窗口工具栏中的"View/Actual"→"Fitted"→"Residual/Standardized Residual Graph"命令，只绘制经过标准化的残差的折线图。

从图 1.4.12 可以看出，从 1960Q1 至 1980Q1 时间段模型拟合效果很好，所有的残差都位于置信区间内；但有三个时间段残差值比较大，位于置信区间外：1980Q1 至 1983Q1、1983Q4 至 1986Q2、1992Q4 至 1995Q3。

3）模型预测

预测是建立模型的目的之一，而且预测的效果也可以用于评价模型，对于已经建立的模型，可以直接预测各个样本点的拟合值。

如图 1.4.13 所示，选择回归方程窗口工具栏中的"Proc"→"Forecast"选项，弹出图 1.4.14 所示的对话框。

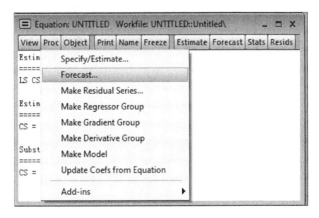

图 1.4.13 模型预测

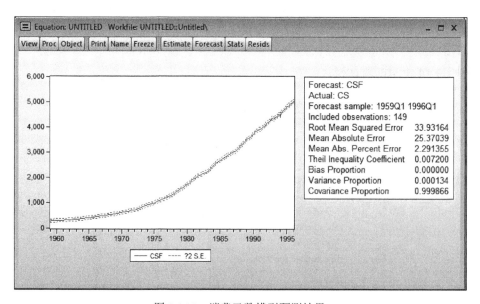

图 1.4.14　模型预测对话框

Series names（序列名）默认是因变量后加"f"；Method 选项组用来选取模型预测方法，包括动态预测（Dynamic）和静态预测（Static）。动态预测是指从预测样本的第一期开始计算多步预测，而静态预测是利用滞后因变量的实际值而不是预测值计算预测结果。对于 OLS 只能使用静态预测，动态预测常用于时间序列模型；Forecast sample 选项用于指定模型预测的样本；Output 选项用于选择预测的输出结果，包括预测图和预测评价指标。

单击"OK"按钮，得到如图 1.4.15 所示预测结果。

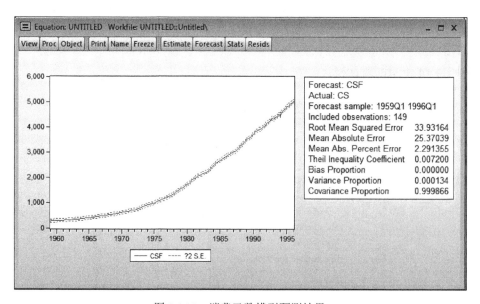

图 1.4.15　消费函数模型预测结果

在图 1.4.15 中，实线表示因变量的预测值，实线上下两条虚线是置信水平 95%的置信带区域。一般认为如果 MAPE 值小于 10，则说明模型预测精度较高。Theil IC 介于 0～1，其值越小说明拟合值和真实值之间的差异越小，模型预测精度越高。BP、VP 和 CP 取值范围都在 0～1，且 $BP + VP + CP = 1$，当 CP 值较大，而 BP 和 VP 值较小时，模型预测比较理想。

图 1.4.15 中，$MAPE = 2.2914$，$Theil\ IC = 0.0072$，$CP = 0.9999$，这些预测评价指标说明得到的消费函数回归模型的预测精度非常高，预测值非常接近真实值。

第 2 章

运筹与决策常用软件

2.1 运筹学常用软件

2.1.1 Excel

1. Excel 求解线性规划问题

Excel 求解线性规划最优解的基本步骤如下。

（1）打开 Excel，执行"文件"→"选项"→"加载项"→"规划求解"加载项命令，打勾确定。

（2）在 Excel 中建立表格模型，用公式建立各个数据之间的联系。

（3）确定需要作出的决策，并且制定可变单元格显示这些决策。

（4）确定问题的约束条件，并将以数据和决策表示被限制的结果放入输出单元格。

（5）选择要输入目标单元格的以数据和决策表示的决策目标。

（6）执行"数据"→"分析"→"规划求解"→"设置目标"→"选定可变单元格"→"输入约束"命令，在"使无约束变量为非负数"处打钩，选择求解方法为"单纯线性规划"，再单击"求解"按钮即可。

下面介绍如何使用 Excel 软件求解线性规划问题。

$$\max z = 5x_1 + 3x_2 + 6x_3$$

$$\text{s.t.}\begin{cases} x_1 + 2x_2 + x_3 \leqslant 18 \\ 2x_1 + x_2 + 3x_3 = 16 \\ x_1 + x_2 + x_3 = 10 \\ x_1, x_2, x_3 \geqslant 0 \end{cases}$$

使用 Excel 软件求解线性规划问题时，首先要加载"规划求解"模块。具体操作如下：以 Microsoft Excel 2013 为例，菜单栏中执行"文件"→"选项"→"加载项"→"转到"命令，在"可用加载宏"对话框中勾选"规划求解加载项"，并单击"确定"按钮，如图 2.1.1 和图 2.1.2 所示。接下来就可以用 Excel 求解上述的线性规划问题了。

图 2.1.1　加载项

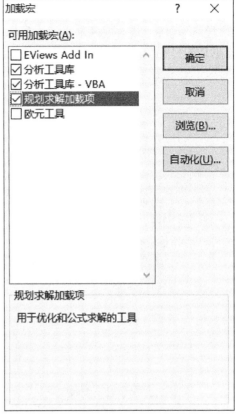

图 2.1.2　Excel 功能模块加载

步骤 1：把上述线性规划模型改写成 Excel 电子表格的形式。通常分为四个部分：基础数据、决策变量、目标函数和约束条件，如图 2.1.3 所示。其中"变量"中的值是任意输入的初始值，在此都默认为 0。约束条件这一列（E3、E4、E5）使用 SUMPRODUCT 函数，其功能是将数组间对应元素相乘并相加。例如，SUMPRODUCT（B3:D3，B7:D7） = B3×B7 + C3×C7 + D3×D7 = 0。因此，使用时 Excel 表中显示的不是公式而是计算结果"0"。目标值也是使用 SUMPRODUCT 函数，目标值 = SUMPRODUCT（B7:D7，B8:D8）。

				f_x	=SUMPRODUCT($B$3:$D3, $B$7:$D$7)	
	A	B	C	D	E	F	G
		变量X1	变量X2	变量X3	约束条件		资源总量
资源A		1	2	1	0	<=	18
资源B		2	1	3	0	=	16
资源C		1	1	1	0	=	10
		0	0	0			
价值系数		5	3	6			
目标值		0					

图 2.1.3　数据信息输入

步骤 2：在菜单栏中执行"数据"→"规划求解参数"命令，在弹出的对话框中设置目标单元格、最大值（最小值、目标值）、可变单元格、约束条件、选择求解方法。该规划的目标单元格为 B9，可变单位格为 B7:D7，选择的求解方法为"单纯线性规划"，如图 2.1.4 所示。

图 2.1.4　参数设置对话框

步骤 3：在参数设置完成后单击"求解"按钮，将弹出"规划求解结果"对话框，如图 2.1.5 所示，选定"保留规划求解的解"和"运算结果报告"，单击"确定"按钮，会发现表格中决策变量和目标函数值都发生了变化，即为模型的最优解和最大值，如图 2.1.6 所示。也可以单击生成的"运算结果报告"，如图 2.1.7 所示。

2. 利用 Excel 进行线性规划的灵敏度分析

仍以上述线性规划问题为例，来介绍如何使用 Excel 软件对线性规划问题的灵敏度进行分析。在步骤 3"规划求解结果"对话框中右侧选择"敏感性报告"，如图 2.1.8 所示。然后单击"确定"按钮，就会在下面生成敏感性分析报告的工作表，单击"打开"按钮，如图 2.1.9 所示。

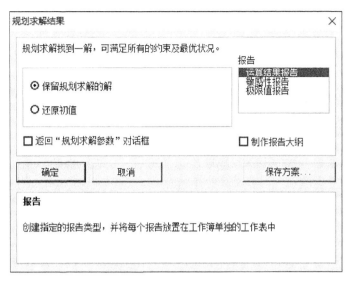

图 2.1.5　规划求解结果

	A	变量X1	变量X2	变量X3	约束条件		资源总量
		B	C	D	E	F	G
资源A		1	2	1	14	<=	18
资源B		2	1	3	16	=	16
资源C		1	1	1	10	=	10
		6	4	0			
价值系数		5	3	6			
目标值		42					

图 2.1.6　最优解和最大值

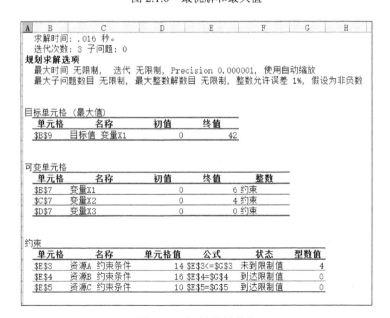

求解时间：.016 秒。
迭代次数：3 子问题：0

规划求解选项
最大时间 无限制，　迭代 无限制，Precision 0.000001，使用自动缩放
最大子问题数目 无限制，最大整数解数目 无限制，整数允许误差 1%，假设为非负数

目标单元格　（最大值）

单元格	名称	初值	终值
$B$9	目标值 变量X1	0	42

可变单元格

单元格	名称	初值	终值	整数
$B$7	变量X1	0	6	约束
$C$7	变量X2	0	4	约束
$D$7	变量X3	0	0	约束

约束

单元格	名称	单元格值	公式	状态	型数值
$E$3	资源A 约束条件	14	$E$3<=$G$3	未到限制值	4
$E$4	资源B 约束条件	16	$E$4=$G$4	到达限制值	0
$E$5	资源C 约束条件	10	$E$5=$G$5	到达限制值	0

图 2.1.7　运算结果报告

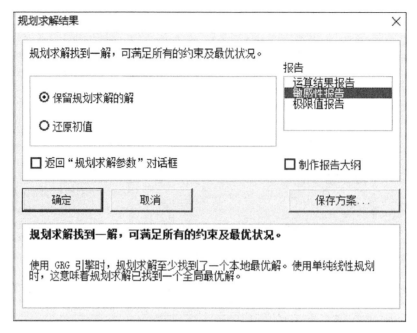

图 2.1.8 敏感性报告对话框

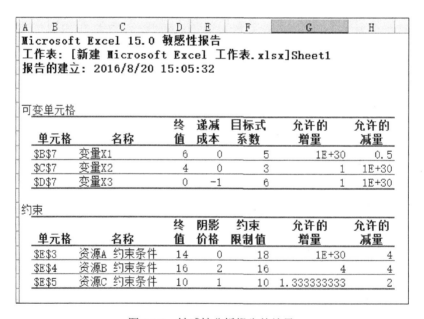

图 2.1.9 敏感性分析报告的结果

图 2.1.9 中除了能看出规划的灵敏度分析的情况，还给出了影子价格信息。影子价格是指线性规划的原问题中某个资源约束常数增加或减少一个单位从而导致目标函数值的增量或减量。影子价格客观上反映资源在系统内的稀缺程度，影子价格越高，资源在系统中越稀缺。图 2.1.9 中约束部分"阴影价格"一列即为各资源对应的影子价格（下同），例如，资源 B 每增加一个单位，目标函数值会增加 2 个单位。

3. Excel 求解整数规划问题

用 Excel 软件也可以求解整数规划问题，步骤与上述求解线性规划问题类似，只需要在添加约束时将变量限制为整数约束。以下面的整数规划问题为例：

$$\max z = 20x_1 + 10x_2$$

$$\text{s.t.}\begin{cases} 5x_1 + 4x_2 \leqslant 24 \\ 2x_1 + 5x_2 \leqslant 13 \\ x_1, x_2 \geqslant 0, \quad \text{且均为整数} \end{cases}$$

用 Excel 求解上述整数规划问题的步骤如下。

步骤 1：把上述整数规划模型改写成 Excel 电子表格的形式。把模型的基本数据信息输入 Excel 表格中，如图 2.1.10 所示。其中"变量"中的值是任意输入的初始整数值，在此都默认为 0。

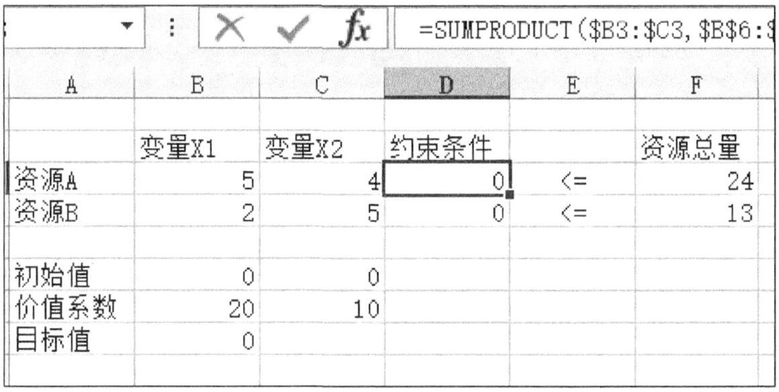

	A	B	C	D	E	F
		变量X1	变量X2	约束条件		资源总量
	资源A	5	4	0	<=	24
	资源B	2	5	0	<=	13
	初始值	0	0			
	价值系数	20	10			
	目标值	0				

（公式栏：=SUMPRODUCT($B3:$C3, $B$6:$...）

图 2.1.10　数据信息输入

步骤 2：在菜单栏中执行"数据"→"规划求解"命令，在弹出的对话框中设置目标单元格、最大值（最小值、目标值）、可变单元格、约束条件、选择求解方法。需要注意的是增加自变量为整数这一约束，如图 2.1.11 所示。该规划的目标单元格为 B8，可变单位格为 B6：C6，选择的求解方法为"单纯线性规划"，具体设置如图 2.1.12 所示。

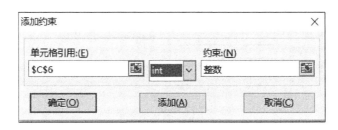

图 2.1.11　整数约束设置

步骤 3：在参数设置完成后单击"求解"按钮，将弹出"规划求解结果"对话框，

图 2.1.12　参数设置对话框

选定"保留规划求解的解"和"运算结果报告",单击"确定"按钮,会发现表格中决策变量(X1, X2)和目标函数值都发生了变化,即为模型的最优解和最大值,如图 2.1.13 所示。也可以单击生成"运算结果报告",如图 2.1.14 所示。

	A	B	C	D	E	F
		变量X1	变量X2	约束条件		资源总量
资源A		5	4	24	<=	24
资源B		2	5	13	<=	13
初始值		4	1		◀── 最优解	
价值系数		20	10			
目标值		90			◀── 最大值	

图 2.1.13　最优解和最大值

2.1.2　LINGO

LINGO 是由美国 LINDO 系统公司(Lindo System Inc.)推出的,可以用于求解非线

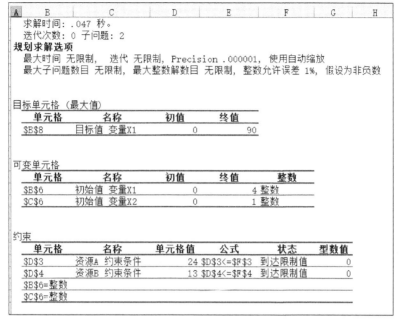

图 2.1.14　运算结果报告

性规划，也可以用于一些线性和非线性方程组的求解等，功能十分强大，是求解优化模型的最佳选择。其特色在于内置建模语言，提供十几个内部函数，可以允许决策变量是整数（即整数规划，包括 0-1 整数规划），方便灵活，执行速度非常快，而且能方便地与Excel、数据库等其他软件交换数据。

一般地，使用 LINGO 求解运筹学问题可以分为以下两个步骤来完成。

（1）根据实际问题，建立数学模型，即使用数学建模的方法建立优化模型。

（2）根据优化模型，利用 LINGO 来求解模型。主要是根据 LINGO 软件，把数学模型转译成计算机语言，借助于计算机来求解。

LINGO 软件的主界面如图 2.1.15 所示。

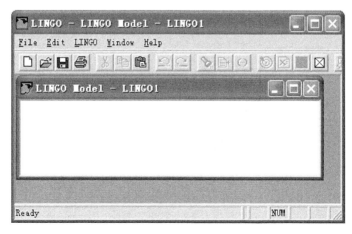

图 2.1.15　LINGO 软件主界面

1. LINGO 程序解释及常用函数简介

1）LINGO 注意事项

（1）LINGO 中模型以"MODEL："开始，以"END"结束，对于简单的模型，这两个语句都可以省略。

（2）LINGO 中所有符号都需在英文状态下输入，且每行语句后面都必须以英文"；"结尾。

（3）LINGO 中变量不区分大小写，变量名可以超过 8 个，不能超过 32 个，需以字母开头。

（4）LINGO 默认所有变量非负，如果变量是自由变量，用@free（x）表示。

（5）LINGO 中以"！"开始的是说明语句，说明语句也以"；"结束。

2）LINGO 中常用函数

LINGO 中常用函数及其含义如表 2.1.1 所示。

表 2.1.1　LINGO 常用函数及其含义

函数名	含义
@ABS（X）	绝对值函数，返回 X 的绝对值
@EXP（X）	指数函数（以自然对数 e 为底）
@LOG（X）	自然对数函数，返回 X 的自然对数值
@POW（X, Y）	指数函数
@SQR（X）	平方函数
@SQRT（X）	平方根函数
@FLOOR（X）	取整函数
@SMAX（X）	取最大值
@SMIN（X）	取最小值
@COS（X）	三角函数，还有@SIN（X），@TAN（X）
@BND（L, X, U）	限制 $L \leqslant X \leqslant U$
@BIN（X）	限制 X 取值为 0 或 1
@GIN（X）	限制 X 取值为整数

3）LINGO 中逻辑运算符

LINGO 具有 9 种逻辑运算符，如表 2.1.2 所示。

表 2.1.2　LINGO 逻辑运算符

名称	含义
#not#	否定该操作数的逻辑值，#not# 是一个一元运算符
#eq#	若两个运算数相等，则为 true；否则为 false
#ne#	若两个运算符不相等，则为 true；否则为 false
#gt#	若左边的运算符严格大于右边的运算符，则为 true；否则为 false
#ge#	若左边的运算符大于或等于右边的运算符，则为 true；否则为 false

名称	含义
#lt#	若左边的运算符严格小于右边的运算符，则为 true；否则为 false
#le#	若左边的运算符小于或等于右边的运算符，则为 true；否则为 false
#and#	当两个参数都为 true 时，结果为 true；否则为 false
#or#	当两个参数至少有一个为 false 时，结果为 false；否则为 true

这些运算符的优先级由高到低为：#not#，#eq#，#ne#，#gt#，#ge#，#lt#，#le#，#and#，#or#。

2. LINGO 求解线性规划问题

例如，用 LINGO 软件求解下面的线性规划问题：

$$\max z = 5x_1 + 3x_2 + 6x_3$$

$$\text{s.t.} \begin{cases} x_1 + 2x_2 + x_3 \leqslant 18 \\ 2x_1 + x_2 + 3x_3 = 16 \\ x_1 + x_2 + x_3 = 10 \\ x_1, x_2 \geqslant 0, \quad x_3 \text{为自由变量} \end{cases}$$

第一步，转化成 LINGO 语言，在模型窗口输入以下语句：

```
Model:
max=5*x1+3*x2+6*x3;
x1+2*x2+x3<=18;
2*x1+x2+3*x3=16;
x1+x2+x3=10;
@free(x3);
end
```

第二步，执行"LINGO"→"Solve"命令求解答案，或单击工具条上的按钮![icon]，即可得到模型最优解，如图 2.1.16 所示。

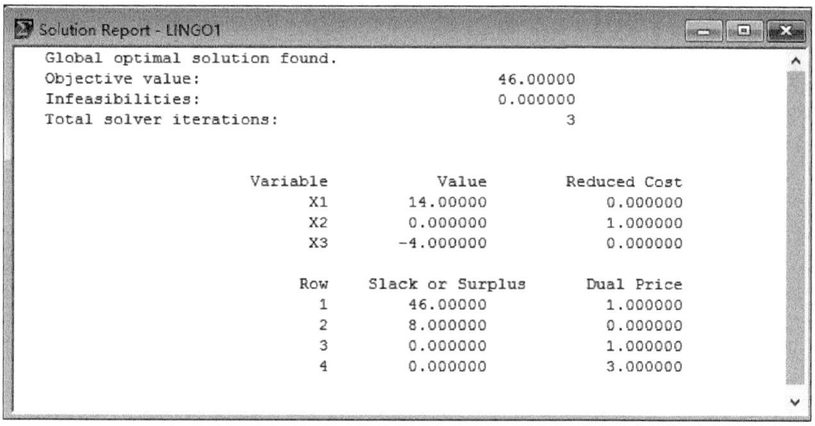

图 2.1.16　线性规划模型最优解（1）

由此可知，当 $x_1 = 14$，$x_2 = 0$，$x_3 = -4$ 时，模型得到最优值，此时最优值为 46。

下面使用 LINGO 软件求解初等运筹学几种常见的线性规划模型：配料问题、投资问题、人力资源分配问题。

（1）配料问题规划模型：

$$\max z = -15x_{11} + 25x_{12} + 15x_{13} - 30x_{21} + 10x_{22} - 40x_{31} - 10x_{32}$$

$$\text{s.t.} \begin{cases} 0.5x_{11} - 0.5x_{12} - 0.5x_{13} \geqslant 0 \\ -0.25x_{11} + 0.75x_{12} - 0.25x_{13} \leqslant 0 \\ 0.75x_{21} - 0.25x_{22} - 0.25x_{23} \geqslant 0 \\ -0.5x_{21} + 0.5x_{22} - 0.5x_{23} \leqslant 0 \\ x_{11} + x_{21} + x_{31} \leqslant 100 \\ x_{12} + x_{22} + x_{32} \leqslant 100 \\ x_{13} + x_{23} + x_{33} \leqslant 60 \\ x_{ij} \geqslant 0, \quad i = 1, 2, 3; j = 1, 2, 3 \end{cases}$$

第一步，转化成 LINGO 语言，在模型窗口输入以下语句，如图 2.1.17 所示。

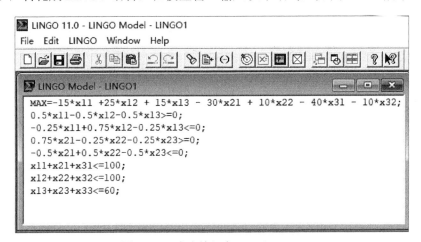

图 2.1.17　命令输入窗口（1）

第二步，执行 "LINGO" → "Solve" 命令求解答案，或单击工具条上的按钮，即可得到模型最优解，如图 2.1.18 所示。

由此可知，当 $x_{11} = 100$，$x_{12} = 50$，$x_{13} = 50$ 时，其余变量取值为 0，模型得到最优值，此时最优值为 500。

（2）投资问题规划模型：

$$\min z = 0.1x_1 + 0.06x_2 + 0.18x_3 + 0.12x_4 + 0.04x_5$$

$$\text{s.t.} \begin{cases} x_1 + x_2 + x_3 + x_4 + x_5 = 1\,000\,000 \\ 0.05x_1 + 0.08x_2 + 0.07x_3 + 0.06x_4 + 0.1x_5 \geqslant 80\,000 \\ 0.01x_1 + 0.17x_2 + 0.14x_3 + 0.22x_4 + 0.07x_5 \geqslant 140\,000 \\ (11x_1 + 8x_2 + 10x_3 + 4x_4 + 10x_5) / 5 \times 10^6 \geqslant 6 \\ x_i \geqslant 0 \quad (i = 1, 2, 3, 4, 5) \end{cases}$$

Solution Report - LINGO1

Global optimal solution found.
Objective value: 500.0000
Infeasibilities: 0.000000
Total solver iterations: 7

Variable	Value	Reduced Cost
X11	100.0000	0.000000
X12	50.00000	0.000000
X13	50.00000	0.000000
X21	0.000000	15.00000
X22	0.000000	0.000000
X31	0.000000	45.00000
X32	0.000000	10.00000
X23	0.000000	0.000000
X33	0.000000	0.000000

Row	Slack or Surplus	Dual Price
1	500.0000	1.000000
2	0.000000	-35.00000
3	0.000000	10.00000
4	0.000000	-20.00000
5	0.000000	10.00000
6	0.000000	5.000000
7	50.00000	0.000000
8	50.00000	0.000000

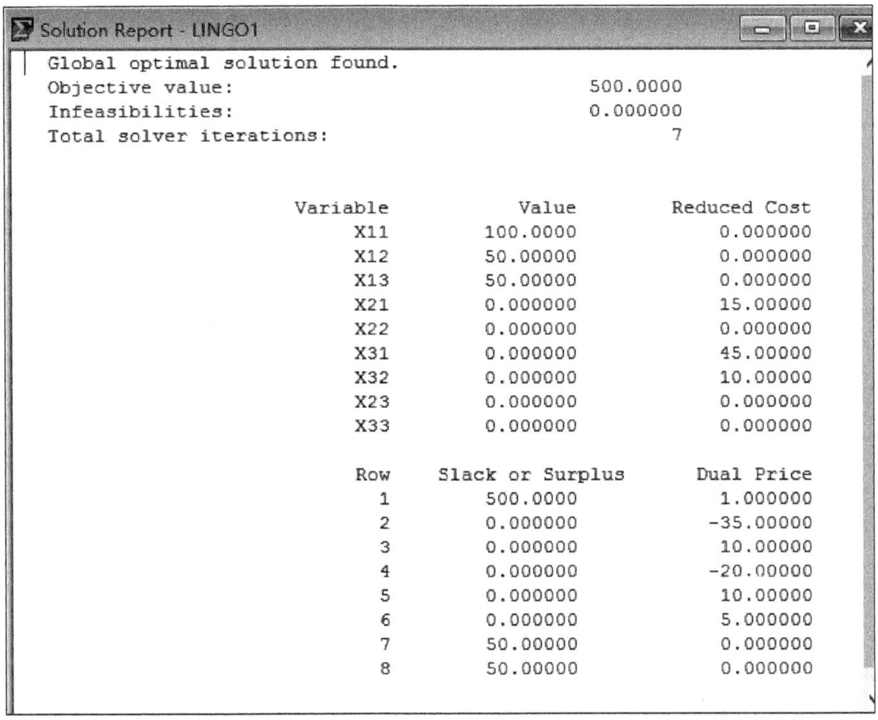

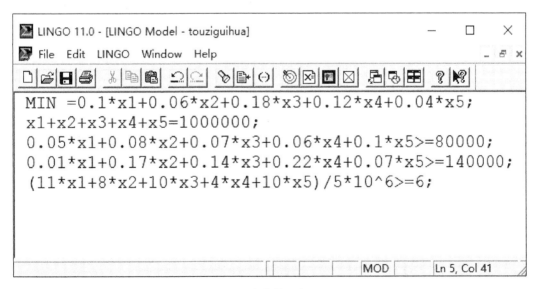

图 2.1.18　线性规划模型最优解（2）

第一步，转化成 LINGO 语言，在模型窗口输入以下语句，如图 2.1.19 所示。

```
MIN =0.1*x1+0.06*x2+0.18*x3+0.12*x4+0.04*x5;
x1+x2+x3+x4+x5=1000000;
0.05*x1+0.08*x2+0.07*x3+0.06*x4+0.1*x5>=80000;
0.01*x1+0.17*x2+0.14*x3+0.22*x4+0.07*x5>=140000;
(11*x1+8*x2+10*x3+4*x4+10*x5)/5*10^6>=6;
```

图 2.1.19　命令输入窗口（2）

第二步，执行“LINGO”→“Solve”命令求解答案，或单击工具条上的按钮，即可得到模型最优解，如图 2.1.20 所示。

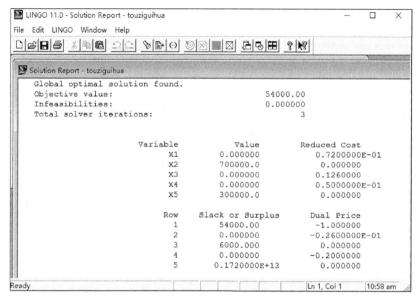

图 2.1.20 线性规划模型最优解（3）

由此可知，当 $x_2 = 700\,000$，$x_5 = 300\,000$ 时，其余变量取值为 0，模型得到最优值，此时最优值为 54 000。

（3）人力资源分配问题规划模型：

$$\min z = x_1 + x_2 + x_3 + x_4 + x_5 + x_6$$

$$\text{s.t.} \begin{cases} x_1 + x_2 \geqslant 70 \\ x_2 + x_3 \geqslant 60 \\ x_3 + x_4 \geqslant 50 \\ x_4 + x_5 \geqslant 20 \\ x_5 + x_6 \geqslant 30 \\ x_1 + x_6 \geqslant 60 \\ x_1, x_2, x_3, x_4, x_5, x_6 \geqslant 0，且均为整数 \end{cases}$$

第一步，转化成 LINGO 语言，在模型窗口输入以下语句，如图 2.1.21 所示。

第二步，执行 "LINGO" → "Solve" 命令求解答案，或单击工具条上的按钮，即可得到模型最优解，如图 2.1.22 所示。

由此可知，当 $x_1 = 60$，$x_2 = 10$，$x_3 = 50$，$x_4 = 0$，$x_5 = 30$，$x_6 = 0$ 时，其余变量取值为 0，模型得到最优值，此时最优值为 150，目标函数值的下界为 150。

3. LINGO 求解非线性规划问题

例如，用 LINGO 软件求解下面的非线性规划问题：

$$\max z = 98x_1 + 277x_2 - x_1^2 - 0.3x_1x_2 - 2x_2^2$$

$$\text{s.t.} \begin{cases} x_1 + x_2 \leqslant 100 \\ x_1 - 2x_2 \leqslant 100 \\ x_1, x_2 \geqslant 0，且均为整数 \end{cases}$$

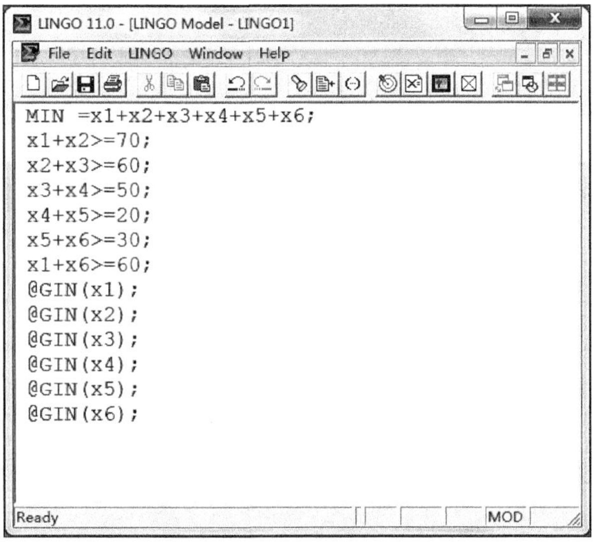

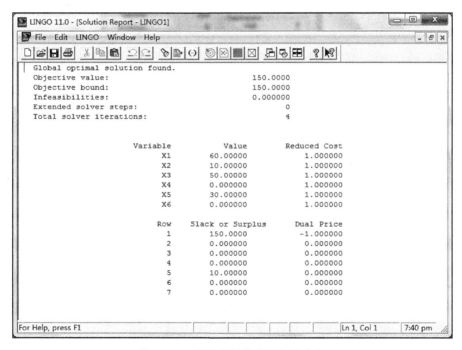

图 2.1.21　命令输入窗口（3）

图 2.1.22　线性规划模型最优解（4）

第一步，在模型窗口输入以下语句：

```
Model:
max=98*x1+277*x2-x1^2-0.3*x1*x2-2*x2^2;
x1+x2<=100;
x1-2*x2<=100;
```

```
@gin(x1);@gin(x2);
end
```

第二步，单击工具条上的按钮◎，即可得到模型最优解，如图 2.1.23 所示。

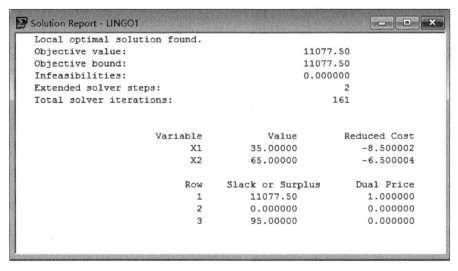

图 2.1.23　非线性规划模型最优解

4. LINGO 求解整数规划问题

例如，用 LINGO 软件求解下面的整数规划问题：

$$\max z = 20x_1 + 10x_2$$

$$\text{s.t.} \begin{cases} 5x_1 + 4x_2 \leqslant 24 \\ 2x_1 + 5x_2 \leqslant 13 \\ x_1, x_2 \geqslant 0, \quad \text{且均为整数} \end{cases}$$

第一步，在模型窗口输入以下语句：

```
Model:
max=20*x1+10*x2;
5*x1+4*x2<=24;
2*x1+5*x2<=13;
@gin(x1);@gin(x2);
end
```

第二步，单击工具条上的按钮◎，即可得到模型最优解，如图 2.1.24 所示。

2.1.3　WinQSB

WinQSB（quantitative systems for business）软件是一款在 Windows 操作系统下运行的管理运筹学软件，可应用于管理科学、决策科学、运筹学及生产运作管理等领域的求解问题。QSB 早期的版本是在 DOS 操作系统下运行的，后来发展成为在 Windows 操作系统下运行的 WinQSB 软件。该软件是由 Chang 和 Desai 共同开发的，界面设计友好、使

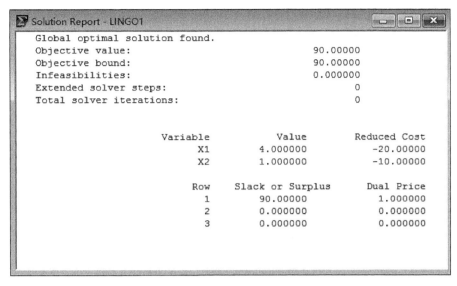

图 2.1.24 整数规划模型最优解

用简单。WinQSB 软件包括决策分析（decision analysis）、动态规划（dynamic programming）、目标规划（goal programming）、存储论与存储控制系统（inventory theory and system）、线性规划与整数线性规划（linear programming and integer linear programming）等 19 个子系统，功能涵盖管理科学、决策科学、运筹学及生产运作管理等领域。表 2.1.3 所示为 WinQSB 软件功能模块的中英文对照表。

表 2.1.3 WinQSB 软件功能模块中英文对照

序号	程序	缩写	名称
1	Acceptance Sampling Analysis	ASA	抽样分析
2	Aggregate Planning	AP	综合计划编制
3	Decision Analysis	DA	决策分析
4	Dynamic Programming	DP	动态规划
5	Facility Location and Layout	FLL	设备场地布局
6	Forecasting and Linear Regression	FC	预测与线性回归
7	Global Programming and Integer Linear Global Programming	GP-IGP	目标规划和整数线性目标规划
8	Inventory Theory and Systems	ITS	存储论与存储控制系统
9	Job Scheduling	JS	作业调度，编制工作进度表
10	Linear Programming and Integer Linear Programming	LP-ILP	线性规划与整数线性规划问题
11	Markov Process	MKP	马尔可夫过程
12	Material Requirements Planning	MRP	物料需求计划
13	Network Modeling	Net	网络模型

序号	程序	缩写	名称
14	Nonlinear Programming	NLP	非线性规划
15	Project Scheduling	PERT-CPM	网络计划
16	Quadratic Programming	QP	二次规划
17	Queuing Analysis	QA	排队论
18	Queuing System Simulation	QSS	排队系统模拟
19	Quality Control Charts	QCC	质量管理控制图

1. WinQSB 求解线性规划问题

例如，用 WinQSB 求解下面的线性规划问题：

$$\min z = 4000x_1 + 3000x_2$$

$$\text{s.t.} \begin{cases} 100x_1 + 200x_2 \geqslant 12\ 000 \\ 300x_1 + 400x_2 \geqslant 20\ 000 \\ 200x_1 + 100x_2 \geqslant 15\ 000 \\ x_1, x_2 \geqslant 0 \end{cases}$$

软件求解步骤如下。

第一步，打开 WinQSB 软件，执行"Linear and Integer Programming"→"File"→"New Program"命令，弹出图 2.1.25 所示对话框，并在对应位置输入线性规划的相关信息。

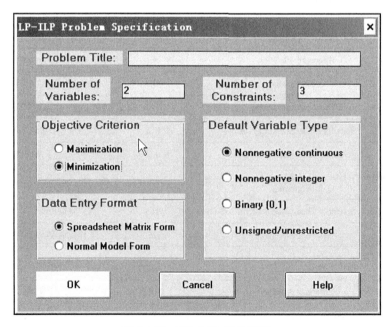

图 2.1.25　WinQSB 线性规划

第二步，输入数据。单击"OK"按钮，生成表格并输入数据，如图 2.1.26 所示。

Variable -->	X1	X2	Direction	R. H. S.
Minimize	4000	3000		
C1	100	200	>=	12000
C2	300	400	>=	20000
C3	200	100	>=	15000
LowerBound	0	0		
UpperBound	M	M		
VariableType	Continuous	Continuous		

图 2.1.26　输入数据

第 1 行为目标系数；第 2～4 行为约束系数、约束符及右端项

第 5 行为变量下限；第 6 行为变量上限，第 7 行为变量类型

第三步，求解。选择"Solve and Analyze"菜单，然后在二级菜单中选择"Solve the Problem"，生成图 2.1.27 所示的运行结果。若选择"Solve and Display Steps"，则显示单纯形法迭代步骤，选择"Simplex Iteration"直到生成最终单纯形表。

15:11:48		2009-4-4	2009-4-4	2009-4-4	2009-4-4		
Decision Variable	Solution Value	Unit Cost or Profit c(j)	Total Contribution	Reduced Cost	Basis Status	Allowable Min. c(j)	Allowable Max. c(j)
1 X1	60.0000	4,000.0000	240,000.0000	0	basic	1,500.0000	6,000.0000
2 X2	30.0000	3,000.0000	90,000.0000	0	basic	2,000.0000	8,000.0000
Objective	Function	[Min.] =	330,000.0000				
Constraint	Left Hand Side	Direction	Right Hand Side	Slack or Surplus	Shadow Price	Allowable Min. RHS	Allowable Max. RHS
1 C1	12,000.0000	>=	12,000.0000	0	6.6667	7,500.0000	30,000.0000
2 C2	30,000.0000	>=	20,000.0000	10,000.0000	0	-M	30,000.0000
3 C3	15,000.0000	>=	15,000.0000	0	16.6667	6,000.0000	24,000.0000

图 2.1.27　运行结果

2. WinQSB 求解运输问题

例如，用 WinQSB 求解最小化运输问题，数据信息如表 2.1.4 所示。

表 2.1.4　数据信息

	B_1	B_2	B_3	B_4	产量 a_i
A_1	23	11	20	15	37
A_2	18	16	17	14	34
A_3	22	15	12	13	29
销量 b_j	23	16	25	19	

软件求解步骤如下。

第一步，打开 WinQSB 软件，然后执行"Network Modeling"→"File"→"New Program"命令，弹出图 2.1.28 所示对话框，问题类型选择运输问题（Transportation Problem），设置其他参数。

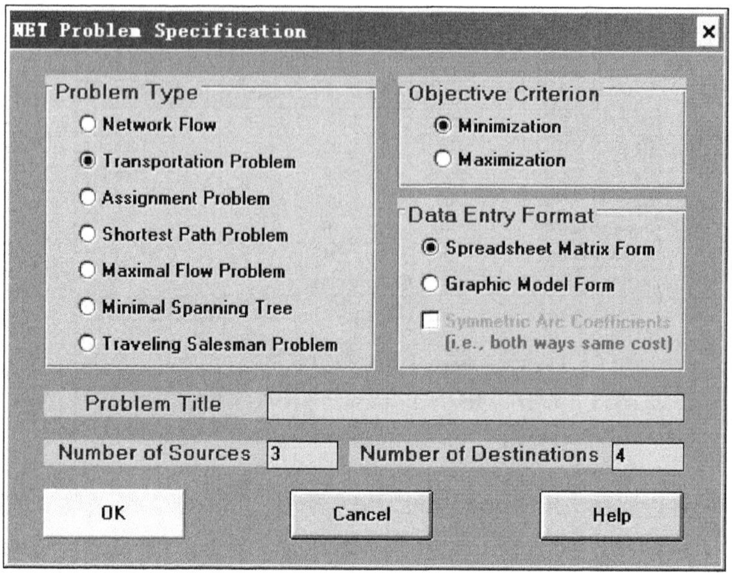

图 2.1.28　WinQSB 求解运输问题

第二步，单击"OK"按钮，在弹出的表格中输入数据信息，如图 2.1.29 所示。

From \ To	Destination 1	Destination 2	Destination 3	Destination 4	Supply
Source 1	23	11	20	15	37
Source 2	18	16	17	14	34
Source 3	22	15	12	13	29
Demand	23	16	25	19	

图 2.1.29　输入数据

第三步，计算结果。执行"Solve and Analyze"→"Solve the Problem"命令，生成图 2.1.30 所示运行结果。

04-04-2009	From	To	Shipment	Unit Cost	Total Cost	Reduced
1	Source 1	Destination 2	16	11	176	0
2	Source 1	Destination 4	4	15	60	0
3	Source 1	Unused_Supply	17	0	0	0
4	Source 2	Destination 1	23	18	414	0
5	Source 2	Destination 4	11	14	154	0
6	Source 3	Destination 3	25	12	300	0
7	Source 3	Destination 4	4	13	52	0
	Total	Objective	Function	Value =	1156	

图 2.1.30　运行结果

3. WinQSB 求解最短路问题

例如，用 WinQSB 求解图 2.1.31 所示的最短路问题。

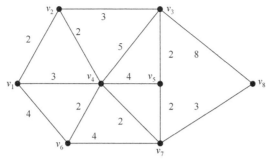

图 2.1.31　最短路问题

软件求解步骤如下。

第一步,打开 WinQSB 软件,然后执行"Network Modeling"→"File"→"New Program"命令,弹出图 2.1.32 所示的对话框,问题类型设置为最短路问题(Shortest Path Problem),并设置其他参数。

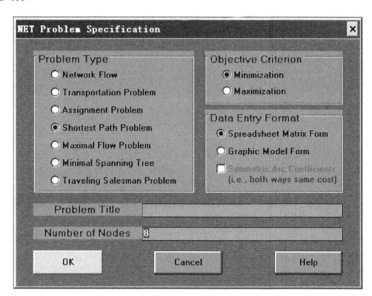

图 2.1.32　WinQSB 求解最短路问题

第二步,单击 "OK" 按钮,在弹出的表格中输入数据信息,如图 2.1.33 所示。

From \ To	Node1	Node2	Node3	Node4	Node5	Node6	Node7	Node8
Node1		2		3		4		
Node2	2		3	2				
Node3		3		5	2			8
Node4	3	2	5		4	2	2	
Node5			2	4			2	
Node6	4			2			4	
Node7				2	2	4		3
Node8			8				3	

图 2.1.33　输入数据

第三步，计算结果。执行"Solve and Analyze"→"Solve the Problem"命令，弹出图 2.1.34 所示的对话框。

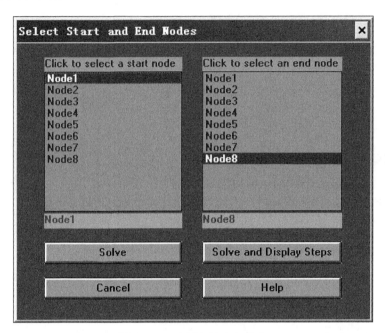

图 2.1.34　选择起始点和终点

选择起始点（Click to select a start node）为"Node1"，终点（Click to select an end node）为"Node8"，单击"Solve"按钮，生成图 2.1.35 所示的运行结果。

04-04-2009	From	To	Distance/Cost	Cumulative Distance/Cost
1	Node1	Node4	3	3
2	Node4	Node7	2	5
3	Node7	Node8	3	8
	From Node1	To Node8	Distance/Cost	= 8

图 2.1.35　运行结果

4. WinQSB 求解网络最大流问题

例如，用 WinQSB 求解图 2.1.36 所示的网络最大流问题。

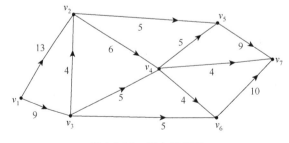

图 2.1.36　最大流问题

软件求解步骤如下。

第一步，打开 WinQSB 软件，然后执行"Network Modeling"→"File"→"New Program"命令，弹出图 2.1.37 所示的对话框，问题类型设置为最大流问题（Maximal Flow Problem），并设置其他参数。

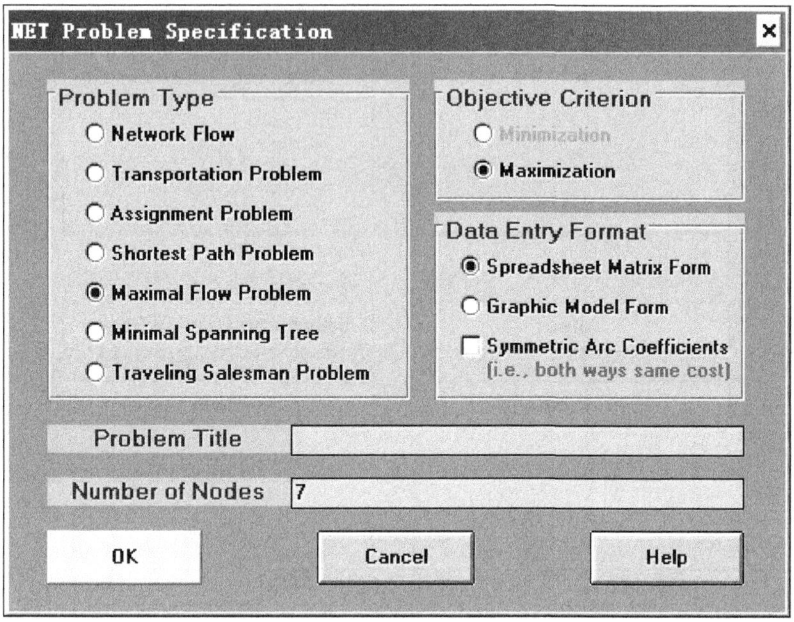

图 2.1.37　WinQSB 求解最大流问题

第二步，单击"OK"按钮，在弹出的表格中输入数据信息，如图 2.1.38 所示。

From \ To	Node1	Node2	Node3	Node4	Node5	Node6	Node7
Node1		13	9				
Node2				6	5		
Node3		4		5		5	
Node4					5	4	4
Node5							9
Node6							10
Node7							

图 2.1.38　输入数据

第三步，计算结果。执行"Solve and Analyze"→"Solve the Problem"命令，弹出图 2.1.39 所示的对话框。

选择起始点（Click to select a start node）为"Node1"，终点（Click to select an end node）为"Node7"，单击"Solve"按钮，生成图 2.1.40 所示的运行结果。

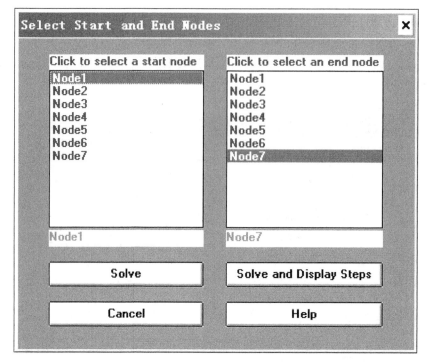

图 2.1.39　选择起始点和终点

03-31-2009	From	To	Net Flow		From	To	Net Flow
1	Node1	Node2	11	7	Node4	Node5	4
2	Node1	Node3	9	8	Node4	Node6	2
3	Node2	Node4	6	9	Node4	Node7	4
4	Node2	Node5	5	10	Node5	Node7	9
5	Node3	Node4	4	11	Node6	Node7	7
6	Node3	Node6	5				
Total	Net Flow	From	Node1	To	Node7	=	20

图 2.1.40　运行结果

2.1.4　AHP

yaahp 是一款层次分析法辅助软件，为使用层次分析法的决策过程提供模型构造、计算和分析等方面的帮助。利用 yaahp 可以方便地完成层次分析法、模糊综合评价法以及层次分析法与模糊综合评价法相结合的多准则决策分析任务。使用 yaahp 软件构建层次分析模型主要包括三个步骤：绘制层次分析模型、输入判断矩阵、计算结果。下面举例说明 yaahp 软件的使用过程。

1. 层次分析模型绘制

第一层是决策目标，第二层是中间层指标要素，第三层是备选方案。挑选汽车的层次分析模型如图 2.1.41 所示。

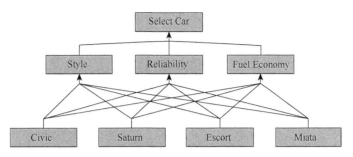

图 2.1.41　挑选汽车的层次分析模型

2. 判断矩阵数据输入

单击"判断矩阵",输入所有的判断矩阵,如图 2.1.42 所示。

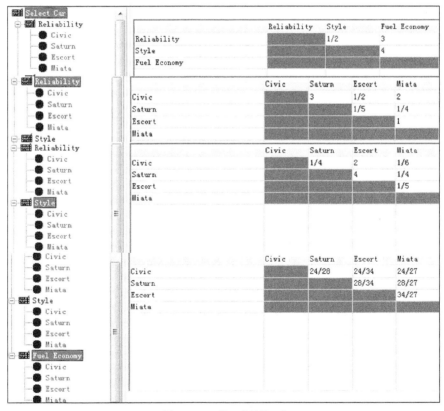

图 2.1.42　输入判断矩阵

3. 计算结果

单击"计算结果",可查看最后的计算结构,如图 2.1.43 所示。

2.1.5　DEAP

DEAP 是一款求解数据包络分析(data envelopment analysis,DEA)模型的软件,主要针对两种 DEA 模型:

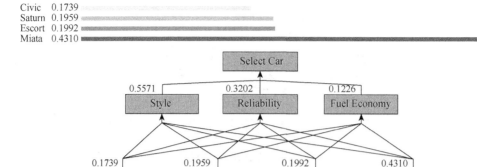

图 2.1.43   查看计算结果

CRS（constant returns to scale）模型和 VRS（variable returns to scale）模型。该软件的使用较为简单，主要包括三个步骤：建立数据文件（EG1-dta.txt）、建立引导文件（EG1-ins.txt）、模型求解（EG1-out.txt）。以表 2.1.5 所示数据为例，来说明 DEAP 的使用步骤。

表 2.1.5   数据信息

DMU	输出 1	输出 2	输出 3	输入 1	输入 2	输入 3
2007 年	16	1.00	0.12	16	18	800
2008 年	21	1.77	0.21	27	30	1140
2009 年	28	2.49	0.34	31	37	1317
2010 年	31	4.15	0.33	42	35	2332

第一步，建立数据文件，文件名称为 "EG3-dta.txt"（图 2.1.44），前面为输出信息，后面为输入信息。注意数据文档的命名只能更改其中的数字部分。

```
EG3-dta.txt - 记事本                          —    □    ×
文件(F)   编辑(E)   格式(O)   查看(V)   帮助(H)
16  1.00   0.12   16   18   800
21  1.77   0.21   27   30   1140
28  2.49   0.34   31   37   1317
31  4.15   0.33   42   35   2332
```

图 2.1.44   建立数据文件

第二步，建立引导文件，文件名称为 "EG3-ins.txt"。进行相应的参数设置，输出文件名为 "EG3-out.txt"，输出和输入均为 3，具体参数设置如图 2.1.45 所示。

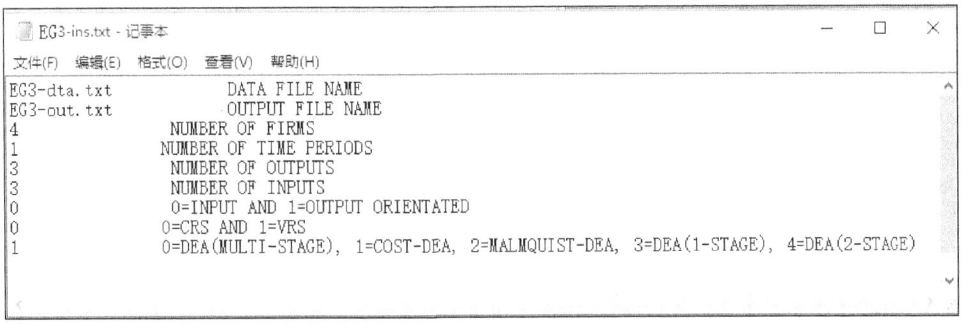

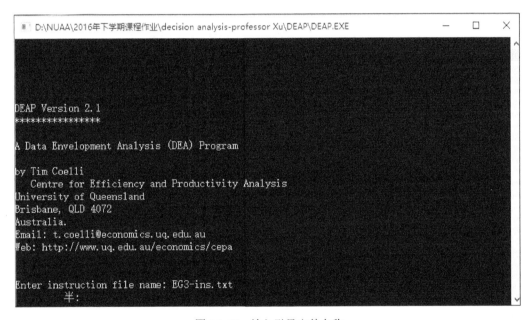

图 2.1.45　引导文件参数设置

第三步，模型求解，双击"DEAP.EXE"，输入引导文件名字：EG3-ins.txt，如图 2.1.46 所示。然后按"Enter"键，即可得到计算结果。单击输出结果文件"EG3-out.txt"，可查看模型的求解结果，如图 2.1.47 所示。

图 2.1.46　输入引导文件名称

2.1.6　MATLAB

MATLAB 是美国 MathWorks 公司出品的商业数学软件，主要包括 MATLAB 和 Simulink 两大部分。它将数值分析、矩阵计算、科学数据可视化以及非线性动态系统的建模和仿真等诸多强大功能集成在一个易于使用的视窗环境中，为科学研究、工程设计以及必须进行有效数值计算的众多科学领域提供了一种全面的解决方案。MATLAB 可以进行矩阵运算、绘制函数和数据、实现算法、创建用户界面、连接其他编程语言的程序等，主要应用于工程计算、控制设计、信号处理与通信、图像处理、信号检测、金融建模设计与分析等领域。MATLAB 主界面如图 2.1.48 所示。

```
Results from DEAP Version 2.1

Instruction file = IB-in.txt
Data file        = IB-data.txt

 Input orientated DEA

 Scale assumption: CRS

 Slacks calculated using multi-stage method


EFFICIENCY SUMMARY:

 firm     te
    1  1.000
    2  0.892
    3  1.000
    4  1.000

mean  0.973


SUMMARY OF OUTPUT SLACKS:

firm  output:        1            2            3
    1              0.000        0.000        0.000
    2              0.000        0.000        0.023
    3              0.000        0.000        0.000
    4              0.000        0.000        0.000

mean               0.000        0.000        0.006


SUMMARY OF INPUT SLACKS:

firm  input:         1            2            3
    1              0.000        0.000        0.000
    2              1.182        0.000        0.000
    3              0.000        0.000        0.000
    4              0.000        0.000        0.000

mean               0.295        0.000        0.000
```

图 2.1.47　查看计算结果

1. MATLAB 求解线性规划模型

MATLAB 优化工具箱中求解线性规划问题的函数为 linprog（），常见的几种形式如下：

```
x=linprog(f,A,b)
x=linprog(f,A,b,Aeq,beq)
x=linprog(f,A,b,Aeq,beq,lb,ub)
x=linprog(f,A,b,Aeq,beq,lb,ub,x0)
```

linprog 函数适合求解如下线性规划问题：

$$\min \ z = f^{\mathrm{T}} x$$

$$\text{s.t.} \begin{cases} Ax \leqslant b \\ A_{\mathrm{eq}} x = b_{\mathrm{eq}} \\ lb \leqslant x \leqslant ub \end{cases}$$

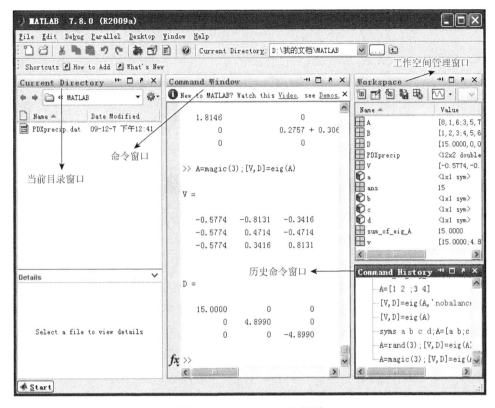

图 2.1.48　MATLAB 主界面

需要注意的是，MATLAB 软件使用 linprog 函数求解线性规划问题时，需要先把原模型转化为如下标准形式。linprog 函数返回的输出参数有 x、fval、exitflag、lambda 和 output。

输出参数 x 为线性规划问题的最优解。

输出参数 fval 为线性规划问题在最优解 x 处的函数值。

输出参数 exitflag 返回的是优化函数计算终止时的状态指示，说明算法终止的原因，其取值和代表的具体含义如表 2.1.6 所示。

表 2.1.6　exitflag 取值及其含义

值	物理意义
1	已经收敛到解 x
0	已经达到最大迭代次数限制 options.MaxIter
−2	没有找到问题的可行点
−3	问题无有限最优解
−4	在算法执行过程中遇到了 NaN 值
−5	原线性规划问题和其对偶问题均不可行
−7	搜索方向变化太小，无法进一步获得更优解，说明原线性规划问题或者约束条件是病态的

例如，用 MATLAB 求解下面的线性规划问题：

$$\max \ z = x_1 + 3x_2 - x_3$$

$$\text{s.t.} \begin{cases} x_1 + x_2 + 2x_3 = 4 \\ -x_1 + 2x_2 + x_3 = 4 \\ x_j \geqslant 0, \quad j = 1,2,3 \end{cases}$$

MATLAB 编程和结果输出如图 2.1.49 所示。

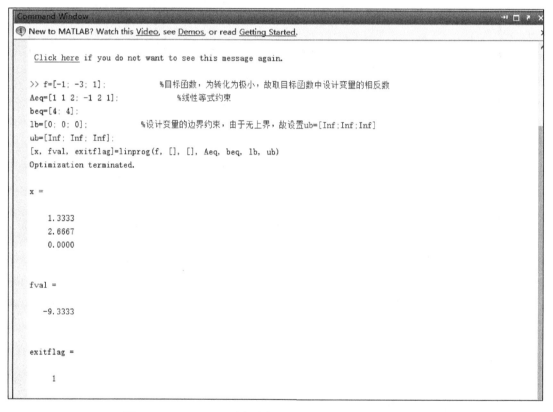

图 2.1.49　MATLAB 求解线性规划模型编程与结果输出

2. MATLAB 求解整数规划问题

目前，MATLAB 2014B 以后的版本都提供了专门求解整数规划的函数 intlinprog。intlinprog 函数的用法格式如下：

```
[x,fval,exitflag]=intlinprog(f,intcon,A,b,Aeq,beq,lb,ub)
```

该函数的使用和 linprog 函数的使用十分相似，其仅仅在 linprog 函数的基础上多了一个参数——intcon。在函数 intlinprog 中，intcon 的意义为整数约束变量的位置。如果要求解 0-1 整数规划问题，则只需要在整数规划求解的基础上增加一个约束条件——变量最大值为 1。

例如，用 MATLAB 求解下面的整数规划问题：

$$\min z = -x_1 - x_2$$

$$\text{s.t.} \begin{cases} -4x_1 + 2x_2 \leqslant -1 \\ 4x_1 + 2x_2 \leqslant 11 \\ -2x_2 \leqslant -1 \\ x_1, x_2 \geqslant 0, \quad \text{且为整数} \end{cases}$$

在 MATLAB 命令窗口输入以下命令，即可得到该整数规划的解。

```
f_13=[-1,-1];
ic_13=[1,2];
A_13=[-4,2;4,2;0,-2];
b_13=[-1;11;-1];
lb_13=zeros(2,1);
[x_13,fval_13,flag_13]=intlinprog(f_13,ic_13,A_13,b_13,[],[],
lb_13,[])
```

3. MATLAB 求解最短路问题（Dijkstra 算法）

MATLAB 中使用的 Dijkstra 算法程序如下：

```
        for j=1:length(s)
            if i==s(j)
                ins=1;
        end, end
        if ins==0
            v=i;
            if label(v)>(label(u)+w(u,v))
                label(v)=(label(u)+w(u,v)); f(v)=u;
            end
        end
    end
v1=0;
k=inf;
    for i=1:n
        ins=0;
            for j=1:length(s)
                if i==s(j)
                    ins=1;
                end
            end
            if ins==0
                v=i;
                if k>label(v)
                    k=label(v);   v1=v;
                end
            end
        end
    end
    s(length(s)+1)=v1;
    u=v1;
end
```

```
min=label(terminal); path(1)=terminal;
i=1;
while path(i)~=start
        path(i+1)=f(path(i));
        i=i+1 ;
end
 path(i)=start;
L=length(path);
path=path(L:-1:1);
end
```

调用格式为

```
[min,path]=dijkstra(w,start,terminal)
```

其中，输入变量 w 为所求图的带权邻接矩阵；start、terminal 分别为路径的起点和终点的号码。返回 start 到 terminal 的最短路径 path 及其长度 min。

例如，用 MATLAB 软件求解图 2.1.50 所示的最短路问题。

命令行输入代码及输出结果如图 2.1.51 所示。

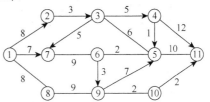

图 2.1.50　最短路问题

```
>> edge= [ 2, 3, 1, 3, 3, 5, 4,  4, 1, 7, 6, 6, 5,  5, 11,  1, 8, 6, 9, 10, 8, 9,  9, 10;...
           3, 4, 2, 7, 5, 3, 5, 11, 7, 6, 7, 5, 6, 11,  5,  8, 1, 9, 5, 11, 9, 8, 10, 9;...
           3, 5, 8, 5, 6, 6, 1, 12, 7, 9, 9, 2, 2, 1, 10, 8, 8, 3, 7,  2,  9, 9,  2,  2];
n=11; weight=inf*ones(n, n);
for i=1:n
    weight(i, i)=0;
end
for i=1:size(edge, 2)
weight(edge(1, i), edge(2, i))=edge(3, i);
end
[dis, path]=dijkstra(weight, 1, 11)

dis =

    21


path =

    1    8    9    10    11
```

图 2.1.51   命令行输入及输出结果

2.2   决策常用软件

2.2.1   GTM

灰色系统有其专门的建模软件——GTM，主要包括五个功能模块：灰序列生成、灰色关联分析、灰色聚类分析、灰色预测模型和灰色决策分析。GTM 软件的主界面如图 2.2.1 所示。

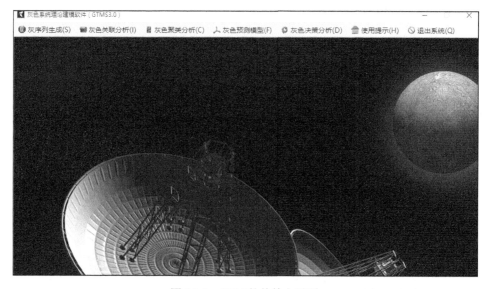

图 2.2.1   GTM 软件的主界面

1. 灰色关联分析

灰色关联分析包括邓氏关联度、绝对关联度、相对关联度、综合关联度等模块，软件使用步骤相似。在此主要介绍灰色相对关联度的使用方法。下面以图 2.2.2 所示的促销投入与销售收入数据为例，利用 GTM 软件计算促销投入与销售收入的相关系数。

	A	B	C
1	月份	促销投入（万）	销售收入（万）
2	1	0.3	16
3	2	0.4	18
4	3	0.6	19
5	4	0.7	20
6	5	0.8	22
7	6	0.9	23
8	7	1	25
9	8	0.8	24
10	9	0.6	22
11	10	0.5	20
12	11	0.6	24
13	12	0.5	23

图 2.2.2　促销投入与销售收入

步骤 1：打开灰色系统理论建模软件 GTM，单击菜单栏中的"灰色关联分析"，选择"相对关联度"，如图 2.2.3 所示。

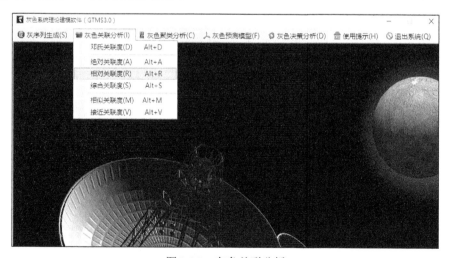

图 2.2.3　灰色关联分析

步骤 2：分别在序列 1 和序列 2 内输入促销投入和销售收入数据，然后单击下面的"灰色相对关联度（最终结果）"按钮，就可以得到促销投入和销售收入的相关系数，等于 0.7200，如图 2.2.4 所示。

如果单击"灰色相对关联度（详细计算过程）"按钮，可以查看灰色相对关联度计算的详细过程。

图 2.2.4　灰色相对关联度分析

2. 灰色预测模型 GM（1, 1）

下面以某地区年平均降水量（表 2.2.1）为例，介绍如何使用 GTM 软件来模拟和计算灰色预测模型 GM（1, 1）。

表 2.2.1　某地区年平均降水量　　　　　单位：mm

第 1 年	第 2 年	第 3 年	第 4 年	第 5 年	第 6 年	第 7 年	第 8 年
390.6	412	320	559.2	380.8	542.4	553	310
第 9 年	第 10 年	第 11 年	第 12 年	第 13 年	第 14 年	第 15 年	第 16 年
561	300	632	540	406.2	313.8	576	587.6

步骤 1：打开灰色系统理论建模软件 GTM，单击菜单栏中的"灰色预测模型"，选择"GM（1, 1）模型"，如图 2.2.5 所示。

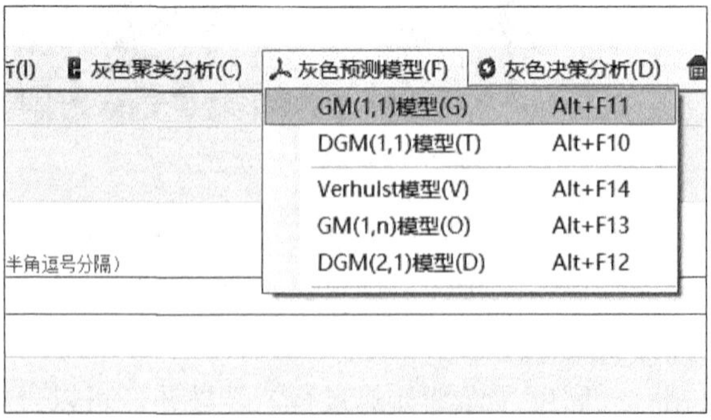

图 2.2.5　灰色预测模型

步骤 2：在文本框中输入表 2.2.1 中某地区年平均降水的数据，然后单击"计算>>模拟>>"按钮，就可以得到模型的计算过程和主要参数数据（a、b、残差和平均相对误差），并可以进行结果的预测分析，如图 2.2.6 所示。

图 2.2.6　灰色预测模型 GM（1, 1）

2.2.2　Gambit

Gambit 是用来求解有限非合作博弈的一种有效的软件工具，用图形化的界面可以方便地建立和分析战略形式与拓展形式的博弈模型。Gambit 软件主界面如图 2.2.7 所示。

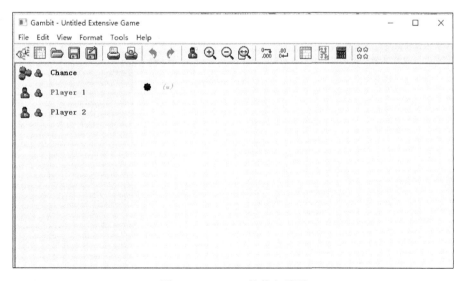

图 2.2.7　Gambit 软件主界面

1. 战略形式博弈的软件求解过程

下面以囚徒困境（表 2.2.2）为例，介绍战略形式博弈的软件求解过程。

表 2.2.2　囚徒困境

参与者		囚徒 2	
		否认	坦白
囚徒 1	否认	−1，−1	−9，0
	坦白	0，−9	−6，−6

第一步，执行"File"→"New"→"Strategic game"命令，创建一个战略博弈的新项目，如图 2.2.8 所示。

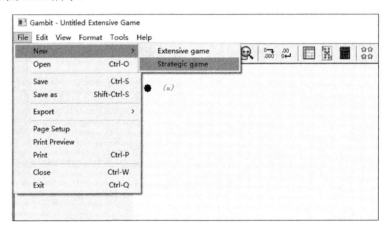

图 2.2.8　创建一个新项目

第二步，输入各决策者的信息及收益情况，如图 2.2.9 所示。

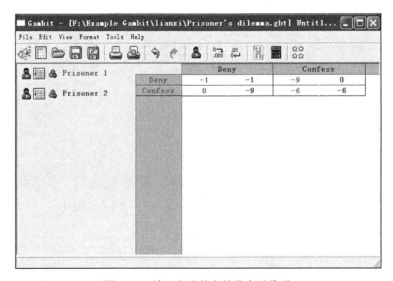

图 2.2.9　输入各决策者的信息及收益

第三步，在工具栏中选择 Tools，然后选择均衡（equilibria），弹出对话框如图 2.2.10 所示，选择计算所有纳什均衡解，即可得到最后的纳什均衡解，如图 2.2.11 所示。

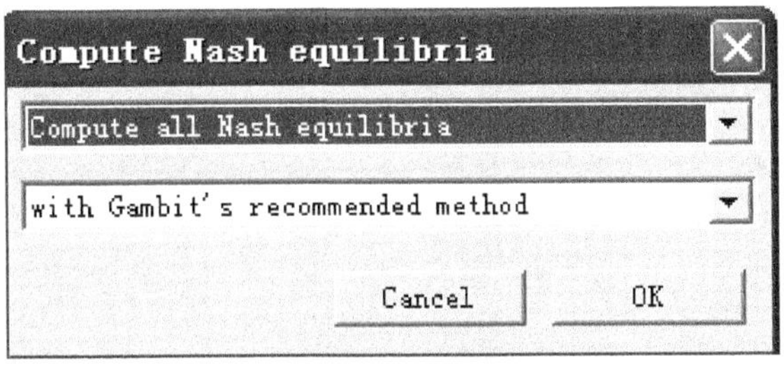

图 2.2.10　计算纳什均衡解

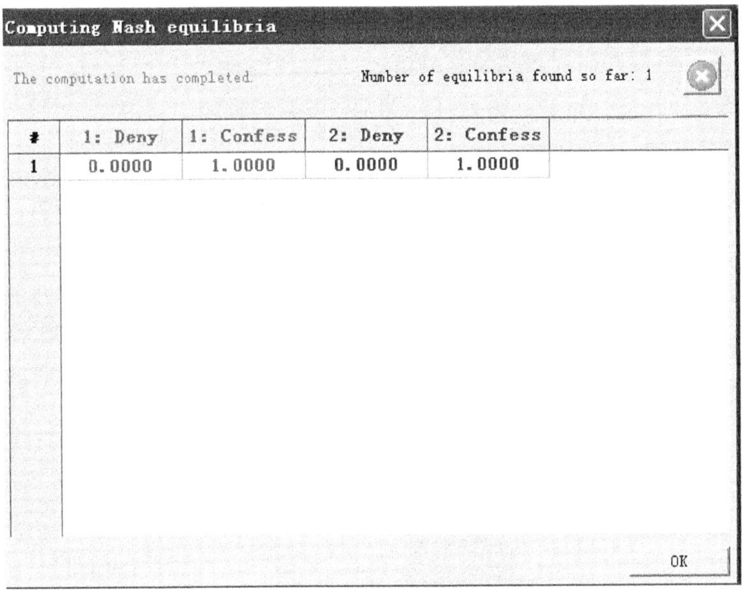

图 2.2.11　最后纳什均衡解

图 2.2.11 中的 "1" 表示选择该战略， "0" 表示不选择该战略。

有些博弈可能有三个或更多的决策参与者，用该软件建模时可以通过执行 "Edit" → "Add player" 命令来增加决策者数量，如图 2.2.12 所示。如果一个决策者的战略超过两个，使用该软件也可以增加决策者的战略数量，将鼠标放在决策者前面的方框上，会显示 "Add a strategy for this player"，单击该按钮即可为该决策者增加一个战略，如图 2.2.13 所示。

2. 拓展形式博弈的软件求解过程

例如，考虑图 2.2.14 所示的两阶段完全信息博弈模型。

使用 Gambit 软件求解上述拓展形式博弈模型的步骤如下。

第一步，执行 "File" → "New" → "Extensive game" 命令，创建一个拓展博弈的新项目，如图 2.2.15 所示。

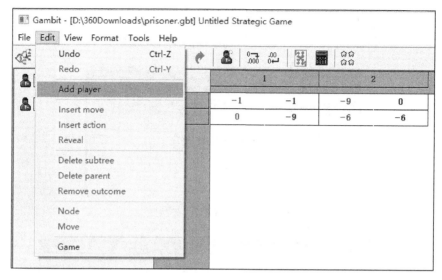

图 2.2.12　增加一个决策者

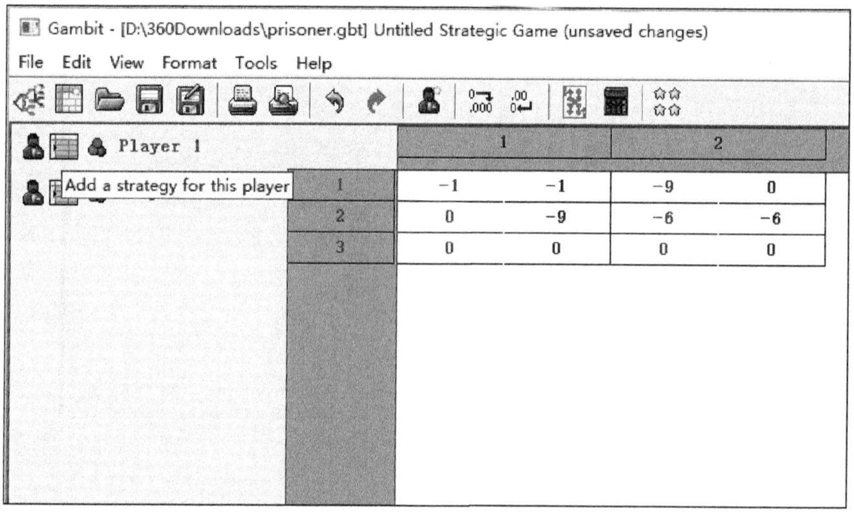

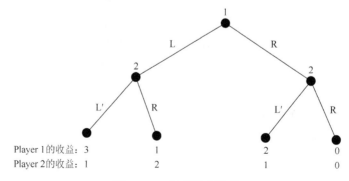

图 2.2.13　增加一个战略

图 2.2.14　拓展形式博弈

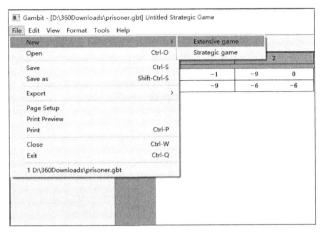

图 2.2.15　创建一个新项目

第二步，绘制拓展形式博弈模型，输入决策者收益信息。

（1）右击黑色圆点，选择"Insert move"，如图 2.2.16 所示。在弹出的对话框中选择"Insert move for player 1"、"with 2 actions"，这为决策者 1 增加了两个行动分支，如图 2.2.17 所示。

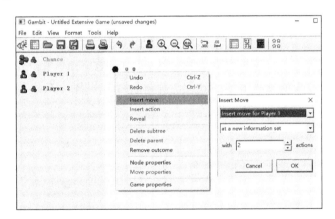

图 2.2.16　Insert move

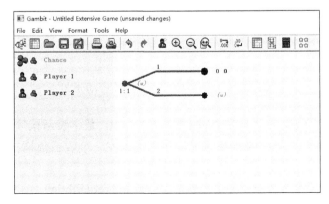

图 2.2.17　为决策者 1 增加两个行动

（2）双击分支上的数字（1 或 2），重新命名决策者 1 两个行动的名称为 L 和 R，如图 2.2.18 所示。

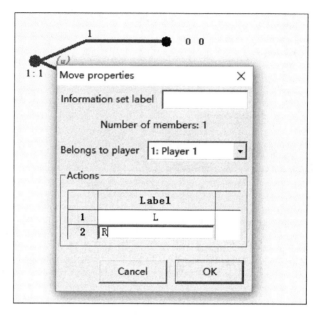

图 2.2.18　重新命名决策者 1 的行动名称

（3）右击黑色圆点，在弹出的对话框中选择"Insert move for player 2"、"with 2 actions"，为决策者 2 增加两个行动分支，并命名为 L′和 R′，如图 2.2.19 所示。

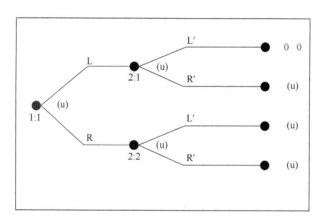

图 2.2.19　为决策者 2 增加两个行动分支

（4）双击黑色圆点，在"Node label"输入 1 或 2，数字表示该顶点的决策者编号。在右端对应位置输入决策者的收益情况，注意输入完一个收益值请按"Enter"键，如图 2.2.20 所示。

第三步，在工具栏中选择 Tools，然后选择均衡（equilibria），在弹出的对话框中选择计算所有纳什均衡解，即可得到最后的均衡解，如图 2.2.21 所示。

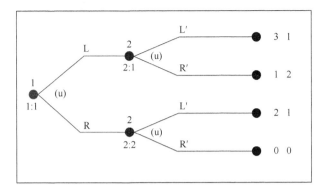

图 2.2.20　输入决策者收益情况

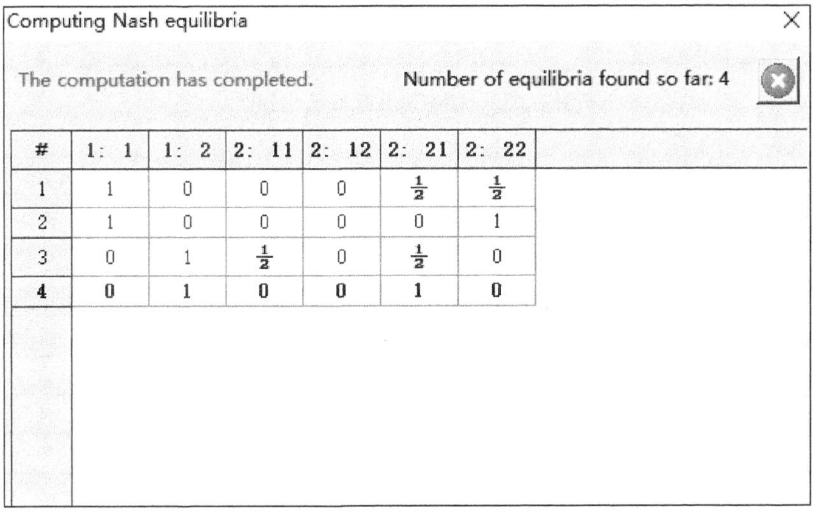

#	1：1	1：2	2：11	2：12	2：21	2：22
1	1	0	0	0	$\frac{1}{2}$	$\frac{1}{2}$
2	1	0	0	0	0	1
3	0	1	$\frac{1}{2}$	0	$\frac{1}{2}$	0
4	0	1	0	0	1	0

图 2.2.21　拓展形式博弈的均衡解

整数表示纯纳什均衡解，分数表示混合纳什均衡解

2.2.3　GMCR

本节主要介绍两种 GMCR 决策支持系统软件：GMCR II 和 NUAAGMCR。其中，GMCR II 是由加拿大滑铁卢大学的 Hipel 教授团队开发的，NUAAGMCR 是由南京航空航天大学的徐海燕教授团队开发的。

1. GMCR II 软件介绍

GMCR II 的建模功能比较齐全，尤其是决策者偏好信息的输入，共有三种偏好排序的方法，即直接状态排序法、策略加权平均法和策略优先权排序法，对于比较复杂的冲突模型，该系统可以通过后两种方法，只需要相关决策者提供一些能够表达其偏好想法的语句，输入系统中，就可以得到相应决策者的偏好序列，使用起来比较方便。该系统也能够对冲突的稳定性进行分析。该软件的主界面如图 2.2.22 所示。

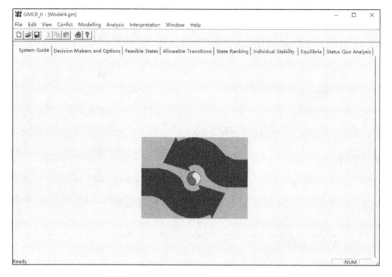

图 2.2.22 GMCR II 软件的主界面

以 Gisborne 冲突模型为例，来说明 GMCR II 软件的使用过程。Gisborne 冲突的可行状态表和各决策者策略声明分别如表 2.2.3 和表 2.2.4 所示。

表 2.2.3 Gisborne 冲突的可行状态表

决策者	策略	可行状态							
		s_1	s_2	s_3	s_4	s_5	s_6	s_7	s_8
Federal	Continue	N	Y	N	Y	N	Y	N	Y
Provincial	Lift	N	N	Y	Y	N	N	Y	Y
Support	Appeal	N	N	N	N	Y	Y	Y	Y

表 2.2.4 Gisborne 冲突中各决策者策略声明

决策者	策略声明	含义
Federal	1	Federal 希望继续限制水出口
	−2	Federal 不希望 Provincial 解除禁令
	−3	Federal 不希望 Support 上诉
Provincial（经济导向）	2	Provincial 希望解除禁令
	−1	Provincial 不希望 Federal 继续限制水出口
	−3	Provincial 不希望 Support 上诉
Support	2	Support 希望 Provincial 解除禁令
	−3 IFF 2	Support 不再上诉当且仅当 Provincial 解除禁令
	−1	Support 不希望 Federal 继续限制水出口

注：IFF 全称为 if and only if，是策略优先权排序法的一种符号。

第一步，执行 "File" → "New" 命令，创建一个新项目，如图 2.2.23 所示。

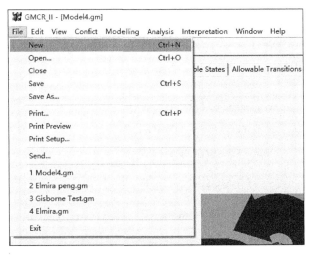

图 2.2.23　创建一个新项目

第二步，模型建立，包括输入冲突的决策者、策略，设置状态转移和偏好信息。

（1）执行"Modelling"→"States"→"Generate Possible"命令，生成状态点，如图 2.2.24 所示。

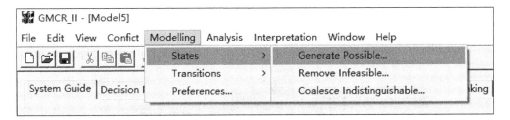

图 2.2.24　生成状态点

然后输入决策者和对应的策略，单击"OK"按钮，如图 2.2.25 所示。

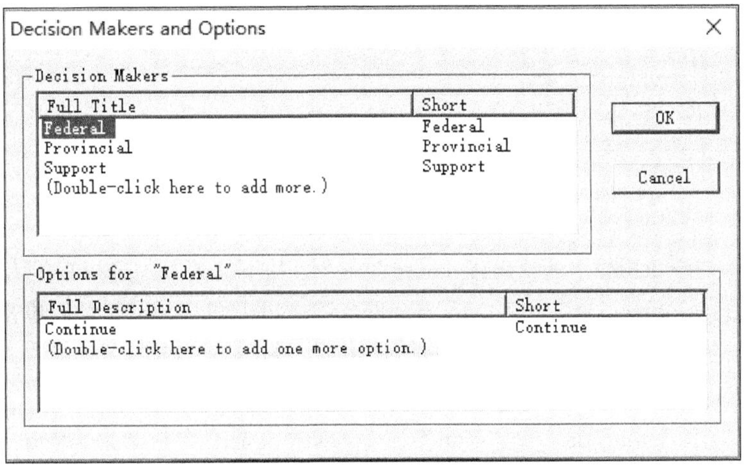

图 2.2.25　输入决策者和策略

（2）执行"Modelling"→"States"→"Remove Infeasible"命令，移除不可行状态，在弹出的对话框中的前两个方框内打钩，单击"OK"按钮。然后，一直单击"OK"按钮，如图2.2.26所示。

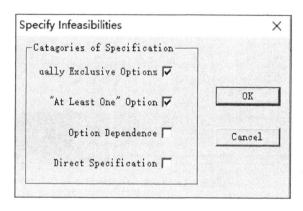

图2.2.26　Specify infeasibilityes

（3）执行"Modelling"→"Transitions"→"Single Option Based"命令，设置状态转移情况，如图2.2.27所示。

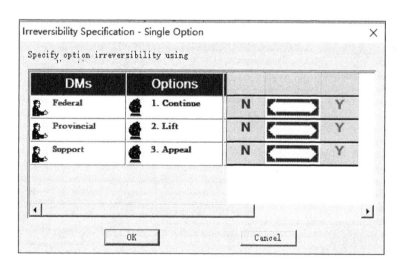

图2.2.27　设置状态转移

（4）执行"Modelling"→"Preferences"命令，从下拉菜单中选择决策者"Federal"，并勾选"Option Prioritization"和"Direct Ranking"，如图2.2.28所示。然后单击"Specify"按钮，在弹出的对话框中输入Federal的策略声明，如图2.2.29所示。单击"OK"按钮，得到Federal的偏好序列，同样设置其他两个决策者的偏好信息。

第三步，执行"Analysis"→"Run"命令，求解模型的均衡结果。单击"Equilibria"按钮，可查看模型的均衡解，如图2.2.30所示。

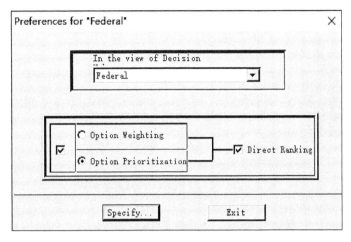

图 2.2.28　偏好设置

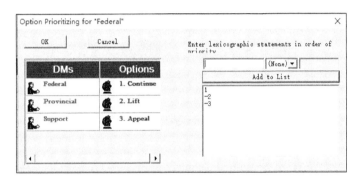

图 2.2.29　输入 Federal 的策略声明

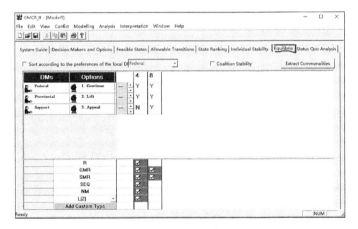

图 2.2.30　均衡结果

2. NUAAGMCR 软件介绍

NUAAGMCR 是网页版的在线系统，网址为 http://www.nuaagmcr.cn/。打开网址后输入账号 nuaa 和密码 123456，就可以使用该软件进行冲突建模和分析。该软件主界面如图 2.2.31 所示。

图 2.2.31　NUAAGMCR 软件的主界面

同样以 Gisborne 冲突模型为例，来说明 NUAAGMCR 软件的使用过程。

第一步，生成可行状态。输入冲突的决策者和策略信息，剔除不可行状态。具体操作分为以下几步。

（1）单击左侧"生成状态点"按钮，输入每个决策者的 Option 数量，如图 2.2.32 所示。然后单击"Submit"按钮，输入决策者名称和策略名称，如图 2.2.33 所示。

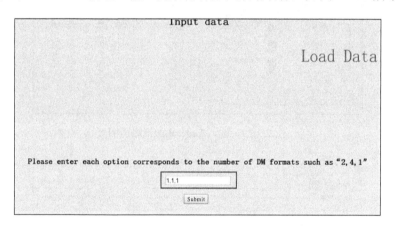

图 2.2.32　输入每个决策者的策略数量

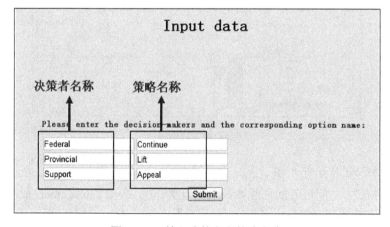

图 2.2.33　输入决策者和策略名称

（2）然后单击"Submit"按钮，生成状态点，如图 2.2.34 所示。

Federal	Continue	0 0 0 0 1 1 1 1
Provincial	Lift	0 0 1 1 0 0 1 1
Support	Appeal	0 1 0 1 0 1 0 1
		S1 S2 S3 S4 S5 S6 S7 S8

图 2.2.34　生成状态点

（3）单击"生成状态点"按钮，可以剔除不可行的状态点，该冲突中状态点都是可行的，故不作剔除操作。

第二步，设置状态转移情况。单击左侧"状态转移及偏好"按钮，然后单击"设置状态转移"按钮，可以设置状态转移的情况。该冲突中无特别限制，故直接单击"Submit"按钮即可，如图 2.2.35 所示。

图 2.2.35　设置状态转移图

第三步，输入偏好信息。单击左侧的"声明输入偏好"按钮，输入各决策者的策略声明。每输完一个声明，单击"Add"按钮，当一个决策者的策略声明输完后单击"Submit"按钮。然后重复操作，继续输入其他决策者的策略声明信息，如图 2.2.36 所示。

第四步，查看结果。单击"结果查看"按钮，可以查看所有状态、状态转移图和稳定性表格。在此单击"稳定性表格"按钮，即可查看该冲突的均衡结果，其中"1"表示稳定，如图 2.2.37 所示。

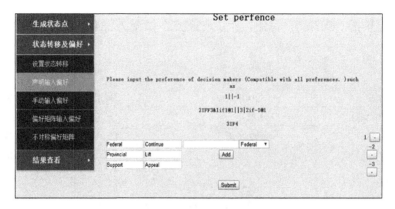

图 2.2.36 Federal 的策略声明输入

state	Nash				GMR				SMR				SEQ			
	Federal	Provincial	Support	Eq	Federal	Provincial	Support	Eq	Federal	Provincial	Support	Eq	Federal	Provincial	Support	Eq
S1																
S2			1				1				1				1	
S3		1	1			1	1			1	1			1	1	
S4		1				1	1			1	1			1		
S5	1				1				1				1			
S6	1				1		1		1		1		1		1	
S7	1	1	1	1	1	1	1	1	1	1	1	1	1	1	1	1
S8	1	1			1	1	1	1	1	1	1	1	1	1		

图 2.2.37 稳定性结果

第 3 章

统计分析案例

3.1 主成分分析案例: 经济发展与环境质量协调度研究

本章基于江苏省 13 市经济与环境数据，对目前运用广泛的协调度模型进行分析并建立改进模型，借助改进后的模型计算 13 市的经济环境协调度并对比，以提出经济与环境协调发展的设想。首先，建立江苏省各市经济发展与环境质量的指标体系，借助主成分分析解决指标间的权重问题，将主成分得分作为新的数据代入模型以简化运算过程。对已有协调度模型进行评估后，基于多维效用并合模型的思想对模型进行修正，生成新的协调度模型。新模型能兼顾子系统的绝对发展程度和相对发展差距，消除了其他模型只能考虑其中一方或存在特殊情况的缺陷。混合模型灵活度高，适用于能透彻理解被研究系统、能准确定义参数的情况；距离规则模型适用于无法确定使用何种模型的情况，在信息较少的前提下准确程度较高。最后，借助新模型获得江苏省 13 市经济环境发展协调度排名，通过对比分析论证模型的可靠性并提出江苏省经济与环境质量协调发展的设想。

1. 主成分分析: SPSS

1）指标体系建立

指标体系的确定是开展研究工作的基础，是评价研究是否具有有效性的重要依据。考虑到研究的准确性与实际的可实施性，指标的建立要遵循系统性、具体性、可获得性三大原则。

本章所选取的 16 个经济与环境指标涵盖了"十三五"规划文件中所提出的绝大部分指标，契合了经济社会发展的新形势和新要求。同时，考虑到本章的研究对象是江苏省 13 市，在选取环境指标的时候参考了江苏省环境保护厅环境公报，使指标体系符合江苏省目前对环境的监控与保护要求，这一点弥补了对"十三五"规划环境指标选取的不足，确保了指标体系的合理性和完整性。通过与研究经济环境子系统的类似文章进行指标对比，进一步证明本章的指标具有代表性且涵盖范围广。

本章遵循以上原则，构建如下经济发展与环境质量指标体系，如表 3.1.1 所示。

表 3.1.1 指标体系

总指标	一级指标	二级指标		数据方向
经济指标	经济发展	X_1	人均地区生产总值/元	正
		X_2	固定资产投资/亿元	正
		X_3	财政总收入/亿元	正
		X_4	进出口总额/万美元	正
	人民生活水平	X_5	居民储蓄存款/亿元	正
		X_6	城市居民消费价格指数	正
		X_7	城市居民人均可支配收入/元	正
		X_8	农村居民人均纯收入/元	正
环境指标	水污染	X_9	废水排放量/亿吨	负
	固体污染	X_{10}	工业固体废物产生量/万吨	负
	空气污染	X_{11}	烟粉尘排放量/万吨	负
		X_{12}	二氧化硫排放量/万吨	负
		X_{13}	氮氧化物排放量/万吨	负
		X_{14}	废气排放量/亿标立方米	负
	噪声污染	X_{15}	区域环境噪声平均等效声级/分贝	负
	污染防治	X_{16}	绿化覆盖面积/公顷	正

确定指标后搜集 2013 年江苏省 13 市 16 个指标的相关数据（表 3.1.2 和表 3.1.3）。本章的指标数据均来自江苏省统计局公布的 2013 年江苏省各市《社会经济统计年鉴》，官方来源保证数据可靠性。每个城市统计方式由相应城市在国家标准基础上进行微量调整，各市的指标数据均基于该市行政区域范围内的所有经济活动单位进行全面统计，本章指标只选取各城市统计口径完全一致的指标，避免指标间的差异性，确保指标之间的可比性和数据的完整性。综上，说明本章数据可以用于进行实证分析。

表 3.1.2 经济指标数据

城市	X_1/元	X_2/亿元	X_3/亿元	X_4/万美元	X_5/亿元	X_6	X_7/元	X_8/元
南京	125 031	5 265.55	1 591.59	557.57	4 955.76	102.70	39 881	16 531
无锡	124 639	4 015.77	1 565.76	707.72	4 086.84	102.10	38 999	20 587
常州	92 995	2 902.84	1 169.32	290.28	2 753.31	102.20	36 946	18 643
苏州	123 209	6 001.94	2 788.91	3 093.48	6 408.32	102.10	41 143	21 578
镇江	92 656	1 753.20	631.20	114.13	1 483.60	102.10	32 977	16 258
南通	69 050	3 298.70	1 216.70	263.01	4 150.50	102.20	31 059	14 754
扬州	72 775	2 025.18	660.30	101.73	1 931.02	102.20	30 690	14 214
泰州	64 917	1 764.17	697.23	104.42	1 790.89	101.90	30 069	13 982

续表

城市	X_1/元	X_2/亿元	X_3/亿元	X_4/万美元	X_5/亿元	X_6	X_7/元	X_8/元
徐州	51 714	3 090.13	659.95	83.27	2 089.77	102.30	29 347	12 052
连云港	40 416	1 664.77	595.65	80.02	850.95	102.20	26 898	10 745
淮安	46 020	1 453.05	494.60	42.38	934.30	102.20	25 456	11 045
盐城	48 150	2 217.69	963.02	57.54	1 820.45	102.70	28 402	13 344
宿迁	35 484	1 290.75	381.94	33.22	736.29	102.40	20 325	10 703

表 3.1.3 环境指标数据

城市	X_9/亿吨	X_{10}/万吨	X_{11}/万吨	X_{12}/万吨	X_{13}/万吨	X_{14}/亿标立方米	X_{15}/分贝	X_{16}/公顷
南京	7.77	1 734.71	6.53	11.24	15.68	7 930.21	54.70	93 503
无锡	6.56	1 051.89	4.71	8.38	14.88	5 979.11	55.60	13 908
常州	2.81	666.85	2.42	2.39	4.08	3 259.93	45.60	7 960
苏州	6.65	2 486.00	5.34	16.50	18.08	14 385.00	54.20	41 592
镇江	0.96	732.27	2.04	6.31	6.32	2 722.82	47.80	4 877
南通	1.46	503.97	3.40	6.51	1.67	2 213.00	49.90	780
扬州	2.84	314.90	1.61	4.89	8.16	1 455.40	44.70	1 030
泰州	0.75	439.43	1.56	5.04	5.39	2 782.70	45.60	3 909
徐州	4.70	1 608.03	5.84	13.61	20.91	5 183.61	45.00	10 131
连云港	2.23	492.94	2.32	4.97	4.60	964.56	54.70	10 348
淮安	2.49	508.00	2.39	4.79	7.04	2 107.25	53.50	9 998
盐城	2.01	550.77	2.37	4.03	4.49	3 122.66	47.40	10 692
宿迁	0.49	141.85	3.67	2.46	3.78	1 788.45	43.40	24 340

2）指标降维

（1）主成分分析法的基本原理

根据已经建立的指标体系以及整理得到的相关经济和环境数据可以看出，第一，江苏省 13 市的 16 个指标产生的数据量偏大，计算复杂，很难统一地操纵这 16 个指标对13 市的经济环境质量做出评估；第二，分析 16 个指标可以看出经济和环境下的各自的八个指标之间共性较大，反映的信息也具有一定程度的重叠。综合以上两点原因，本章的研究选择采用主成分分析方法，通过该研究方法能够合理地重组指标，简化后期协调度模型的计算过程，而且保留原始变量的大部分信息，操作简单，与其他同类方法相比具有更严谨的理论基础。

主成分分析法的基本原理是降维，将原本若干个变量或者指标重新组合成新的互不相关的若干个综合变量，然后根据研究的实际情况从中选取少数几个综合变量或综合指标来反映原来的变量或指标的相关信息。其特点为能简化信息且保留原有变量大部分信息，主成分之间相互独立。运用的前提是变量相关、信息丢失少。

（2）主成分分析法的求解过程

步骤 1：对 n 城市、p 指标的原始数据进行标准化处理并计算其相关系数矩阵。

步骤 2：计算相关系数矩阵的特征值 λ_i 以及相对应的特征向量 $a_i = (a_{i1}, a_{i2}, \cdots, a_{ip})^{\mathrm{T}}$，$i = 1, 2, \cdots, p$。

步骤 3：计算并选择主成分，即 $F_1, F_2, \cdots, F_p$。主成分 $F_i = a_{i1}x_1 + a_{i2}x_2 + \cdots + a_{ip}x_p$，$F_1$，$F_2, \cdots, F_p$ 之间相互无关，且方差递减。根据方差累计贡献率 $G(m)$ 来选取前 m 个主成分，$G(m) = \sum_{i=1}^{m} \lambda_i \bigg/ \sum_{k=1}^{p} \lambda_k$；当累计贡献率达到 85% 的时候认为足够反映原来变量的信息，对应的 m 即抽取的前 m 个主成分。

步骤 4：将选择的主成分进行线性组合构造综合评价函数：

$$y = \frac{\lambda_1}{\sum_{k=1}^{m} \lambda_k} F_1 + \cdots + \frac{\lambda_m}{\sum_{k=1}^{m} \lambda_k} F_m$$

式中，y 为综合得分；F_i 为主成分得分；$\lambda_1, \lambda_2, \cdots, \lambda_m$ 取对应的特征值。

（3）主成分分析法的实际应用

本章利用 SPSS 软件进行主成分分析。SPSS 的优点是能进行相关性检验、KMO（Kaiser-Meyer-Olkin）和 Bartlett 的球形度检验，能对主成分的必要性与可靠性做出评估。

最后得到可靠的主成分得分 F_i，将其代入步骤 4 得到综合指数 Y，如表 3.1.4 所示。

表 3.1.4　经济环境综合指数

城市	南京	无锡	常州	苏州	镇江	南通	扬州
经济综合指数 Y_1	2.6345	2.1458	0.7651	4.6892	−0.5537	0.3188	−0.7999
环境综合指数 Y_2	−2.9148	−1.4866	0.7593	−2.2281	0.4574	0.6986	1.4093

城市	泰州	徐州	连云港	淮安	盐城	宿迁	
经济综合指数 Y_1	−1.1557	−0.9004	−1.9149	−2.0127	−0.7809	−2.4353	
环境综合指数 Y_2	1.2646	−1.1348	0.8338	0.0266	0.3410	1.9737	

注：某城市主成分得分为负是因为在计算时对原始数据做了标准化处理，把各指标的平均水平当作零来处理。因此，主成分得分为负表明该城市在原始数据中处于平均水平之下。

2. 归一化处理

经主成分分析获得的经济环境综合指数正负并存，若将其代入几何平均法等协调度模型中，只要经济环境一方出现负数对整体协调度影响很大，导致结果与实际出现较大偏差。因此，必须对指标数据进行合理标准化处理后才能代入协调度模型。同样地，标准化后的数据若为零依旧会影响整体协调度，所以不能采用归一法、极差法等常用标准化方法。

为此本章考虑采用对数 Logistic 模式标准化方法：

$$Y' = \frac{1}{1 + \mathrm{e}^{-Y}}$$

此标准化方法有三大优点：信息没有丢失；标准化后的发展指数数值范围为（0，1），协调度不会因为某一城市一方面发展垫底而使其整体协调度垫底；考虑了经济与环境发展基数越大，上升空间越小，价值越高（此标准化函数的一阶偏导数越来越大）。

将初始的经济环境综合指数代入上述公式得到标准化后的综合指数，如表 3.1.5 所示。

表 3.1.5　标准化后的综合指数

城市	南京	无锡	常州	苏州	镇江	南通	扬州
经济综合指数 Y_1	0.9330	0.8953	0.6824	0.9909	0.3650	0.5790	0.3101
环境综合指数 Y_2	0.0514	0.1845	0.6812	0.0973	0.6124	0.6679	0.8036
城市	泰州	徐州	连云港	淮安	盐城	宿迁	
经济综合指数 Y_1	0.2395	0.2890	0.1285	0.1179	0.3141	0.0805	
环境综合指数 Y_2	0.7798	0.2433	0.6971	0.5067	0.5844	0.8780	

3. 协调度模型：Excel

1）已有模型研究

协调度是定量指标，它表示系统内部各要素之间的协调发展程度，是衡量系统内部有序性的重要指标。一般来说，系统总是在协调和协调之间波动，当系统处于完全协调的状态，即系统内部各个要素或子系统之间协调一致，此时可以将协调度量度为 1，当系统处于完全不协调状态时，此时可以将协调度量度为 0，大部分情况下，系统不会达到完全协调和完全不协调的状态，即系统的协调度总是在（0，1）波动。基于该准则和系统协调论的相关理论，假定各市的发展作为一个系统整体，其中经济发展和环境质量分别为系统内部的两个子系统 S_1 和 S_2，并且二者的综合发展水平分别为 Y_1 和 Y_2，通过构建江苏省 13 市协调度评价模型，计算出每个市的协调度，从而对经济和环境质量协调发展程度做出评估。

目前，广泛应用的协调度模型有四种。基于现有的四种模型，代入江苏省 13 市经济与环境综合发展指数，进行城市间的排名。根据实际排名结果并结合统计理论可得模型优缺点与适用场合。已有协调度模型研究如表 3.1.6 所示。

表 3.1.6　已有协调度模型研究

模型比较	综合型协调度评价模型		距离型协调度评价模型	
	基于几何平均法	基于加权平均法	基于方差法	基于离散系数法
统计学基础	几何平均	加权平均	方差	离散系数
数学公式	$HD = \sqrt[n]{Y_1 Y_2 \cdots Y_n}$	$HD = W_1 Y_1 + \cdots + W_n Y_n$	$HD = \dfrac{\sum (Y_i - \bar{Y})^2}{n-1}$	$HD = \left(\dfrac{S}{\bar{Y}} \times 100\% \right)^K$
基本思想	不单独考虑系统内部子系统的协调状况，研究复杂整体的宏观状态		测度系统内部子系统之间的特定距离来研究整体的协调度	
侧重点	整体协调性		内部协调性	
最优解	Y_i 不断人时，协调度不断增大		Y_i 相等时，达到最佳协调状态	

模型\比较	综合型协调度评价模型		距离型协调度评价模型	
	基于几何平均法	基于加权平均法	基于方差法	基于离散系数法
优缺点	①模型结构简便，准确度较高；②忽视了系统内部各子系统的相对差距，无法反映子系统之间的同步性等性质；③加权平均法的权重受多种因素制约难以精准确定，降低了模型的可靠性		①模型要求各综合发展水平均大于0，即各子系统间具有同步性；②过度重视系统要素间的差距而忽略了要素自身的发展水平	
适用场合	适用范围最广，适合于任何综合发展水平的数据，适用于面板数据和时间序列		适用于各系统综合发展水平数据为正数的情况，适用于时间序列、截面数据等情形	

这四种方法基于统计学原理，因运用简单且适用范围广而被广泛应用。但这四种模型存在固有缺陷：几何平均法与加权平均法仅考虑子系统的绝对发展程度；方差法仅考虑子系统的相对发展差距；离散系数法虽两者兼顾但两者一好一坏会互相掩盖，即放大了差距的重要性而轻视了绝对发展程度的重要性。

2）多维效用并合模型

考虑到不同城市所处的发展阶段不同，经济与环境之间的关系不同，不同城市应采用不一样的协调度模型。本章借鉴多目标决策分析中多维效用并合模型的思想在已有模型的基础上进行改进。多维效用并合旨在将难以统一衡量的目标用效用值表示，再根据效用之间的关系选择相应的并合模型把各目标的效用并合为决策主体的满意度，用整体满意度来综合评价方案的优劣。将协调度模型与多维效用并合模型类比，子系统得分即为单个目标的效用值，子系统之间的关系即为目标效用之间的关系，多系统综合协调度即为多目标整体满意度。多维效用并合思想非常适用于协调度模型，经济与环境的发展关系也能合理代入效用关系以选择最合适的模型，因此借鉴多维效用并合模型思想修正协调度模型是合理的。

在多目标决策分析中存在四种多维效用并合模型（表3.1.7），效用之间的关系决定模型的适用场合。

表 3.1.7 多维效用并合模型

规则	关系	模型
距离规则	二效用都要满足，二效用之一达最大值均不能使并合效用最大	$W(u_1, u_2, \cdots, u_n) = 1 - \sqrt{\frac{1}{n} \sum_{i=1}^{n} (1-u_i)^2}$
代换规则	二效用对决策主体同等重要且可以互相替代，只要一效用值取得最大值并合效用即为最大值	$W(u_1, u_2, \cdots, u_n) = 1 - \prod_{i=1}^{n} (1-u_i)$
加法规则	二效用的变化对并合效用贡献没有本质差别，可以相互线性补偿	$W(u_1, u_2, \cdots, u_n) = \sum_{i=1}^{n} \rho_i u_i$
乘法规则	二效用对于并合效用具有同等重要性，相互之间完全不能替换，只要任意效用值为0，并合效用即为0	$W(u_1, u_2, \cdots, u_n) = \prod_{i=1}^{n} u_i^{\rho_i}$

3）模型构建与计算

结合多维效用并合思想，总结出两种理论性与实践性均较强的协调度模型。

（1）混合模型

混合模型适用于各子系统之间较为复杂的关系，是比代换规则、加法规则、乘法规则更一般的情况。混合规则 n 系统协调度公式为

$$1 + \gamma \text{HD} = \prod_{i=1}^{n}(1 + \gamma c_i Y_i)$$

当形式因子 $\gamma = -1$ 且 $c_1 = c_2 = 1$ 时，公式转化为代换规则形式；当 $\gamma = 0$ 且 $c_1 + c_2 = 1$ 时，公式转化为加法规则形式；当 $\gamma \geq 0$ 时，公式近似于乘法规则形式。实际运用时，可结合具体情况确定参数 γ、c_i，构建最符合实际需求的协调度模型，模型的灵活性较强，可提高决策的准确度。

江苏省 13 市经济环境发展水平参差不齐，三种规则在混合模型中需都有体现；同时政府对环境的重视提升至与经济并重。将 $\gamma = 1$，$c_1 = 0.5$，$c_2 = 0.5$ 代入以下二系统协调度模型：

$$\text{HD}(Y_1, Y_2) = c_1 Y_1 + c_2 Y_2 + \gamma c_1 Y_1 Y_2$$

混合模型依然存在代换、加法、乘法三种模型固有的缺点，即只考虑了经济环境的绝对发展程度，没有考虑系统之间相对发展差距，此处引入标准差的概念。相对发展差距对协调度的影响不能超过绝对发展程度，此处将标准差做标准化处理后代入模型。改进后的二系统协调度模型为

$$\text{HD}(Y_1, Y_2) = \dfrac{c_1 Y_1 + c_2 Y_2 + \gamma c_1 Y_1 Y_2}{\dfrac{1}{1 + e^{-s}}}$$

计算结果见表 3.1.8，得到的江苏省 13 市协调度排名为：常州＞南通＞苏州＞扬州＞无锡＞南京＞泰州＞宿迁＞镇江＞盐城＞连云港＞淮安＞徐州。

表 3.1.8　改进模型的计算结果

城市	南京	无锡	常州	苏州	镇江	南通	扬州
混合规则	0.3005	0.3271	0.399	0.3401	0.2765	0.3608	0.3284
距离规则	0.3276	0.4186	0.6818	0.3616	0.474	0.6208	0.4928
耦合模型	0.3309	0.4508	0.5839	0.3940	0.4862	0.5576	0.4996
城市	泰州	徐州	连云港	淮安	盐城	宿迁	
混合规则	0.2984	0.1419	0.2351	0.1698	0.2521	0.2876	
距离规则	0.4401	0.2658	0.3476	0.2853	0.4329	0.3441	
耦合模型	0.4648	0.3641	0.3868	0.3496	0.4628	0.3646	

（2）距离规则模型

距离规则的理论为：在直角坐标系中，以（0，0）为最差点，以（1，1）为理想点，点 (Y_1, Y_2) 距离点（1，1）越近，系统协调程度越高。通过平面坐标系原理可得此法从两个方面与理想点进行比较：①尽量靠近直线 $Y_1 = Y_2$，a 越小，经济与环境之间相对发展差距越小；②尽量靠近点（1，1），b 越小，经济环境绝对发展程度越高。由勾股定理

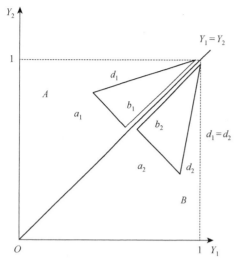

图 3.1.1　距离规则坐标系

得 $d^2 = a^2 + b^2$，要求 a 与 b 越小只需使 d 越小。因此，距离规则可近似等价于求解城市在平面中代表点（Y_1，Y_2）与理想点（1，1）之间的距离，距离越小则该城市协调程度越高。距离规则坐标系如图 3.1.1 所示。

此方法同时考虑了绝对发展程度与相对发展差距，且适用于处在任何发展阶段的城市。将江苏省 13 市经济环境综合指数代入下列距离规则协调度模型：

$$\text{HD} = 1 - \sqrt{\frac{1}{n} \sum_{i=1}^{n} (1 - Y_i)^2}$$

计算结果见表 3.1.8，得到的江苏省 13 市协调度排名为：常州＞南通＞扬州＞镇江＞泰州＞盐城＞无锡＞苏州＞连云港＞宿迁＞南京＞淮安＞徐州。

（3）耦合协调度模型

耦合协调度模型是耦合度和协调度的有机结合，它应当包含耦合、协调和发展三个方面。它既包括对系统或要素之间的彼此影响、相互作用强弱的度量，也包括对其在配合得当、和谐一致基础上的演进态势或变化趋向的评价。借鉴已有学者的研究成果，构建经济环境系统耦合协调度模型如下。

设第 i 个地区经济综合评价指标为 EC_i，环境综合评价指标为 EN_i，则耦合度为

$C_i = \left[\dfrac{\text{EC}_i \times \text{EN}_i}{(\text{EC}_i + \text{EN}_i)^a}\right]^{\frac{1}{a}}$。其中，$a$ 为协调系统数，此处 $a = 2$。它反映系统间相互作用程度的强弱。

耦合协调度为 $D_i = \sqrt{C_i T_i}$，它反映系统间协调发展水平的高低。其中，T_i 为功能度，是系统在发展过程中各要素的加权功能量，它反映系统整体的发展水平，$T_i = \alpha \text{EC}_i + \beta \text{EN}_i$，$\alpha$ 和 β 为权重。

由于在评价经济与环境协调程度的情景中，强调二者的同步发展，此处把二者视为同等重要，在功能度 $T_i = \alpha f_i + \beta g_i$ 中，取 $\alpha = 0.5$，$\beta = 0.5$。由此，耦合协调度模型为

$$D = \sqrt{\left[\frac{\text{EC} \times \text{EN}}{(\text{EC} + \text{EN})^2}\right]^{\frac{1}{2}} \frac{1}{2}(\text{EC} + \text{EN})} = \sqrt{\frac{\text{EC}^{\frac{1}{2}} \times \text{EN}^{\frac{1}{2}}}{(\text{EC} + \text{EN})} \frac{1}{2}(\text{EC} + \text{EN})} = \frac{\sqrt{2}}{2} \text{EC}^{\frac{1}{4}} \times \text{EN}^{\frac{1}{4}}$$

将此模型命名为（二系统）等权耦合协调模型。

此模型具有一般性，以上是以两个系统耦合为例进行说明。当多个系统（$S_i, i = 1, 2, \cdots, n$）相互耦合且各系统重要性（权重）相同时，一般性等权耦合协调模型为

$$D = \sqrt{\left(\frac{\prod\limits_{i=1}^{n} S_i}{\left(\sum\limits_{i=1}^{n} S_i \right)^n} \right)^{\frac{1}{n}} \frac{1}{n} \left(\sum\limits_{i=1}^{n} S_i \right)} = \sqrt{\frac{1}{n} \prod\limits_{i=1}^{n} S_i^{\frac{1}{2n}}}$$

计算结果见表 3.1.8，得到的江苏省 13 市协调度排名为：常州＞南通＞扬州＞镇江＞泰州＞盐城＞无锡＞苏州＞连云港＞宿迁＞徐州＞淮安＞南京。

4. 总结

由于每种模型的侧重点不同，得到的结果也不同。相比于已有的四种模型，新模型能兼顾绝对发展程度和相对发展差距。混合模型的优点在于可以根据综合系统对子系统的侧重程度不同来调节模型参数，从而使模型更符合研究需求。距离模型的优点在于适用范围广，在信息较少的情况下仍能保证模型结果的准确度。耦合协调度模型可以定量描述复合系统耦合协调程度和类型以及动态变化过程。

混合模型得到的江苏省 13 市协调度排名为：常州＞南通＞苏州＞扬州＞无锡＞南京＞泰州＞宿迁＞镇江＞盐城＞连云港＞淮安＞徐州。潘慧玲基于江苏省 13 市 2010 年的经济环境数据利用离散系数模型得到的排名为：常州＞苏州＞无锡＞南京＞泰州＞连云港＞徐州＞盐城＞镇江＞南通＞淮安＞扬州＞宿迁。首先，因为使用模型不同，差异不可避免，前面已分析离差系数法的缺陷；其次，最大的区别在于南通、扬州排名上升，而一向排名靠前的南京、苏州、无锡排名跌落。主要原因在于南通等市经济发展处于加速上升阶段，且因政府重视可持续发展其环境质量并未下降。在绝对发展水平上升且相对发展差距缩小的情况下，这些城市整体协调发展度上升明显。南京等城市污染已经存在，消除污染较为缓慢，同时经济发展已进入中高级阶段，上升空间较小，不进则退所以排名下跌。综上，本章改进后的模型对实证分析结果与社会已有研究结果较为相符，说明模型的可靠度较高；同时本章在确定指标与构建模型方面更为灵活全面，说明模型的科学性更强。

常州、南通协调程度最高，因其经济环境均处于中高级阶段且二者同步发展。苏州、无锡、南京均属于经济好而环境差的发展阶段，尽管其经济指数极高，但因环境指数低与相对差距大，这些城市的综合协调度都不高。在现代社会背景下，政府不再一味地追求经济增长，而更加重视在不影响环境的前提下使经济稳步提升。因此，江苏省发展阶段较低的淮安等城市应借鉴常州市的发展模式，在经济发展的同时也要顾虑环境的保护，切忌先污染后治理的老路。政府在接收公司的投资、批准企业的建立时要先考虑其可能带来的环境损害，政绩评价体系也要从经济发展与环境保护两方面进行综合评估，力求经济与环境同步协调发展。

■ 3.2　回归分析案例

1. 多元线性规划案例

1）研究目的要求

中国从 1971 年开始全面开展了计划生育，使中国总和生育率很快从 1970 年的 5.8

降到 1980 年的 2.24，接近世界更替水平。此后，人口自然增长率（即人口的生育率）很大程度上与经济的发展等各方面的因素相联系，与经济生活息息相关，为了研究此后影响中国人口自然增长的主要原因，分析全国人口增长规律，与猜测中国未来的增长趋势，需要建立计量经济学模型。

2）模型设定

为了全面反映中国人口自然增长率的全貌，选择人口增长率（PGR）作为被解释变量，以反映中国人口的增长；选择国民总收入（GNI）及人均 GDP（PCGDP）作为经济整体增长的代表；选择居民消费价格指数增长率（CPI）作为居民消费水平的代表。暂不考虑文化程度及人口分布的影响。

从《中国统计年鉴》收集到的数据如表 3.2.1 所示。

表 3.2.1　中国人口增长率及相关数据

年份	PGR/‰	GNI/亿元	CPI/%	PCGDP/元
1988	15.73	15 037	18.8	1 366
1989	15.04	17 001	18	1 519
1990	14.39	18 718	3.1	1 644
1991	12.98	21 826	3.4	1 893
1992	11.6	26 937	6.4	2 311
1993	11.45	35 260	14.7	2 998
1994	11.21	48 108	24.1	4 044
1995	10.55	59 811	17.1	5 046
1996	10.42	70 142	8.3	5 846
1997	10.06	78 061	2.8	6 420
1998	9.14	83 024	−0.8	6 796
1999	8.18	88 479	−1.4	7 159
2000	7.58	98 000	0.4	7 858
2001	6.95	108 068	0.7	8 622
2002	6.45	119 096	−0.8	9 398
2003	6.01	135 174	1.2	10 542
2004	5.87	159 587	3.9	12 336
2005	5.89	184 089	1.8	14 040
2006	5.38	213 132	1.5	16 024

设定的线性回归模型为

$$\text{PGR} = C(1) + C(2) \times \text{GNI} + C(3) \times \text{CPI} + C(4) \times \text{PCGDP}$$

3）估计参数

利用 EViews 估计模型的参数，回归结果如图 3.2.1 所示。

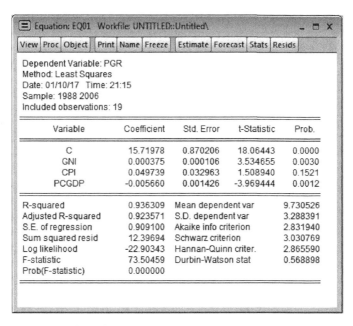

图 3.2.1　EViews 估计模型的参数

根据图 3.2.1 所示数据，模型估计的结果为

$$\text{PGR} = 15.719\,775 + 0.000\,375 \times \text{GNI} + 0.049\,739 \times \text{CPI} - 0.005\,660 \times \text{PCGDP}$$

$$(18.064\,43) \quad (3.534\,655) \qquad (1.508\,940) \qquad (-3.969\,444)$$

$$R^2 = 0.936\,309, \quad \overline{R}^2 = 0.923\,571, \quad F = 73.504\,59$$

绘制因变量的实际值、拟合值和残差值的折线图如图 3.2.2 所示。

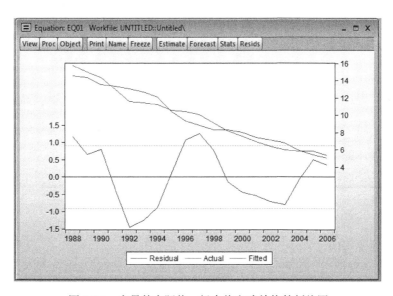

图 3.2.2　变量的实际值、拟合值和残差值的折线图

PGR 的预测图如图 3.2.3 所示。

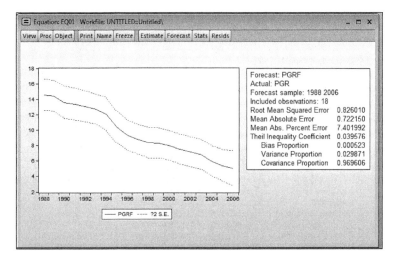

图 3.2.3 PGR 的预测图

若想对区间外 PGR 进行预测，需添加 2007 年 GNI、CPI、PCGDP 数据，并在 Equation 对话框中选择 Forecast 进行预测，并在 PGRF 序列中查看（图 3.2.4）。如图 3.2.5 所示，2007 年 PGR 预测值为 5.915 173。

Group: G1 Workfile: UNTITLED::Untitled\

	PGR	GNI	CPI	PCGDP
	PGR	GNI	CPI	PCGDP
1988	15.73	15037	18.8	1366
1989	15.04	17001	18.0	1519
1990	14.39	18718	3.1	1644
1991	12.98	21826	3.4	1893
1992	11.60	26937	6.4	2311
1993	11.45	35260	14.7	2998
1994	11.21	48108	24.1	4044
1995	10.55	59811	17.1	5046
1996	10.42	70142	8.3	5846
1997	10.06	78061	2.8	6420
1998	9.14	83024	-0.8	6796
1999	8.18	88479	-1.4	7159
2000	7.58	98000	0.4	7858
2001	6.95	108068	0.7	8622
2002	6.45	119096	-0.8	9398
2003	6.01	135174	1.2	10542
2004	5.87	159587	3.9	12336
2005	5.89	184089	1.8	14040
2006	5.38	213132	1.5	16024
2007	NA	200000	1.6	15000

Equation: UNTITLED Workfile: UNTITLED::Untitled\

Dependent Variable: PGR
Method: Least Squares
Date: 01/11/17 Time: 17:12
Sample: 1988 2006
Included observations: 19

Variable	Coefficient	Std. Error	t-Statistic	Prob.
C	15.71978	0.870206	18.06443	0.0000
GNI	0.000375	0.000106	3.534655	0.0030
CPI	0.049739	0.032963	1.508940	0.1521
PCGDP	-0.005660	0.001426	-3.969444	0.0012

R-squared	0.936309	Mean dependent var	9.730526
Adjusted R-squared	0.923571	S.D. dependent var	3.288391
S.E. of regression	0.909100	Akaike info criterion	2.831940
Sum squared resid	12.39694	Schwarz criterion	3.030769
Log likelihood	-22.90343	Hannan-Quinn criter.	2.865590
F-statistic	73.50459	Durbin-Watson stat	0.568898
Prob(F-statistic)	0.000000		

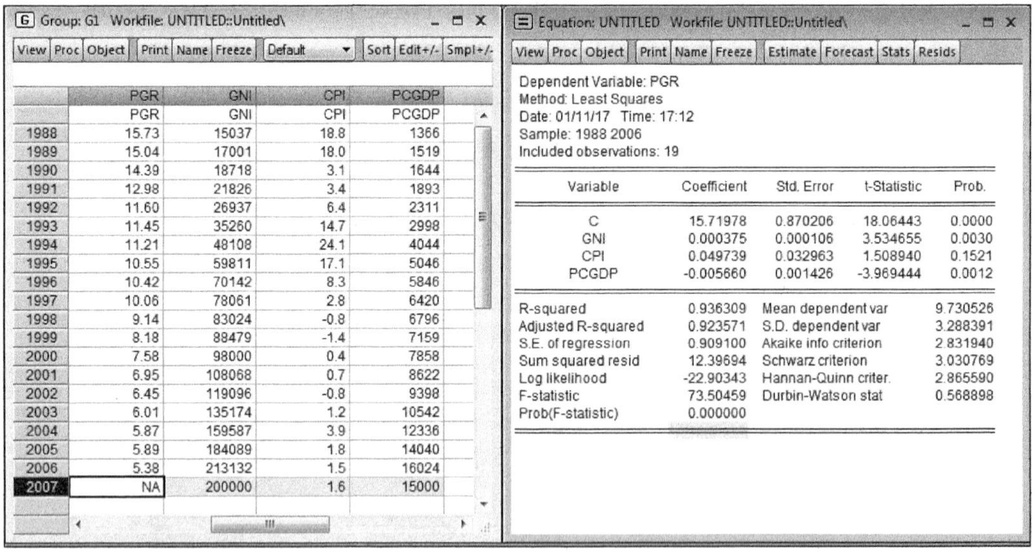

图 3.2.4 2007 年 PGR 的预测

4）经济意义检验

模型估计结果说明，在假定其他变量不变的情况下，当年 GNI 每增长 1 亿元，人口增长率增长 0.000 375%；在假定其他变量不变的情况下，当年 CPI 每增长 1%，人口增长率增长 0.049 739%；在假定其他变量不变的情况下，当年 PCGDP 每增加 1 元，人口增长率就会降低 0.005 660%。这与理论分析和经验判断相一致。

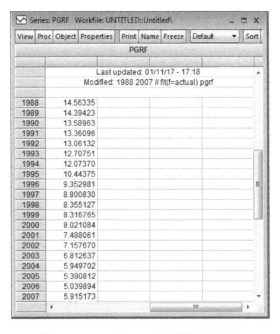

图 3.2.5　2007 年 PGR 的预测结果查看

2. 线性规划模型求解：LINDO、LINGO、MATLAB

通过对比 LINDO、LINGO 和 MATLAB 求解简单线性规划模型、简单二次规划模型以及复杂线性规划模型的步骤及结果，总结出三种软件各自的优缺点以及适用范围，并通过基于 MATLAB 的机场终端容量主成分分析以及基于 MATLAB 和 LINGO 的全国机场起降量多元线性回归分析进行实证研究。

1）运用三大软件求解小型线性模型

运用 LINDO 或 LINGO 解决小型线性规划模型的语言十分接近于普通的数学公式，且在 LINDO 和 LINGO 中，变量的默认范围是非负数，因此只要运用 min 或 max 函数并直接输入目标函数与约束条件就可以完成。MATLAB 是基于矩阵的数学软件，在求解线性模型之前需要先将线性模型进行严格地标准化、矩阵化，再运用 linprog 函数求解。

构建一个简单的线性规划模型如下：

$$\max z = 2x_1 + 3x_2$$

$$\text{s.t.}\begin{cases} 2x_1 + x_2 \leqslant 16 \\ x_1 + 3x_2 \geqslant 20 \\ x_1 + x_2 = 10 \\ x_1, x_2 \geqslant 0 \end{cases}$$

（1）运用 LINDO 求解小型线性模型

在 LINDO 的 Model 窗口中输入图 3.2.6 所示的简单线性模型公式。

```
<untitled>
max 2x1+3x2
st
2x1-1x2<=16
1x1+3x2>=20
x1+x2=10
end
```

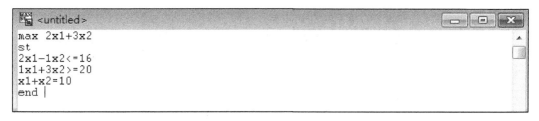

图 3.2.6 LINDO 求解小型线性模型建模

建模完成后，单击“solve”按钮，软件会弹出对话框询问是否需要进行敏感性分析（DO RANGE（SENSITIVITY）ANALYSIS？），选择“是”，然后弹出 LINDO 求解简单线性模型结果如图 3.2.7 所示。该报告不仅提供了最优解和目标函数最终结果，还提供了敏感性分析报告和单纯形法中所用人工变量最终结果。

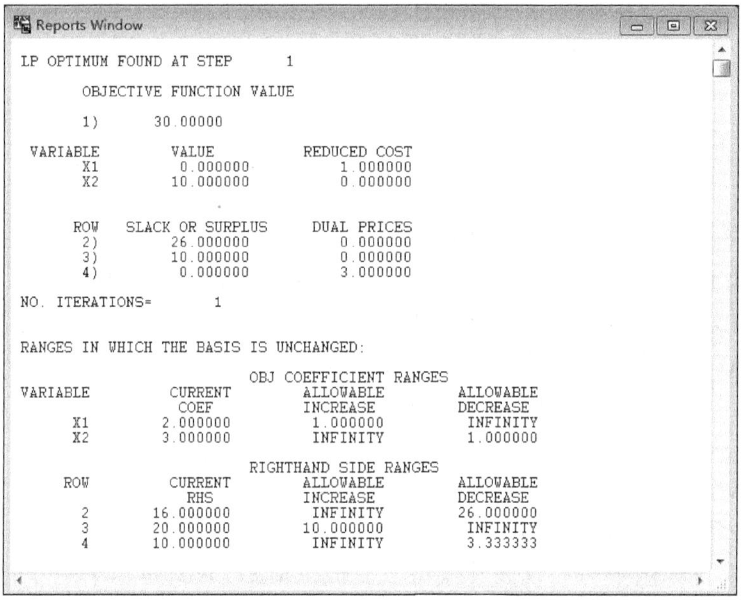

```
Reports Window
LP OPTIMUM FOUND AT STEP      1

       OBJECTIVE FUNCTION VALUE

       1)      30.00000

 VARIABLE        VALUE          REDUCED COST
       X1         0.000000          1.000000
       X2        10.000000          0.000000

      ROW   SLACK OR SURPLUS     DUAL PRICES
       2)        26.000000          0.000000
       3)        10.000000          0.000000
       4)         0.000000          3.000000

NO. ITERATIONS=       1

RANGES IN WHICH THE BASIS IS UNCHANGED:

                           OBJ COEFFICIENT RANGES
VARIABLE         CURRENT        ALLOWABLE        ALLOWABLE
                   COEF          INCREASE         DECREASE
      X1        2.000000         1.000000         INFINITY
      X2        3.000000         INFINITY         1.000000

                           RIGHTHAND SIDE RANGES
     ROW         CURRENT        ALLOWABLE        ALLOWABLE
                   RHS           INCREASE         DECREASE
       2       16.000000         INFINITY        26.000000
       3       20.000000        10.000000         INFINITY
       4       10.000000         INFINITY         3.333333
```

图 3.2.7 LINDO 求解小型线性模型结果

（2）运用 LINGO 求解小型线性模型

在 LINGO 的 Model 窗口中输入图 3.2.8 所示的简单线性模型公式。

```
LINGO Model - LINGO1
max 2x1+3x2
subject to
2x1-1x2<=16
1x1+3x2>=20
x1+x2=10
end
```

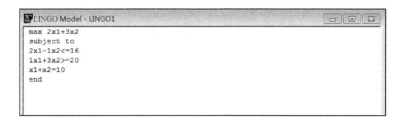

图 3.2.8 LINGO 求解小型线性模型结果

建模完成后，单击"solve"按钮，LINGO 求解简单线性模型结果如图 3.2.9 所示。从结果中可以看出 LINGO 同样可以直接提供人工变量的最终结果，但是不会直接输出敏感性分析报告。

```
Solution Report - LINGO1                                    ─  □  ✕
Global optimal solution found.
Objective value:                              30.00000
Infeasibilities:                              0.000000
Total solver iterations:                             0


        Variable           Value         Reduced Cost
              X1        0.000000             1.000000
              X2        10.00000             0.000000

             Row  Slack or Surplus           Dual Price
               1        30.00000             1.000000
               2        26.00000             0.000000
               3        10.00000             0.000000
               4        0.000000             3.000000
```

图 3.2.9　LINGO 求解小型线性模型结果

（3）运用 MATLAB 求解小型线性模型

linprog 函数是 MATLAB 中采用单纯形法求解线性规划问题的函数，它可以解决如下形式的线性模型：

$$\min W = c^{\mathrm{T}} x$$

$$\text{s.t.} \begin{cases} Ax \leqslant b \\ A_{\mathrm{eq}} x = b_{\mathrm{eq}} \\ x \geqslant 0 \end{cases}$$

因此需要先把原模型转化为如下标准形式：

$$\min W = -2x_1 - 3x_2$$

$$\text{s.t.} \begin{cases} 2x_1 + x_2 \leqslant 16 \\ -x_1 - 3x_2 \leqslant -20 \\ x_1 + x_2 = 10 \\ x_1, x_2 \geqslant 0 \end{cases}$$

MATLAB 编程和结果输出如图 3.2.10 所示。

（4）三大软件求解简单线性规划模型对比

总体来看，三种软件都可以高效快速解决线性规划模型。

从建模语言来看，三种软件的变成语句都简单易学。

从输出结果来看，LINDO 可以直接生成敏感性分析报告，并且直接显示人工变量的最终值；而 MATLAB 在这一简单语句下所得的报告只能提供最优解和目标函数最优结果，不能直接提供敏感性分析和人工变量结果。因此，如果模型中求解需要进行敏感性分析或者获取人工变量结果，则应该选择 LINDO。

```
>>c=[-2 -3];
A=[2  1;-1 -3];
b=[16;-20];
aeq=[1  1];
beq=[10];
vlb=[0  0];
[x,fval]=linprog(c,A,b,aeq,beq,vlb)
Optimization terminated.

x =

  0.0000
 10.0000


fval =

-30.0000
```

图 3.2.10　MATLAB 求解小型线性模型建模及结果

从求解过程来看，MATLAB 对输入的形式要求最高，而 LINDO 和 LINGO 对形式几乎没有特殊要求，因此求解简单线性模型时，LINDO 和 LINGO 是最佳选择。

三种软件求解小型线性模型的对比如表 3.2.2 所示。

表 3.2.2　三种软件求解小型线性模型的对比

指标	LINDO	LINGO	MATLAB
可行性	可行	可行	可行
简便性	高	高	中
效率	高	高	高
报告信息全面性	全面	全面	比较全面

2）运用三大软件求解简单二次规划模型

LINGO 可以通过简单的公式语句或者专业程序语言直接求解二次规划模型。LINDO 本身不可以求解二次问题，但是可以通过拉格朗日乘子法将二次模型转化为线性互补模型进行求解。MATLAB 需要先将二次规划模型中的目标函数中线性部分与二次部分分开构建矩阵，并进行严格的标准化，再运用 quadprog 函数求解。

构建如下二次规划模型：

$$\min W = x_1^2 + 2x_2^2 - 2x_1x_2 - 2x_1 - 4x_2$$

$$\text{s.t.} \begin{cases} x_1 + x_2 \leqslant 2 \\ -x_1 + 2x_2 \leqslant 2 \\ x_1, x_2 \geqslant 0 \end{cases}$$

（1）运用 LINDO 求解简单二次规划模型

由于 LINDO 本身不允许输入非线性表达式，不能对该二次规划模型进行直接求解，但可以将二次规划转化为线性互补模型进行间接求解。首先为每个实际约束增加一个拉格朗日乘子或对偶变量，并使用 QCP 符号规定实际约束开始的行号，再进行求解。具体过程如下。

步骤 1：设拉格朗日乘子为 LAG_1、LAG_2，构建拉格朗日函数如下：

$$x_1^2+2x_2^2-2x_1x_2-2x_1-4x_2+\mathrm{LAG}_1\times(x_1+x_2-2)+\mathrm{LAG}_2\times(-x_1+2x_2-2)$$

步骤 2：对拉格朗日函数中的 x_1、x_2 分别求偏导，并令其偏导数大于等于 0，得到两个新约束：

$$\begin{cases}2x_1-2x_2+\mathrm{LAG}_1-\mathrm{LAG}_2\geqslant 2\\ -2x_1+4x_2+\mathrm{LAG}_1+2\mathrm{LAG}_2\geqslant 4\end{cases}$$

步骤 3：构建线性互补模型如下：

$$\min x_1+x_2+\mathrm{LAG}_1+\mathrm{LAG}_2$$

$$\text{s.t.}\begin{cases}2x_1-2x_2+\mathrm{LAG}_1-\mathrm{LAG}_2\geqslant 2\\ -2x_1+4x_2+\mathrm{LAG}_1+2\mathrm{LAG}_2\geqslant 4\\ x_1+x_2\leqslant 2\\ -x_1+2x_2\leqslant 2\\ x_1,x_2\geqslant 0\end{cases}$$

在 LINDO 的 Model 窗口中输入图 3.2.11 所示的二次规划模型公式。

```
<untitled>
min x1+x2+LAG1+LAG2
st
2x1-2x2+LAG1-LAG2>=2
4x2-2x1+LAG1+2LAG2>=4
x1+x2<=2
-x1+2x2<=2
end
QCP 4
```

图 3.2.11　LINDO 求解二次规划模型建模

LINDO 求解二次规划模型结果如图 3.2.12 所示。

```
Reports Window
QP OPTIMUM FOUND AT STEP      4

      OBJECTIVE FUNCTION VALUE

   (X1)      -5.000000

 VARIABLE         VALUE          REDUCED COST
       X1          1.000000          0.000000
       X2          1.000000          0.000000
     LAG1          2.000000          0.000000
     LAG2          0.000000          1.000000


      ROW   SLACK OR SURPLUS     DUAL PRICES
       2)          0.000000         -1.000000
       3)          0.000000         -1.000000
       4)          0.000000          2.000000
       5)          1.000000          0.000000

NO. ITERATIONS=       4
```

图 3.2.12　LINDO 求解二次规划模型结果

（2）运用 LINGO 求解简单二次规划模型

在 LINGO 的 Model 窗口中输入图 3.2.13 所示的二次规划模型公式。

```
LINGO Model - LINGO2
Min=(x1)^2+2*(x2)^2-2*(x1)*(x2)-2*(x1)-4*(x2);
(x1)+(x2)<=2;
-1*(x1)+2*(x2)<=2;
end
```

图 3.2.13　LINGO 求解二次规划模型建模

LINGO 求解二次规划模型结果如图 3.2.14 所示。

```
Solution Report - LINGO3
Local optimal solution found.
Objective value:                    -5.000000
Infeasibilities:                     0.000000
Extended solver steps:                      5
Total solver iterations:                   24

           Variable           Value       Reduced Cost
                  X        1.000000           0.000000
                  Y        1.000000           0.000000

                Row   Slack or Surplus         Dual Price
                  1          -5.000000          -1.000000
                  2           0.000000           2.000000
                  3           1.000000           0.000000
```

图 3.2.14　LINGO 求解二次规划模型结果

（3）运用 MATLAB 求解简单二次规划模型

quadprog 函数是 MATLAB 中专门用于求解二次规划模型的函数，它可以解决如下形式的二次模型：

$$\min W = \frac{1}{2}x^{\mathrm{T}}Hx + c^{\mathrm{T}}x$$

$$\text{s.t.}\begin{cases} Ax \leqslant b \\ A_{\mathrm{eq}}x = b_{\mathrm{eq}} \\ x \geqslant 0 \end{cases}$$

因此需要先把原模型转化为如下标准形式：

$$\min W = \frac{1}{2}[x_1 \ x_2]\begin{bmatrix} 2 & -2 \\ -2 & 4 \end{bmatrix}\begin{bmatrix} x_1 \\ x_2 \end{bmatrix} + \begin{bmatrix} -2 \\ -4 \end{bmatrix}^{\mathrm{T}}\begin{bmatrix} x_1 \\ x_2 \end{bmatrix}$$

$$\text{s.t.}\begin{cases} x_1 + x_2 \leqslant 2 \\ -x_1 + 2x_2 \leqslant 2 \\ x_1, x_2 \geqslant 0 \end{cases}$$

MATLAB 编程和结果输出如图 3.2.15 所示。

```
>>  H=[2 -2;-2 4];
c=[-2 -4];
A=[1 1;-1 2];
b=[2;2];
aeq=[];
beq=[];
vlb=[0 0];
[x,fval]=quadprog(H,c,A,b,aeq,beq,vlb)
```

```
Optimization terminated.

x =

     1
     1


fval =

    -5
```

图 3.2.15　MATLAB 求解二次规划模型建模及结果

（4）三大软件求解简单二次规划模型对比

三种软件求解二次模型的结果相同且正确，但是建模语言和求解过程差异较大。

从建模语言来看，三种软件的变成语句都简单易学。LINGO 可以直接求解，LINDO 必须通过人工进行拉格朗日乘子法转化，MATLAB 必须先进行标准化，因此在求解效率上存在较大差异，LINGO 最优，MATLAB 次之，LINDO 最低。

三种软件求解二次规划模型的对比如表 3.2.3 所示。

表 3.2.3　三种软件求解二次规划模型的对比

指标	LINDO	LINGO	MATLAB
可行性	可行	可行	可行
简便性	低	高	中
效率	低	高	高
报告信息全面性	全面	全面	比较全面

3）运用 LINGO/LINDO 求解复杂线性规划模型

LINGO 程序语言是在 LINDO 语言基础上引入集合（SET）操作的程序语言，因此运用 LINGO 求解时可以运用非集合操作语言，即 LINDO 语言，还可以运用集合操作语言。求解复杂线性规划模型时，就建模语句的简洁度而言，LINGO 相比 LINDO 更有优势。

上述简单线性规划模型中的 LINGO 求解模型实际上是 LINDO 语句，并没有突出 LINGO 集合操作语句的优势。为了突出这一优势，我们建立了一个较大规模的运输问题模型，并运用非集合操作和集合操作语句分别求解。

运输问题数据如表 3.2.4 所示。

表 3.2.4　复杂线性规划模型——简单运输模型

	V_1	V_2	V_3	V_4	V_5	V_6	V_7	V_8	Supply
W_1	6	2	6	7	4	2	5	9	60
W_2	4	9	5	3	8	5	8	2	55
W_3	5	2	1	9	7	4	3	3	51
W_4	7	6	7	3	9	2	7	1	43
W_5	2	3	9	2	7	2	6	5	41
W_6	5	5	2	2	8	1	4	3	52
Demand	35	37	22	32	41	32	43	38	

建立如下运输模型：

$$\min z = \sum_{i=1}^{6}\sum_{j=1}^{8} c_{ij} x_{ij}$$

$$\text{s.t.} \begin{cases} \sum_{j=1}^{8} x_{ij} \leqslant a_i, & i=1,2,\cdots,6 \\ \sum_{i=1}^{6} x_{ij} = d_i, & j=1,2,\cdots,8 \\ x_{ij} \geqslant 0, & i=1,2,\cdots,6; j=1,2,\cdots,8 \end{cases}$$

该模型也是线性规划模型，但是数据量较大，求解过程较为烦琐。

用 QSB 求解该模型，并以该结果作为标准答案，结果如图 3.2.16 所示。

06-11-2015	From	To	Shipment	Unit Cost	Total Cost	Reduced Cost
1	Source 1	Destination 2	19	2	38	0
2	Source 1	Destination 5	41	4	164	0
3	Source 2	Destination 4	32	3	96	0
4	Source 2	Destination 8	1	2	2	0
5	Source 2	Unused_Supply	22	0	0	0
6	Source 3	Destination 2	12	2	24	0
7	Source 3	Destination 7	39	3	117	0
8	Source 4	Destination 6	6	2	12	0
9	Source 4	Destination 8	37	1	37	0
10	Source 5	Destination 1	35	2	70	0
11	Source 5	Destination 2	6	3	18	0
12	Source 6	Destination 3	22	2	44	0
13	Source 6	Destination 6	26	1	26	0
14	Source 6	Destination 7	4	4	16	0
	Total	Objective	Function	Value =	664	

图 3.2.16　QSB 求解复杂线性规划模型结果

（1）运用 LINGO/LINDO 非集合操作语句求解该模型

在 Model 窗口中输入语句如图 3.2.17 所示。

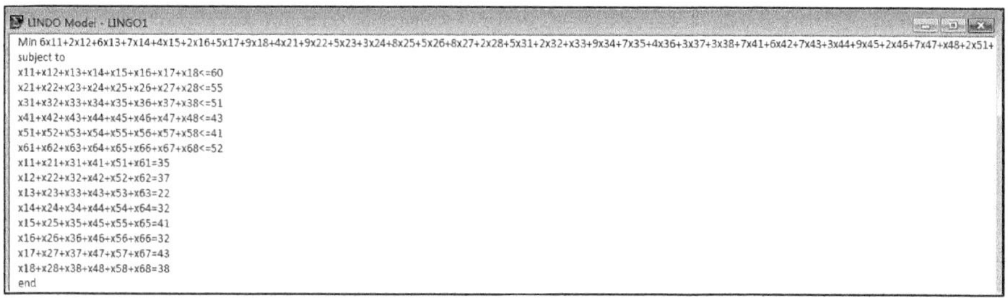

```
LINDO Model - LINGO1
Min 6x11+2x12+6x13+7x14+4x15+2x16+5x17+9x18+4x21+9x22+5x23+3x24+8x25+5x26+8x27+2x28+5x31+2x32+x33+9x34+7x35+4x36+3x37+3x38+7x41+6x42+7x43+3x44+9x45+2x46+7x47+x48+2x51+
subject to
x11+x12+x13+x14+x15+x16+x17+x18<=60
x21+x22+x23+x24+x25+x26+x27+x28<=55
x31+x32+x33+x34+x35+x36+x37+x38<=51
x41+x42+x43+x44+x45+x46+x47+x48<=43
x51+x52+x53+x54+x55+x56+x57+x58<=41
x61+x62+x63+x64+x65+x66+x67+x68<=52
x11+x21+x31+x41+x51+x61=35
x12+x22+x32+x42+x52+x62=37
x13+x23+x33+x43+x53+x63=22
x14+x24+x34+x44+x54+x64=32
x15+x25+x35+x45+x55+x65=41
x16+x26+x36+x46+x56+x66=32
x17+x27+x37+x47+x57+x67=43
x18+x28+x38+x48+x58+x68=38
end
```

图 3.2.17　LINGO/LINDO 非集合操作语言求解复杂线性规划模型建模

输出部分截图如图 3.2.18 所示，可见非集合操作语言求解结果与 QSB 求解结果一致。

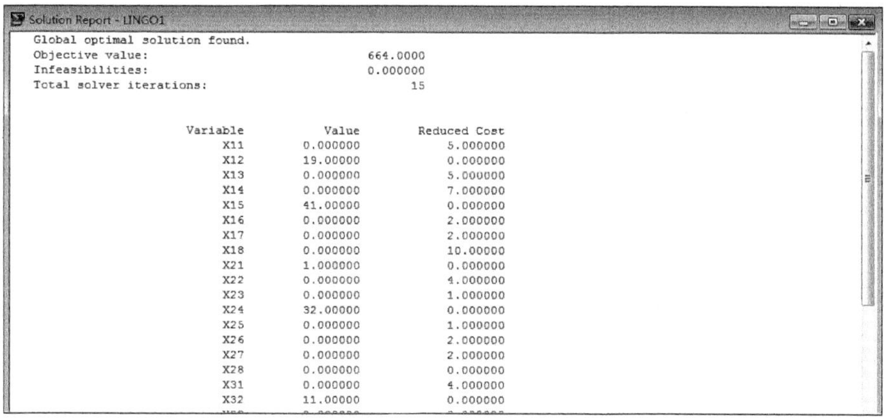

```
Solution Report - LINGO1
  Global optimal solution found.
  Objective value:                              664.0000
  Infeasibilities:                              0.000000
  Total solver iterations:                            15


                       Variable           Value        Reduced Cost
                            X11        0.000000            5.000000
                            X12        19.00000            0.000000
                            X13        0.000000            5.000000
                            X14        0.000000            7.000000
                            X15        41.00000            0.000000
                            X16        0.000000            2.000000
                            X17        0.000000            2.000000
                            X18        0.000000            10.00000
                            X21        1.000000            0.000000
                            X22        0.000000            4.000000
                            X23        0.000000            1.000000
                            X24        32.00000            0.000000
                            X25        0.000000            1.000000
                            X26        0.000000            2.000000
                            X27        0.000000            2.000000
                            X28        0.000000            0.000000
                            X31        0.000000            4.000000
                            X32        11.00000            0.000000
```

图 3.2.18　LINGO/LINDO 非集合操作语言求解复杂线性规划模型结果

（2）运用 LINGO 集合操作语句求解该模型

完整的 LINGO 集合操作建模求解语言一般包括三个部分。

①集合定义，即对模型所用变量和变量之间联系的定义语句，以 SETS 开始，以 ENDSETS 结束。上述模型的集合定义语句如下：

```
SETS:
WH/W1..W6/:AI;
VD/V1..V8/:DJ;
LINKS(WH,VD):C,X;
ENDSETS
```

②数据初始化（数据段），即输入原始数据，以 DATA 开始，以 ENDDATA 结束。上述模型的数据初始化语句如下：

```
DATA:
AI=60,55,51,43,41,52;
DJ=35,37,22,32,41,32,43,38;
C=6,2,6,7,4,2,5,9
   4,9,5,3,8,5,8,2
   5,2,1,9,7,4,3,3
```

```
  7,6,7,3,9,2,7,1
  2,3,9,5,7,2,6,5
  5,5,2,2,8,1,4,3
ENDDATA
```

③目标函数和约束条件，即运用 LINGO 中的集合操作函数构建目标函数和约束条件的表达式。上述模型的目标函数和约束条件语句如下：

```
MIN=@SUM(LINKS(I, J):C(I, J)*X(I, J));
@FOR(WH(I):@SUM(VD(J):X(I, J))<=AI(I));
@FOR(VD(J):@SUM(WH(I):X(I, J))=DJ(J));
END
```

在 LINGO 的 Model 窗口中输入完整模型程序语言如图 3.2.19 所示。

```
LINGO Model - LINGO1
SETS:
    WH/W1..W6/:AI;
    VD/V1..V8/:DJ;
    LINKS(WH,VD):C,X;
ENDSETS
DATA:
AI=60, 55,51,43,41,52;
DJ=35,37,22,32,41,32,43,38;
C=6,2,6,7,4,2,5,9
 4,9,5,3,8,5,8,2
 5,2,1,9,7,4,3,3
 7,6,7,3,9,2,7,1
 2,3,9,5,7,2,6,5
 5,5,2,2,8,1,4,3;
ENDDATA
MIN=@SUM(LINKS(I,J):C(I,J)*X(I,J));
@FOR(WH(I):@SUM(VD(J):X(I,J))<=AI(I));
@FOR(VD(J):@SUM(WH(I):X(I,J))=DJ(J));
END
```

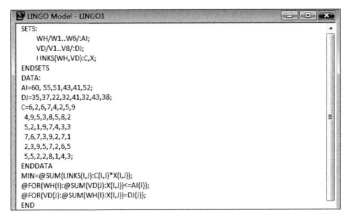

图 3.2.19　LINGO 集合操作语言求解复杂线性规划模型建模

LINGO 求解该线性模型结果部分截图如图 3.2.20 所示。

```
Solution Report - LINGO1
Global optimal solution found.
Objective value:                          664.0000
Infeasibilities:                          0.000000
Total solver iterations:                        15

                Variable        Value        Reduced Cost
                AI( W1)        60.00000        0.000000
                AI( W2)        55.00000        0.000000
                AI( W3)        51.00000        0.000000
                AI( W4)        43.00000        0.000000
                AI( W5)        41.00000        0.000000
                AI( W6)        52.00000        0.000000
                DJ( V1)        35.00000        0.000000
                DJ( V2)        37.00000        0.000000
                DJ( V3)        22.00000        0.000000
                DJ( V4)        32.00000        0.000000
                DJ( V5)        41.00000        0.000000
                DJ( V6)        32.00000        0.000000
                DJ( V7)        43.00000        0.000000
                DJ( V8)        38.00000        0.000000
             C( W1, V1)        6.000000        0.000000
             C( W1, V2)        2.000000        0.000000
             C( W1, V3)        6.000000        0.000000
             C( W1, V4)        7.000000        0.000000
             C( W1, V5)        4.000000        0.000000
             C( W1, V6)        2.000000        0.000000
             C( W1, V7)        5.000000        0.000000
             C( W1, V8)        9.000000        0.000000
             C( W2, V1)        4.000000        0.000000
             C( W2, V2)        9.000000        0.000000
             C( W2, V3)        5.000000        0.000000
             C( W2, V4)        3.000000        0.000000
             C( W2, V5)        8.000000        0.000000
             C( W2, V6)        5.000000        0.000000
             C( W2, V7)        8.000000        0.000000
```

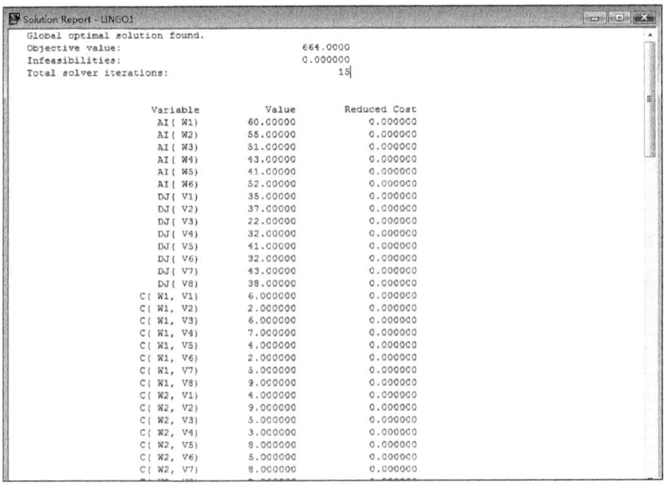

图 3.2.20　LINGO 集合操作语言求解复杂线性规划模型结果

可见 LINGO 集合操作语言求解结果与 QSB 求解结果一致。

（3）非集合操作语言与集合操作语言求解线性规划模型对比

非集合语句和集合语句都可以求解线性模型。非集合语句求解小型模型更为高效，语言更接近于数学公式，简单易学；但是非集合语句中的数据和公式结构直接联系，所以求解大数据量的模型时语句会十分冗长和烦琐。而集合操作语句建模语言简洁，且数据（数据段）与公式结构（集合定义、目标函数与约束条件）相互独立，便于日后修改，更适合于实际问题中大数据量的模型求解。

三种软件的适用范围对比如表 3.2.5 所示。

表 3.2.5 三种软件的适用范围对比

模型	LINDO	LINGO	MATLAB
线性模型	√	√	√
二次模型	√	√	√
非线性模型	×	×	√

3. 主成分分析：MATLAB

1）主成分分析法简介

主成分分析也称主分量分析，旨在利用降维的思想，把多指标转化为少数几个综合指标。在实际问题研究中，为了全面、系统地分析问题，我们必须考虑众多影响因素。这些涉及的因素一般称为指标，在多元统计分析中也称为变量。因为每个变量都在不同程度上反映了所研究问题的某些信息，并且指标之间彼此有一定的相关性，所以所得的统计数据反映的信息在一定程度上有重叠。在用统计方法研究多变量问题时，变量太多会增加计算量和增加分析问题的复杂性，因此希望用较少的变量去解释原来资料中的大部分变量，将许多相关性很高的变量转化成彼此相互独立或不相关的变量。通常是选出比原始变量个数少，能解释大部分资料中变量的几个新变量，即所谓主成分，并用以解释资料的综合性指标。由此可见，主成分分析实际上是一种降维方法。使用主成分分析法可将影响终端区容量的众多因素进行分类，提炼出影响终端区容量的关键要素类别，对于制定终端区空域资源配置策略具有指导意义。

机场终端区容量影响因素新指标向量的主成分分析变换公式如下：

$$F_1 = l_{11}x_1 + l_{12}x_2 + \cdots + l_{1p}x_p$$
$$F_2 = l_{21}x_1 + l_{22}x_2 + \cdots + l_{2p}x_p$$
$$\vdots$$
$$F_m = l_{m1}x_1 + l_{m2}x_2 + \cdots + l_{mp}x_p$$

式中，x_i 为原始影响因素指标项；F_i 为新指标变量；m 个主成分变量相互独立，且 $m \leqslant p$。

机场终端区容量影响因素的主成分分析步骤如下。

步骤 1：原始指标无量纲化。

无量纲化是将影响终端区容量的各类要素数值的绝对值转化为某种相对值关系，以供后续计算之用。无量纲化公式如下：

$$x_{ij}^* = \frac{x_{ij}}{\sqrt{\sum_{i=1}^{m} x_{ij}^2}}, \quad 1 \leqslant i \leqslant m; 1 \leqslant j \leqslant p$$

步骤 2：计算原始指标的相关系数矩阵：

$$R = \begin{bmatrix} r_{11} & r_{12} & \cdots & r_{1p} \\ r_{21} & r_{22} & \cdots & r_{2p} \\ \vdots & \vdots & & \vdots \\ r_{p1} & r_{p2} & \cdots & r_{pp} \end{bmatrix}$$

式中，$r_{ij}(i,j=1,2,\cdots,p)$ 为原变量 x_i 与 x_j 之间的相关系数，相关系数计算公式如下：

$$r_{ij} = \frac{\sum_{k=1}^{n}(x_{ki}-\bar{x}_j)(x_{ki}-\bar{x}_j)}{\sqrt{\sum_{k=1}^{n}(x_{ki}-\bar{x}_i)^2 \sum_{k=1}^{n}(x_{kj}-\bar{x}_j)^2}}$$

步骤 3：计算特征向量。

首先根据特征方程 $|\lambda I - R| = 0$ 求得特征值 $\lambda_i(i=1,2,\cdots,p)$，并按照从大到小的顺序排列，$\lambda_1 \geqslant \lambda_2 \geqslant \cdots \geqslant \lambda_p \geqslant 0$；分别求出特征值 λ_i 相对应的特征向量 $e_i(i=1,2,\cdots,p)$。要求 $\|e_i\|=1$，即 $\sum_{j=1}^{p} e_{ij}^2 = 1$，其中 e_{ij} 表示向量 e_i 的第 j 个分量。

步骤 4：根据特征值计算各成分的贡献率以及累计贡献率。

贡献率：

$$\frac{\lambda_i}{\sum_{k=1}^{p} \lambda_k}, \quad i=1,2,\cdots,p$$

累计贡献率：

$$\frac{\sum_{k=1}^{i} \lambda_k}{\sum_{k=1}^{p} \lambda_k}, \quad i=1,2,\cdots,p$$

一般地，取累计贡献率达 85%～95% 的特征值所对应的第 $1-m$ 个主成分。

步骤 5：计算主成分载荷：

$$l_{ij} = p(z_i, x_j) = \sqrt{\lambda_i} e_{ij}, \quad i,j=1,2,\cdots,p$$

因此，所得主成分方程如下：

$$F = (x_1, x_2, \cdots, x_p) L_{p \times m} = (F_1, \cdots, F_m)$$

2）机场终端容量影响因素析取

（1）机场终端容量指标选取

将相关因素进行量化分析，提取部分指标，并构建新的指标项，分析其对终端区容量的作用程度。指标选取及定义如下。

指标 1：进场移交点数量，命名为 arrfixnum，指区域向进近（终端）空域移交进场航空器的移交点的数量。从经验来说，进场移交点数量不宜过多，原因是可能导致管制员过于分散注意力，一般进场移交点数量在 3~6 个。

指标 2：离场移交点数量，命名为 depfixnum，指进近（终端）离场航空器加入区域飞行时，向区域移交的移交点数量。一般离场移交点数量在 3~6 个。

指标 3：进场航线数量，命名为 arrroutenum，指可使用的进场航线条数。该指标越大，进场航班可调配空间越大。

指标 4：离场航线数量，命名为 deproutenum，指可使用的离场航线条数。

指标 5：进场航线长度，命名为 arroutelen，指各条进场航线长度之和，该指标可反映进场航线物理容纳水平，航线越长，可排序航班越多。

指标 6：离场航线长度，命名为 deproutelen，指各条离场航线长度之和，该指标可反映离场航线物理容纳水平，航线越长，可排序航班越多。

指标 7：机型混杂比，命名为 planetype，指航空器重、中、轻型航空器的混杂程度，该指标可用于客观统计和反映空域单元内的机型混杂程度。

指标 8：各进场移交点比例标准差，命名为 arrproportiondev，为各进场移交点航班分布比例的标准差。该指标能反映进场航班在各进场移交点分布的离散程度。

指标 9：各离场移交点比例标准差，命名为 depproportiondev，为各离场移交点航班分布比例的标准差。该指标能反映离场航班在各进场移交点分布的离散程度。

指标 10：进场加权移交间隔，命名为 arrinter，为各进场移交点处航班移交间隔与进场比例的加权值，该指标能综合反映进场航班在进场点的移交间隔。

指标 11：离场加权移交间隔，命名为 depinter，为各离场移交点处航班移交间隔与离场比例的加权值，该指标能综合反映离场航班在离场点的移交间隔。

指标 12：截获距离，命名为 capturedis，前机进场后机离场时，两航空器间需保持的纵向间隔。

指标 13：进场跑道占用时间，命名 arrrunwayinter，为进场航班跑道占用时间的加权值。

指标 14：离场跑道占用时间，命名 deprunwayinter，为离场航班跑道占用时间的加权值。

指标 15：航路（航线）间隔，命名为 routesep，在雷达管制模式下，终端区内同航路（航线）纵向间隔为 10 公里，规定间隔标准与间隔裕度之和为航路（航线）间隔。

指标 16：五边间隔，命名为 finalsep，在雷达管制模式下，规定五边最后进近阶段的间隔为 6 公里，最后进近阶段的间隔标准与间隔裕度之和为五边间隔。

（2）指标处理

选取我国 11 个繁忙单跑道机场终端区，分别为长春龙嘉国际机场、哈尔滨太平国际机场、大连周水子国际机场、沈阳桃仙国际机场、温州龙湾国际机场、济南遥墙国际机场、青岛流亭国际机场、南京禄口国际机场、杭州萧山国际机场、长沙黄花国际机场、武汉天河国际机场，对上述 16 个指标进行计算。获得指标数据如表 3.2.6 所示。

表 3.2.6 机场终端容量影响指标原始数据

城市	1	2	3	4	5	6	7	8
长春	3	3	5	5	476	463	0.1244	0.2701
哈尔滨	5	5	5	6	537	552	0.1399	0.2531
大连	3	3	7	6	484	437	0.0900	0.0058
沈阳	4	3	5	6	481	476	0.0827	0.2550
温州	5	5	5	5	469	442	0.05	0.1510
济南	5	5	7	7	534	507	0.0196	0.1765
青岛	3	3	5	5	489	465	0.1091	0.1405
南京	4	5	5	8	507	583	0.1056	0.1791
杭州	3	4	5	5	598	579	0.0569	0.2103
长沙	4	4	5	5	644	637	0.0099	0.1406
武汉	4	4	8	4	641	648	0.0925	0.0602
城市	9	10	11	12	13	14	15	16
长春	0.2701	50	40	15	54.8	49.8	30	12
哈尔滨	0.2531	39.5	24.8	8	54.95	49.45	20	8
大连	0.0058	15	15	8	55	50.5	20	8
沈阳	0.2550	30	30	8	54.09	49.98	15	8
温州	0.1537	40	42.8	12	57	50	25	10
济南	0.1738	30	30	14	57.5	50	25	10
青岛	0.1405	30	25	8	54.65	49.86	20	10
南京	0.0600	20	20	8	50.6	47.64	15	7
杭州	0.2385	23.9	20	8	47.4	45.25	10	7
长沙	0.1762	20	25	8	48.07	47.03	15	7
武汉	0.0602	20	15	8	47.4	45.25	10	6

由于上述指标存在量纲及量级的差别，在进行主成分分析之前，需要先将数据进行标准化处理，包括正向化处理和无量纲化处理。数据同趋化处理主要解决不同性质数据问题，数据无量纲化处理主要解决数据的可比性。

在上述 16 个指标中，部分指标越大，则终端区容量越大，这些指标称为正向指标；而部分指标越大，对终端区容量负面影响越大，终端区容量越小，这些指标称为逆向指标。在进行主成分分析之前，需将逆向指标转化成正向指标，即指标正向化处理。本章采用逆向指标取倒数的方法。在上述 16 个指标中，指标 1～6 为正向指标，指标 7～16 为逆向指标，逆向指标取倒数得到正向指标的结果如表 3.2.7 所示。

表 3.2.7 机场终端容量影响指标正向化数据

城市	1	2	3	4	5	6	7	8
长春	3	3	5	5	476	463	8.039	3.703
哈尔滨	5	5	5	6	537	552	7.148	3.951
大连	3	3	7	6	484	437	11.111	173.205
沈阳	4	3	5	6	481	476	12.092	3.921
温州	5	5	5	5	469	442	200.000	6.623
济南	5	5	7	7	534	507	51.020	5.666
青岛	3	3	5	5	489	465	9.166	7.119
南京	4	5	5	8	507	583	9.470	5.584
杭州	3	4	5	5	598	579	17.575	4.755
长沙	4	4	5	5	644	637	101.010	7.114
武汉	4	4	8	4	641	648	10.811	16.624

城市	9	10	11	12	13	14	15	16
长春	3.703	0.020	0.025	0.067	0.018	0.020	0.033	0.083
哈尔滨	3.951	0.025	0.040	0.125	0.018	0.020	0.050	0.125
大连	173.205	0.067	0.067	0.125	0.018	0.020	0.050	0.125
沈阳	3.921	0.033	0.033	0.125	0.018	0.020	0.067	0.125
温州	6.505	0.025	0.023	0.083	0.018	0.020	0.040	0.100
济南	5.754	0.033	0.033	0.071	0.017	0.020	0.040	0.100
青岛	7.119	0.033	0.040	0.125	0.018	0.020	0.050	0.100
南京	16.667	0.050	0.050	0.125	0.020	0.021	0.067	0.143
杭州	4.193	0.042	0.050	0.125	0.021	0.022	0.100	0.143
长沙	5.674	0.050	0.040	0.125	0.021	0.021	0.067	0.143
武汉	16.624	0.050	0.067	0.125	0.021	0.022	0.100	0.167

本章采用向量归一法进行无量纲化处理，在 MATLAB 中自定义了向量归一函数如下：

```
function [normalization]=normalize(x)
[a,b]=size(x);
rsumsq=sum(x.^2);
rsumsqrt=sqrt(rsumsq);
for j=1:b
    for i=1:a
        normalization(i,j)=x(i,j)/rsumsqrt(j);
    end
end
end
```

向量归一法 MATLAB 自定义函数界面如图 3.2.21 所示。

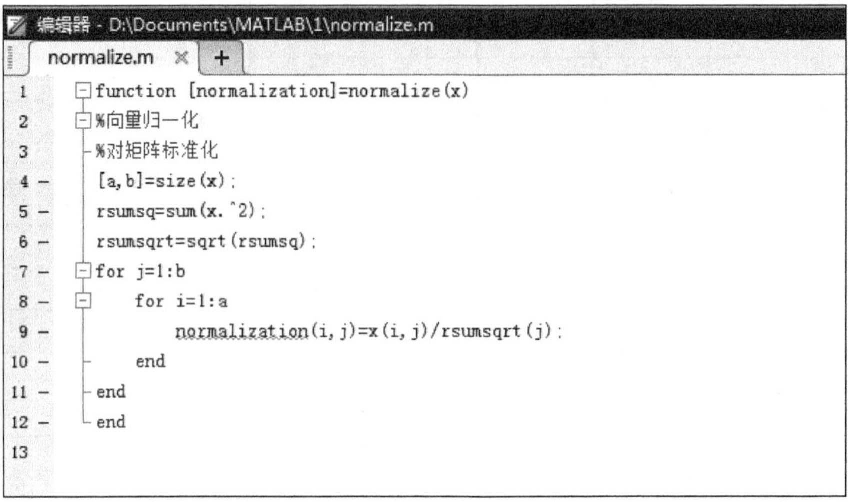

图 3.2.21 向量归一法 MATLAB 自定义函数界面

代入数据进行计算，其标准化结果如表 3.2.8 所示。

表 3.2.8 机场终端容量影响指标标准化数据

城市	1	2	3	4	5	6	7	8
长春	0.227	0.221	0.263	0.263	0.268	0.263	0.035	0.021
哈尔滨	0.378	0.369	0.263	0.315	0.302	0.313	0.031	0.023
大连	0.227	0.221	0.368	0.315	0.272	0.248	0.048	0.991
沈阳	0.302	0.221	0.263	0.315	0.270	0.270	0.052	0.022
温州	0.378	0.369	0.263	0.263	0.264	0.251	0.862	0.038
济南	0.378	0.369	0.368	0.368	0.300	0.288	0.220	0.032
青岛	0.227	0.221	0.263	0.263	0.275	0.264	0.040	0.041
南京	0.302	0.369	0.263	0.420	0.285	0.331	0.041	0.032
杭州	0.227	0.295	0.263	0.263	0.336	0.329	0.076	0.027
长沙	0.302	0.295	0.263	0.263	0.362	0.361	0.436	0.041
武汉	0.302	0.295	0.420	0.210	0.360	0.368	0.047	0.095
城市	9	10	11	12	13	14	15	16
长春	0.021	0.146	0.168	0.177	0.289	0.294	0.157	0.200
哈尔滨	0.023	0.185	0.271	0.332	0.288	0.296	0.235	0.301
大连	0.987	0.488	0.448	0.332	0.288	0.290	0.235	0.301
沈阳	0.022	0.244	0.224	0.332	0.292	0.293	0.314	0.301
温州	0.037	0.183	0.157	0.222	0.278	0.292	0.188	0.241

续表

城市	9	10	11	12	13	14	15	16
济南	0.033	0.244	0.224	0.190	0.275	0.292	0.188	0.241
青岛	0.041	0.244	0.269	0.332	0.289	0.293	0.235	0.241
南京	0.095	0.366	0.336	0.332	0.313	0.307	0.314	0.344
杭州	0.024	0.306	0.336	0.332	0.334	0.323	0.471	0.344
长沙	0.032	0.366	0.269	0.332	0.329	0.311	0.314	0.344
武汉	0.095	0.366	0.448	0.332	0.334	0.323	0.471	0.401

3）基于主成分分析法的影响因素分析

使用 MATLAB 统计分析软件对上述影响终端区容量的因素进行主成分分析。一般认为，变量的相关系数大部分大于 0.3 时适用主成分分析法。利用 MATLAB 中的 corrcoef 函数求解该组数据的相关系数，获得上述 16 个指标数据的相关系数罗列在表 3.2.9 中，可发现相关系数绝对值大于 0.3 的比重超过 50%，可使用主成分分析法。

表 3.2.9　机场终端容量影响指标数据的相关系数矩阵

1.0000	0.8070	0.0684	0.2832	0.0470	0.1299	0.5026	−0.3602
0.8070	1.0000	0.0000	0.3993	0.1988	0.3523	0.4211	−0.3686
0.0684	0.0000	1.0000	−0.1159	0.3120	0.1715	−0.1801	0.4536
0.2832	0.3993	−0.1159	1.0000	−0.3787	−0.1203	−0.1900	0.0725
0.0470	0.1988	0.3120	−0.3787	1.0000	0.9098	−0.0343	−0.2052
0.1299	0.3523	0.1715	−0.1203	0.9098	1.0000	−0.1367	−0.3479
0.5026	0.4211	−0.1801	−0.1900	−0.0343	−0.1367	1.0000	−0.1557
−0.3602	−0.3686	0.4536	0.0725	−0.2052	−0.2479	−0.1557	1.0000
−0.3582	−0.3453	0.4452	0.1219	−0.2203	−0.3375	−0.1704	0.9977
−0.3355	−0.1565	0.4896	0.1212	0.3691	0.3350	−0.2077	0.6803
−0.3459	−0.1375	0.6212	−0.0484	0.4399	0.4242	−0.4707	0.5857
−0.2527	−0.1704	−0.0347	−0.0347	0.3700	0.4410	−0.3716	0.2074
−0.3135	−0.0253	0.0864	−0.3303	0.8303	0.8546	−0.1904	−0.1599
−0.1685	0.1635	0.1740	−0.3410	0.8467	0.8634	−0.1265	−0.2674
−0.2283	−0.0164	0.2279	−0.2970	0.7245	0.7299	−0.2696	−0.1132
−0.0151	0.1542	0.3162	−0.0873	0.7424	0.8167	−0.2153	0.0657
−0.3582	−0.3355	−0.3459	−0.2527	−0.3135	−0.1685	−0.2283	−0.0151
−0.3453	−0.1565	−0.1375	−0.1704	−0.0253	0.1635	−0.0164	0.1542
0.4452	0.4896	0.6212	−0.0347	0.0864	0.1740	0.2279	0.3162
0.1219	0.1212	−0.0484	−0.0347	−0.3303	−0.3410	−0.2970	−0.0873

续表

−0.2203	0.3691	0.4399	0.3700	0.8303	0.8467	0.7245	0.7424
−0.3375	0.3350	0.4242	0.4410	0.8546	0.8634	0.7299	0.8167
−0.1704	−0.2077	−0.4707	−0.3716	−0.1904	−0.1265	−0.2696	−0.2153
0.9977	0.6803	0.5857	0.2074	−0.1599	−0.2674	−0.1132	0.0657
1.0000	0.6977	0.5991	0.2185	−0.1540	−0.2625	−0.1101	0.0803
0.6977	1.0000	0.8555	0.5852	0.4844	0.3575	0.4639	0.6612
0.5991	0.8555	1.0000	0.6568	0.5411	0.4985	0.6261	0.7465
0.2185	0.5852	0.6568	1.0000	0.5618	0.4183	0.6385	0.7446
−0.1540	0.4844	0.5411	0.5618	1.0000	0.9519	0.8924	0.8381
−0.2625	0.3575	0.4985	0.4183	0.9519	1.0000	0.9064	0.7997
−0.1101	0.4639	0.6261	0.6385	0.8924	0.9064	1.0000	0.8787
0.0803	0.6612	0.7465	0.7446	0.8381	0.7997	0.8787	1.0000

进行主成分分析的主要目的是在不损失太多信息的前提下减少变量的个数，选取主成分的个数小于变量的个数，设变量为 p 个，主成分为 q 个，一般以所取 q 的累计贡献率达到 85%以上为宜。使用 princomp 函数进行主成分分析，在 MATLAB 窗口中输入 [coffee，score，latent] = princomp（x），其中 coffee 为主成分载荷，score 为主成分得分，latent 为特征值，输出结果部分截图如图 3.2.22 所示。

```
coffee =

Columns 1 through 10

 -0.0631   0.0991   0.0265   0.4942   0.1637  -0.4200  -0.2059  -0.3353  -0.3016   0.0683
 -0.0622   0.0759   0.1100   0.5819   0.0346  -0.1504   0.2785   0.5063   0.1419  -0.2205
  0.0664  -0.0165   0.1080   0.1635   0.6779   0.1629  -0.1260  -0.4043   0.1744  -0.0984
  0.0150  -0.0226  -0.1012   0.5295  -0.4058   0.3061   0.2585  -0.2693  -0.0625  -0.0817
 -0.0137  -0.0306   0.1873  -0.0092   0.1410   0.0753  -0.2684   0.2928  -0.3802  -0.4551
 -0.0276  -0.0590   0.2170   0.0964   0.0364   0.1031  -0.2706   0.3557  -0.2882   0.2059
 -0.1832   0.9258   0.2697  -0.0997  -0.0464   0.0346   0.0185  -0.0363   0.0806   0.0155
  0.6701   0.1682  -0.0626  -0.0644   0.0738  -0.1484   0.0010   0.0333  -0.2319  -0.2886
  0.6672   0.1508  -0.0548   0.0592  -0.0646  -0.0161   0.1223   0.0500   0.0381   0.2927
  0.1779  -0.0345   0.3816   0.1094  -0.2375   0.5918  -0.3035  -0.1558   0.0440  -0.1213
  0.1567  -0.1429   0.3679   0.1029   0.1696  -0.0726  -0.0339   0.1878   0.6103   0.1231
  0.0445  -0.0996   0.2355  -0.0546  -0.4720  -0.4974  -0.3725  -0.1800   0.2463  -0.2696
 -0.0040  -0.0321   0.1182  -0.0601  -0.0248   0.0865  -0.0020   0.1591  -0.1112   0.1421
 -0.0057  -0.0165   0.0679  -0.0189   0.0216   0.0364   0.0544   0.1039  -0.0253   0.0228
 -0.0055  -0.1805   0.5748  -0.2140   0.0360  -0.1150   0.6299  -0.2195  -0.2235  -0.1746
  0.0214  -0.0756   0.3437   0.0885  -0.0669  -0.1264  -0.0703  -0.0427  -0.2592   0.5983

Columns 11 through 16

  0.0408  -0.2670   0.0260   0.0412  -0.3325  -0.3188
 -0.2341   0.0309   0.3101  -0.0344   0.2444  -0.0208
```

图 3.2.22　MATLAB 主成分分析结果部分截图（主成分载荷）

然后，计算其特征值、贡献率和累计贡献率。为了使结果清晰直观，调用 num2cell 使结果以表格化的格式输出，具体语句和结果如图 3.2.23 所示。

将上述 16 个指标对应的变量用 x_i 表示，得到 4 个主成分的线性组合公式：

```
>> per=100*latent/sum(latent);
result(1,:)={'特征值','贡献率','累计贡献率'};
result(2:17,1)=num2cell(latent);
result(2:17,2:3)=num2cell([per,cumsum(per)])

result = |

    '特征值'              '贡献率'              '累计贡献率'
    [     0.1801]      [61.8391]      [    61.8391]
    [     0.0697]      [23.9256]      [    85.7647]
    [     0.0246]      [ 8.4614]      [    94.2262]
    [     0.0075]      [ 2.5681]      [    96.7943]
    [     0.0042]      [ 1.4290]      [    98.2233]
    [     0.0021]      [ 0.7167]      [    98.9400]
    [     0.0013]      [ 0.4450]      [    99.3850]
    [9.5003e-004]      [ 0.3262]      [    99.7112]
    [6.4577e-004]      [ 0.2217]      [    99.9329]
    [1.9554e-004]      [ 0.0671]      [   100.0000]
    [          0]      [      0]      [   100.0000]
    [          0]      [      0]      [   100.0000]
    [          0]      [      0]      [   100.0000]
    [          0]      [      0]      [   100.0000]
    [          0]      [      0]      [   100.0000]
    [          0]      [      0]      [   100.0000]
```

图 3.2.23　MATLAB 主成分分析结果部分截图（特征值、贡献率和累计贡献率）

$$y_1 = -0.0631x_1 + 0.0991x_2 + 0.0265x_3 + 0.4942x_4 + 0.1637x_5 - 0.42x_6 - 0.2059x_7$$
$$- 0.3353x_8 - 0.3016x_9 + 0.0683x_{10} + 0.0408x_{11} - 0.2670x_{12} - 0.0260x_{13}$$
$$+ 0.0412x_{14} - 0.3325x_{15} - 0.3188x_{16}$$

$$y_2 = -0.0622x_1 + 0.0759x_2 + 0.11x_3 + 0.5819x_4 + 0.0346x_5 - 0.1504x_6 + 0.2785x_7$$
$$+ 0.5063x_8 + 0.1419x_9 - 0.2205x_{10} - 0.2341x_{11} + 0.0309x_{12} + 0.3101x_{13}$$
$$- 0.0344x_{14} + 0.2444x_{15} - 0.0208x_{16}$$

$$y_3 = 0.0664x_1 - 0.0165x_2 + 0.1080x_3 + 0.1635x_4 + 0.6779x_5 + 0.1629x_6 - 0.126x_7$$
$$- 0.4043x_8 - 0.1744x_9 - 0.0984x_{10} + 0.1292x_{11} + 0.3002x_{12} + 0.1139x_{13}$$
$$+ 0.0421x_{14} + 0.3375x_{15} + 0.1260x_{16}$$

$$y_4 = 0.015x_1 - 0.0226x_2 - 0.1012x_3 + 0.5295x_4 - 0.4058x_5 + 0.3061x_6 + 0.2585x_7$$
$$- 0.2693x_8 - 0.0625x_9 - 0.0817x_{10} + 0.3255x_{11} + 0.1365x_{12} - 0.2891x_{13}$$
$$+ 0.0258x_{14} - 0.0423x_{15} + 0.2997x_{16}$$

对主成分的意义由各线性组合中权数较大的几个指标的综合意义来确定，并结合定性分析来综合判定。其中，主成分 y_1 的线性组合中，x_4、x_5 的系数远大于其他指标的系数，它是离场航线数量、进场航线长度 2 个指标的综合反映；主成分 y_2 的线性组合中，x_4、x_7、x_8、x_{13}、x_{15} 的系数远大于其他指标的系数，它是离场航线数量、机型混杂比、各进场移交点比例标准差、进场跑道占用时间、航路（航线）间隔 5 个指标的综合反映；主成分 y_3 的线性组合中，x_5、x_{12}、x_{15} 的系数远大于其他指标的系数，它是进场航线长度、截获距离、航路（航线）间隔 3 个指标的综合反映；主成分 y_4 的线性组合中，x_4、x_6、x_{11}、

x_{16} 的系数远大于其他指标的系数，它是离场航线数量、离场航线长度、离场加权移交间隔、五边间隔 4 个指标的综合反映。

机场终端容量主成分分析结果得分及排名如表 3.2.10 所示。

表 3.2.10 机场终端容量主成分分析结果得分及排名

城市	y_1	y_2	y_3	y_4	综合得分		容量		排名差值
					得分	排名	容量	排名	
长春	−0.0696	0.2251	4.7689	0.1293	0.4076	10	22.8	11	1
哈尔滨	−0.1468	0.2398	5.6808	0.2346	0.4133	8	25	10	2
大连	−0.7181	0.7822	7.8157	−0.0666	0.4527	4	30.5	3	−1
沈阳	−0.1720	0.2633	5.4957	0.2172	0.4272	6	26.5	9	3
温州	−0.2744	0.4691	6.0410	0.3480	0.4126	9	28.1	7	−2
济南	−0.0785	0.3244	5.7665	0.2384	0.4331	5	28.6	6	1
青岛	−0.1518	0.2174	5.2936	0.1759	0.4006	11	27.8	8	−3
南京	−0.1510	0.2907	6.2059	0.3061	0.4892	2	29.6	5	3
杭州	−0.2613	0.2549	6.0414	0.2090	0.4160	7	30.1	4	−3
长沙	−0.3039	0.3176	6.3761	0.2794	0.5047	1	32.8	2	1
武汉	−0.3481	0.2277	6.6241	0.1870	0.4645	3	33.4	1	−2

4. 多元线性回归：MATLAB、LINGO

1）全国机场起降量影响因素及其数据

首先，从国家统计局官网中查找全国机场起降总量、GDP 增长指数、进出口总额、全国人口等历史数据，如表 3.2.11 所示。

表 3.2.11 全国机场起降量影响因素数据（1999～2013 年）

年份	全国机场起降总量/架次	GDP 增长指数	进出口总额/亿元	全国人口/万人
1999	1 652 705	700.9	258 212.3	125 786
2000	1 757 117	759.9	244 160.2	126 743
2001	1 940 722	823	236 402	127 627
2002	2 119 007	897.8	201 722.2	128 453
2003	2 118 790	987.8	150 648.1	129 227
2004	2 666 309	1 087.4	179 921.5	129 988
2005	3 056 521	1 200.8	166 863.7	130 756
2006	3 486 397	1 334	140 974	131 448
2007	3 940 777	1 515.5	116 921.8	132 129
2008	4 226 742	1 707	95 539.1	132 802

续表

年份	全国机场起降总量/架次	GDP 增长指数	进出口总额/亿元	全国人口/万人
2009	4 840 710	1 864.3	70 483.5	133 450
2010	5 531 716	2 056.8	51 378.2	134 091
2011	5 979 664	2 249.2	42 183.6	134 735
2012	6 603 207	2 425	39 273.2	135 404
2013	7 315 440	2 611.7	29 896.2	136 072

分析全国起降总量与其他三个指标之间的相关性。各指标之间相关性计算公式为

$$r = \sqrt{\frac{\sum_{i=1}^{n}(y_i - \overline{y})^2 - \sum_{i=1}^{n}(y_i - \hat{y}_i)^2}{\sum_{i=1}^{n}(y_i - \overline{y})^2}} = \sqrt{\frac{\sum_{i=1}^{n}(\hat{y}_i - \overline{y})^2}{\sum_{i=1}^{n}(y_i - \overline{y})^2}} = \sqrt{1 - \frac{\sum_{i=1}^{n}(y_i - \hat{y}_i)^2}{\sum_{i=1}^{n}(y_i - \overline{y})^2}}$$

则计算出全国机场起降总量与 GDP 增长指数、进出口额指数、全国人口的相关系数分别为 0.9978、0.9750、0.9658，相关性都比较高，故采用上述三个指标为自变量，全国机场起降总量作为因变量，运用回归分析的方法进行线性拟合，建立全国机场起降总量的预测模型。

2）基于最小二乘法的多元线性回归原理

多元线性回归的一般表达式为

$$Y = \beta_0 + \beta_1 x_1 + \beta_2 x_2 + \cdots + \beta_p x_p + \varepsilon$$

式中，随机性服从正态分布 $\varepsilon \sim N(0, \sigma^2)$。

对于一组样本 $(x_{11}, x_{12}, \cdots, x_{1p}, Y_1), (x_{21}, x_{22}, \cdots, x_{2p}, Y_2), \cdots, (x_{n1}, x_{n2}, \cdots, x_{np}, Y_n)$，及其观察值 $(x_{11}, x_{12}, \cdots, x_{1p}, y_1), (x_{21}, x_{22}, \cdots, x_{2p}, y_2), \cdots, (x_{n1}, x_{n2}, \cdots, x_{np}, y_n)$，则有

$$Y_1 = \beta_0 + \beta_1 x_{11} + \beta_2 x_{12} + \cdots + \beta_p x_{1p} + \varepsilon_1$$
$$Y_2 = \beta_0 + \beta_1 x_{21} + \beta_2 x_{22} + \cdots + \beta_p x_{2p} + \varepsilon_2$$
$$\vdots$$
$$Y_i = \beta_0 + \beta_1 x_{i1} + \beta_2 x_{i2} + \cdots + \beta_p x_{ip} + \varepsilon_i$$
$$\vdots$$

那么，样本回归模型为

$$Y_n = \beta_0 + \beta_1 x_{n1} + \beta_2 x_{n2} + \cdots + \beta_p x_{np} + \varepsilon_n$$

写成矩阵表达式为

$$Y = X\beta + \varepsilon$$

式中，因变量的观测向量 $Y = \begin{bmatrix} Y_1 \\ Y_2 \\ \vdots \\ Y_n \end{bmatrix}$；常数矩阵或设计矩阵 $X = \begin{bmatrix} 1 & x_{11} & x_{12} & \cdots & x_{1p} \\ 1 & x_{21} & x_{22} & \cdots & x_{2p} \\ \vdots & \vdots & \vdots & & \vdots \\ 1 & x_{n1} & x_{n2} & \cdots & x_{np} \end{bmatrix}$；参

数向量 $\beta = \begin{bmatrix} \beta_0 \\ \beta_1 \\ \vdots \\ \beta_p \end{bmatrix}$；误差向量 $\varepsilon = \begin{bmatrix} \varepsilon_1 \\ \varepsilon_2 \\ \vdots \\ \varepsilon_n \end{bmatrix}$。

设有样本观察值为

$$(x_{11}, x_{12}, \cdots, x_{1p}, y_1), (x_{21}, x_{22}, \cdots, x_{2p}, y_2), \cdots, (x_{n1}, x_{n2}, \cdots, x_{np}, y_n)$$

最小二乘法或最大似然估计法求解未知参数的本质是计算残差的最小值。含有未知参数的最小二乘估计可表示为

$$\hat{\beta} = \begin{bmatrix} \hat{\beta}_0 \\ \hat{\beta}_1 \\ \vdots \\ \hat{\beta}_p \end{bmatrix} = b = \begin{bmatrix} b_0 \\ b_1 \\ \vdots \\ b_p \end{bmatrix} = (X'X)^{-1}X'Y$$

3）运用 MATLAB 求解多元线性回归

Regress 函数是 MATLAB 中专门用于线性拟合的工具，可以直接输出线性回归系数、判定系数、显著性检验 P 值、检验数 t 值等相关信息。

首先将建模语句输入 MATLAB 中，如图 3.2.24 所示。求解结果如图 3.2.25 所示。

图 3.2.24　MATLAB 多元线性回归建模

图 3.2.25　MATLAB 多元线性回归求解结果

根据 MATLAB 求解结果，可以计算出全国机场起降总量预测模型为

$$\hat{y} = 3320.9275x_1 + 6.089\,070\,6x_2 + 68.084\,778x_3 - 10\,861\,727$$

式中，$\hat{y}$ 为全国机场起降总量；x_1 为 GDP 增长指数；x_2 为进出口总额；x_3 为全国人口。

4）运用 LINGO 求解多元线性回归

LINGO 中求解多元线性回归的方法的本质也是最小二乘法，也就是要通过 SET 语

句构建以残差平方和为目标函数的非线性规划模型，并求解，具体过程如图 3.2.26 所示，
回归结果如图 3.2.27 所示。

```
LINGO Model - LINGO1                                    _ □ x

SETS:
q/r1..r15/:x1,x2,x3,y;
ENDSETS

DATA:
y=1652705,1757117,1940722,2119007,2118790,2666309,3056521,3486397
  3940777,4226742,4840710,5531716,5979664,6603207,7315440;

x1=700.9,759.9,823,897.8,987.8,1087.4,1200.8,1334
    1515.5,1707,1864.3,2056.8,2249.2,2425,2611.7;
x2=258212.3,244160.21,236401.99,201722.15,150648.06,179921.47,166863.7
    140974,116921.8,95539.1,70483.5,51378.2,42183.6,39273.2,29896.2;
x3=125786,126743,127627,128453,129227,129988,130756,131448
    132129,132802,133450,134091,134735,135404,136072;
ENDDATA

MIN=@SUM(q:(a*x1+b*x2+c*x3+d-y)^2);
@FREE(a);@FREE(b);@FREE(c);@FREE(d);
END
```

图 3.2.26 LINGO 多元线性回归建模

```
Solution Report - LINGO1                                _ □ x

 Feasible solution found.
 Objective value:                    0.8925912E+11
 Infeasibilities:                    0.000000
 Extended solver steps:                     5
 Total solver iterations:                 106


               Variable          Value      Reduced Cost
                      A         3320.928         0.000000
                      B         6.089071         0.000000
                      C         68.08478         0.000000
                      D    -0.1086173E+08        0.000000
                 X1( R1)        700.9000         0.000000
                 X1( R2)        759.9000         0.000000
                 X1( R3)        823.0000         0.000000
                 X1( R4)        897.8000         0.000000
                 X1( R5)        987.8000         0.000000
                 X1( R6)        1087.400         0.000000
                 X1( R7)        1200.800         0.000000
                 X1( R8)        1334.000         0.000000
                 X1( R9)        1515.500         0.000000
                 X1( R10)       1707.000         0.000000
                 X1( R11)       1864.300         0.000000
```

图 3.2.27 LINGO 多元线性回归结果

结果中的 A、B、C、D 分别对应回归中的变量系数和常数项，整合成多元线性表达
式如下：

$$\hat{y} = 3320.928x_1 + 6.089x_2 + 68.085x_3 - 10\,860\,000$$

5）运用 SPSS 检验 MATLAB 与 LINGO 的多元线性回归结果

将相关数据输入 SPSS 中，选择"分析"→"回归"→"多元"，输出图 3.2.28 所示结果。

模型		非标准化系数		标准系数				B 的 95.0% 置信区间		相关性		
		B	标准误差	试用版	t	Sig	下限	上限	零阶	偏	部分
1	（常量）	−1.086E7	6573274.495		−1.652	0.127	−2.533E7	3605953.084			
	x1	3320.928	166.934	1.131	19.894	0.000	2953.507	3688.348	0.998	0.986	0.256
	x2	6.089	1.758	0.256	3.463	0.005	2.219	9.959	−0.950	0.722	0.045
	x3	68.085	49.618	0.117	1.372	0.197	−41.124	177.294	0.966	0.382	0.018

图 3.2.28　SPSS 多元线性回归结果

图 3.2.28 中，B 列为求解所得的回归系数，与上述 MATLAB 和 LINGO 的求解结果一致，以该结果作为参考标准，证明 MATLAB 和 LINGO 都可以有效且准确地进行多元线性回归分析，计算精度高，但在求解的过程和结果上依旧存在优劣。

LINGO 进行线性拟合时对拟合函数的形式没有任何限制，不需要给定初始值，易于修改和扩展；MATLAB 对于拟合函数的形式要求较高，但是其输出结果更加丰富，便于对拟合模型的检验。

5. 总结

（1）通过求解简单线性模型发现，LINDO 和 LINGO 是最佳选择；对于求解二次规划模型，LINGO 可以直接求解，LINDO 必须通过人工进行拉格朗日乘子法转化，MATLAB 必须先进行标准化，因此 LINGO 最优，MATLAB 次之，LINDO 最低；而对于求解复杂线性规划模型，只有 MATLAB 比较适用。通过三种软件适用范围的对比，使用者能够针对问题选择最佳软件，具有实用性。

（2）基于 MATLAB 运用主成分分析法对机场终端区容量影响因素指标进行转化，得出机场容量排名，与实际容量排名基本一致，证明其可靠性和实用性。同时，创造性地采用向量归一标准化方法，显著提高贡献率，减少信息损失。

（3）利用 MATLAB 和 LINGO 进行多元线性回归，得到全国机场起降总量的预测模型。

3.3　聚类分析案例

根据 14 个国家的经济对外开放程度、国民受教育水平和调整后的人均 GDP，运用 SPSS 软件中的 K-均值聚类和系统聚类分别对这个 14 个国家进行分类，如表 3.3.1 所示。

表 3.3.1　国家的 3 项指标水平

国家	经济对外开放程度/%	国民受教育水平/%	调整后的人均 GDP/美元
美国	72.8	92.0	5547.0
日本	76.3	91.0	5532.0

续表

国家	经济对外开放程度/%	国民受教育水平/%	调整后的人均 GDP/美元
瑞士	74.8	94.0	5545.0
阿根廷	68.9	88.9	5415.0
阿拉伯联合酋长国	70.6	70.7	5543.0
保加利亚	68.0	86.0	4423.0
古巴	72.1	74.9	2085.0
巴拉圭	66.8	84.2	4163.0
格鲁吉亚	69.6	74.0	2473.0
南非	59.6	73.6	4972.0
中国	65.3	72.3	2123.0
罗马尼亚	66.7	77.9	3013.0
希腊	74.4	86.8	5406.0
哥伦比亚	66.1	83.3	4331.0

K-均值聚类的步骤如下：

（1）将表 3.20 的数据保存到 Excel 中，然后导入 SPSS 中。

（2）执行"分析"→"分类"→"K-均值聚类"命令。

（3）最后得到输出结果。

K-均值聚类的结果解读如下。

输出结果中，表 3.3.2 表示的是初始聚类中心，也就是种子点。

表 3.3.2　初始聚类中心

指标	聚类		
	1	2	3
经济对外开放程度/%	70.6	66.8	72.1
国民受教育水平/%	70.7	84.2	74.9
调整后的人均 GDP/美元	5543	4163	2085

表 3.3.3 表示的是迭代历史记录。

表 3.3.3　迭代历史记录

迭代	聚类中心内的更改		
	1	2	3
1	121.026	142.667	338.520
2	0.000	0.000	0.000

注：由于聚类中心内没有改动或改动较小而达到收敛；任何中心的最大绝对坐标更改为 0.000；当前迭代为 2；初始中心间的最小距离为 1380.071。

表 3.3.4 表示的是最终聚类中心。从表中可以看出，第 1 类的 3 个指标都是最高的，第 2 类经济开放水平最低，其他两个指标处于中间位置，第 3 类的国民受教育水平和调整后的人均 GDP 最低，经济对外开放程度处于中间位置。

表 3.3.4　最终聚类中心

指标	聚类		
	1	2	3
经济对外开放程度/%	71.1	67.0	68.4
国民受教育水平/%	85.3	84.5	74.8
调整后的人均 GDP/美元	5423	4306	2424

表 3.3.5 表示的是最终聚类中心间的距离。从表中可以看出，第 1 类与第 2 类之间的距离要比第 1 类与第 3 类之间的距离小。

表 3.3.5　最终聚类中心间的距离

聚类	1	2	3
1		1117.198	2999.377
2	1117.198		1882.192
3	2999.377	1882.192	

表 3.3.6 表示的是每个聚类中的案例数。从表中可以看出，第 1 类有 7 个样本，第 2 类中有 3 个样本，第 3 类有 4 个样本。

表 3.3.6　每个聚类中的案例数

聚类	1	7.000
	2	3.000
	3	4.000
有效		14.000
缺失		0.000

表 3.3.7 表示的是聚类成员，表示每个个案的分类情况。第 3 列"聚类"表示该案例属于哪一类，第 4 列"距离"表示该案例与其所属类别重心之间的距离。

表 3.3.7　聚类成员

案例号	国家	聚类	距离
1	美国	1	124.337
2	日本	1	109.418

续表

案例号	国家	聚类	距离
3	瑞士	1	122.511
4	阿根廷	1	8.914
5	阿拉伯联合酋长国	1	121.026
6	保加利亚	2	117.347
7	古巴	3	338.520
8	巴拉圭	2	142.667
9	格鲁吉亚	3	49.520
10	南非	1	451.154
11	中国	3	300.526
12	罗马尼亚	3	589.511
13	希腊	1	17.252
14	哥伦比亚	2	25.377

由表 3.3.7 可知，若采用"K-均值聚类法（快速聚类法）"，第 1 类包括美国、日本、瑞士、阿根廷、阿拉伯联合酋长国、南非、希腊，第 2 类包括保加利亚、巴拉圭、哥伦比亚，其他样本属于第 3 类。

系统聚类的步骤如下：

（1）将表 3.3.1 的数据保存到 Excel 中，然后导入 SPSS 中。

（2）执行"分析"→"分类"→"系统聚类"命令。

（3）最后得到输出结果。

系统聚类的结果解读如下。

表 3.3.8 显示的是用平方 Euclidean 距离计算的近似矩阵表，其实质是一个不相似矩阵，其中，数值表示各个样本之间的相似系数，数值越大，表示两样本距离越大。

表 3.3.9 显示的是聚类表，该表反映的是每一阶段聚类的结果，系数表示的是"聚合系数"，第 2 列和第 3 列表示的是聚合的类。

图 3.3.1 是冰柱图，是反映样本聚类情况的图，如果按照设定的类数，在那类数的行上从左到右就可以找到各类所包含的样本。

图 3.3.2 是用"组间连接"聚类法生成的树状聚类图。从图中可以清晰地看出将样本分为 2、3、4 类时的成员组成，如表 3.3.10 所示。

通过以上分析可以得到如下结论。

本章将 K-均值聚类法的聚类中心定为 3 类，最后我们又计算了聚类中心为 2、4 类的情况（读者可以课后自己练习）。通过比较系统聚类法和 K-均值聚类法的输出结果可以发现，当将所有样本分成 3 类和 2 类时，两种方法得到的聚类结果是一样的。因此，比较合理的聚类方法是将所有的样本分为 2 类或者 3 类。

表 3.3.8　近似矩阵

平方 Euclidean 距离

案例	1：美国	2：日本	3：瑞士	4：阿根廷	5：阿拉伯联合酋长国	6：保加利亚	7：古巴	8：巴拉圭	9：格鲁吉亚	10：南非	11：中国
1：美国	0.000	238.250	12.000	17 448.820	474.530	1 263 435.040	11 985 736.90	1 915 552.840	9 449 810.240	331 137.800	11 724
2：日本	238.250	0.000	180.250	13 748.170	565.580	1 229 974.890	11 882 085.85	1 874 297.490	9 357 814.890	314 181.650	11 621
3：瑞士	12.000	180.250	0.000	16 960.820	564.530	1 258 994.240	11 971 972.10	1 910 084.040	9 437 611.040	328 976.200	11 710
4：阿根廷	17 448.820	13 748.170	16 960.820	0.000	16 718.130	984 073.220	11 089 106.24	1 567 530.500	8 655 586.500	196 569.580	10 837
5：阿拉伯联合酋长国	474.530	565.580	564.530	16 718.130	0.000	1 254 640.850	11 957 783.89	1 904 596.690	9 424 911.890	326 170.410	11 696
6：保加利亚	1 263 435.040	1 229 974.890	1 258 994.240	984 073.220	1 254 640.850	0.000	5 466 384.020	67 604.680	3 802 646.560	301 625.320	52 901
7：古巴	11 985 736.90	11 882 085.85	11 971 972.10	11 089 106.24	11 957 783.89	5 466 384.020	0.000	4 318 198.580	150 551.060	8 334 926.940	14
8：巴拉圭	1 915 552.840	1 874 297.490	1 910 084.040	1 567 530.500	1 904 596.690	67 604.680	4 318 198.580	0.000	2 856 211.880	654 645.200	41 617
9：格鲁吉亚	9 449 810.240	9 357 814.890	9 437 611.040	8 655 586.500	9 424 911.890	3 802 646.560	150 551.060	2 856 211.880	0.000	6 245 101.160	1 225
10：南非	331 137.800	314 181.650	328 976.200	196 569.580	326 170.410	301 625.320	8 334 926.940	654 645.200	6 245 101.160	0.000	81 168
11：中国	11 724 220.34	11 621 751.69	11 710 645.14	10 837 552.52	11 696 430.65	5 290 194.980	1 497.000	4 161 743.860	122 521.380	8 116 835.180	0.000
12：罗马尼亚	6 421 392.020	6 345 824.770	6 411 348.820	5 769 729.840	6 400 967.050	1 988 167.300	861 222.160	1 322 539.700	291 623.620	3 837 749.900	7 921
13：希腊	19 910.600	15 897.250	19 373.000	115.660	19 042.650	966 330.600	11 029 187.90	1 545 113.520	8 602 675.880	188 749.280	10 778
14：哥伦比亚	1 478 776.580	1 442 564.330	1 473 986.180	1 175 095.200	1 469 123.010	8 474.900	5 044 622.560	28 225.300	3 452 262.740	411 017.340	48 753

表 3.3.9　聚类表

阶	群集组合		系数	首次出现阶群集		下一阶
	群集 1	群集 2		群集 1	群集 2	
1	1	3	12.000	0	0	3
2	4	13	115.660	0	0	7
3	1	2	209.250	1	0	4
4	1	5	534.880	3	0	7
5	7	11	1 497.000	0	0	9
6	6	14	8 474.900	0	0	8
7	1	4	17 387.430	4	2	10
8	6	8	47 914.990	6	0	12
9	7	9	136 536.220	5	0	11
10	1	10	280 964.153	7	0	12
11	7	12	648 326.367	9	0	13
12	1	6	1 297 007.772	10	8	13
13	1	7	7 528 476.006	12	11	0

表 3.3.10　群集成员

案例	4 群集	3 群集	2 群集
1：美国	1	1	1
2：日本	1	1	1
3：瑞士	1	1	1
4：阿根廷	1	1	1
5：阿拉伯联合酋长国	1	1	1
6：保加利亚	2	2	1
7：古巴	3	3	2
8：巴拉圭	2	2	1
9：格鲁吉亚	3	3	2
10：南非	1	1	1
11：中国	3	3	2
12：罗马尼亚	4	3	2
13：希腊	1	1	1
14：哥伦比亚	2	2	1

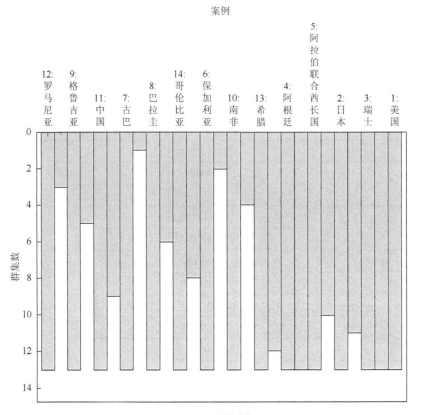

图 3.3.1　冰柱图

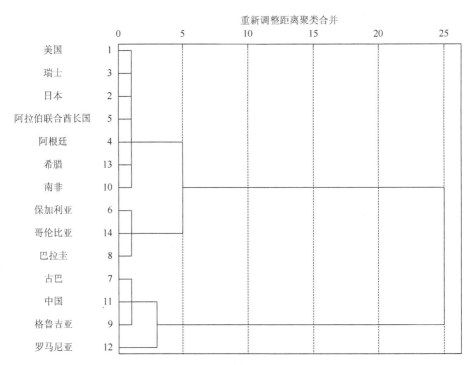

图 3.3.2　树状聚类图

第4章

运筹学案例

4.1 初等运筹学案例

4.1.1 线性规划案例

案例：动物饲料配制。

有一家牛饲料公司要生产两种类型的动物饲料：粉状饲料和颗粒状饲料。生产这些饲料所需的原料有燕麦、玉米和糖渣。首先需要将燕麦和玉米磨碎，糖渣不需要磨碎；然后将所有原料混合形成饲料产品。在最后一道生产工序中，需要将半成品制成粉末状饲料和颗粒状饲料，从而得到最终产品。

每种饲料产品都需要满足一些营养成分需求，表 4.1.1 列出了原料含有的和最终产品要求的蛋白质、脂肪和纤维素含量百分比。

表 4.1.1 营养成分含量百分比

原料	蛋白质	脂肪	纤维素
燕麦	13.6%	7.1%	7%
玉米	4.1%	2.4%	3.7%
糖渣	5%	0.3%	25%
要求含量	≥9.5%	≥2%	≤6%

各种原料的可用量也有限制。表 4.1.2 出了每天各种原料的可用量以及对应的价格。

表 4.1.2 原料的可用量与价格

原料	可用量/千克	价格/(元/千克)
燕麦	11 900	1.3
玉米	23 500	1.7
糖渣	750	1.2

表 4.1.3 列出了各道工序的加工成本。

表 4.1.3　加工成本　　　　　　　　　　　　　　　　　　　　　单位：元

磨碎	混合	结粒	筛粉
2.5	0.5	4.2	1.7

　　如果每天需求量为 9 吨颗粒状饲料，12 吨粉状饲料，那么各种原材料应分别使用多少，并应怎样混合才能够使总成本最低。

　　解：设颗粒状饲料与粉状饲料分别生产 x_1、x_2 千克，生产饲料 i 用原料 r 的量为 $u_{ri}(r=1,2,3; i=1,2)$。

　　目标函数：目标是要使生产总成本最小。在总成本中，一个是原料的采购成本，另一个是饲料的各种工序的加工成本。

　　（1）原料的采购成本为

$$\sum_{i=1}^{2}1.3u_{1i}+\sum_{i=1}^{2}1.7u_{2i}+\sum_{i=1}^{2}1.2u_{3i}$$

　　（2）磨碎工序的加工成本为

$$\sum_{r=1}^{2}\sum_{i=1}^{2}2.5u_{ri}\quad\text{（由于糖渣不需要磨碎工序）}$$

　　（3）混合工序的加工成本为

$$\sum_{r=1}^{3}\sum_{i=1}^{2}0.5u_{ri}$$

　　（4）结粒工序的加工成本为

$$\sum_{r=1}^{3}4.2u_{r1}\quad\text{（由于只有颗粒状饲料才有结粒工序）}$$

　　（5）筛粉工序的加工成本为

$$\sum_{r=1}^{3}1.7u_{r2}\quad\text{（由于只有粉状饲料才有筛粉工序）}$$

所以目标函数为

$$\min z=\sum_{i=1}^{2}1.3u_{1i}+\sum_{i=1}^{2}1.7u_{2i}+\sum_{i=1}^{2}1.2u_{3i}+\sum_{r=1}^{2}\sum_{i=1}^{2}2.5u_{ri}+\sum_{r=1}^{3}\sum_{i=1}^{2}0.5u_{ri}+\sum_{r=1}^{3}4.2u_{r1}+\sum_{r=1}^{3}1.7u_{r2}$$

　　约束条件：

　　（1）颗粒状饲料的生产量等于生产这种产品的各种原料使用量之和：

$$\sum_{r=1}^{3}u_{r1}=x_1$$

　　（2）粉状饲料的生产量等于生产这种产品的各种原料使用量之和：

$$\sum_{r=1}^{3}u_{r2}=x_2$$

　　（3）营养成分蛋白质的需求：

$$13.6u_{11}+4.1u_{21}+5u_{31}\geqslant 9.5x_1$$
$$13.6u_{12}+4.1u_{22}+5u_{32}\geqslant 9.5x_2$$

（4）营养成分脂肪的需求：

$$7.1u_{11} + 2.4u_{21} + 0.3u_{31} \geqslant 2x_1$$
$$7.1u_{12} + 2.4u_{22} + 0.3u_{32} \geqslant 2x_2$$

（5）营养成分纤维素的需求：

$$7u_{11} + 3.7u_{21} + 25u_{31} \leqslant 6x_1$$
$$7u_{12} + 3.7u_{22} + 25u_{32} \leqslant 6x_2$$

（6）保证原料的用量不超过每天原料的供给量：

$$u_{11} + u_{12} \leqslant 11\,900$$
$$u_{21} + u_{22} \leqslant 23\,500$$
$$u_{31} + u_{32} \leqslant 750$$

（7）每天的生产量要满足需求：

$$x_1 \geqslant 9$$
$$x_2 \geqslant 12$$

因此可得原问题的数学模型：

$$\min z = \sum_{i=1}^{2} 1.3u_{1i} + \sum_{i=1}^{2} 1.7u_{2i} + \sum_{i=1}^{2} 1.2u_{3i} + \sum_{r=1}^{2}\sum_{i=1}^{2} 2.5u_{ri} + \sum_{r=1}^{3}\sum_{i=1}^{2} 0.5u_{ri} + \sum_{r=1}^{3} 4.2u_{r1} + \sum_{r=1}^{3} 1.7u_{r2}$$

$$\text{s.t.} \begin{cases} \sum_{r=1}^{3} u_{r1} = x_1 \\ \sum_{r=1}^{3} u_{r2} = x_2 \\ 13.6u_{11} + 4.1u_{21} + 5u_{31} \geqslant 9.5x_1 \\ 13.6u_{12} + 4.1u_{22} + 5u_{32} \geqslant 9.5x_2 \\ 7.1u_{11} + 2.4u_{21} + 0.3u_{31} \geqslant 2x_1 \\ 7.1u_{12} + 2.4u_{22} + 0.3u_{32} \geqslant 2x_2 \\ 7u_{11} + 3.7u_{21} + 25u_{31} \leqslant 6x_1 \\ 7u_{12} + 3.7u_{22} + 25u_{32} \leqslant 6x_2 \\ u_{11} + u_{12} \leqslant 11\,900 \\ u_{21} + u_{22} \leqslant 23\,500 \\ u_{31} + u_{32} \leqslant 750 \\ x_1 \geqslant 9 \\ x_2 \geqslant 12 \\ u_{ri} \geqslant 0, \quad x_i \geqslant 0, \quad i=1,2; r=1,2,3 \end{cases}$$

LINGO 软件求解模型如下。

第一步，转化成 LINGO 语言，在模型窗口输入以下语句：

```
MODEL:
  SETS:
    RR/1 2 3/;
    II/1 2/;
```

```
      LINKS(RR,II):U;
   ENDSETS
   MIN=
@SUM(II(J):1.3*U(1,J))+@SUM(II(J):1.7*U(2,J))+@SUM(II(J):1.2*
U(3,J))
+@SUM(II(J):2.5*U(1,J))+@SUM(II(J):2.5*U(2,J))+@SUM(LINKS:
0.5*U)
@SUM(RR(I):4.2*U(I,1))+@SUM(RR(I):1.7*U(I,2));
   @SUM(RR(I):U(I,1))=X1;
   @SUM(RR(I):U(I,2))=X2;
   13.6*U(1,1)+4.1*U(2,1)+5*U(3,1)>=9.5*X1;
   13.6*U(1,2)+4.1*U(2,2)+5*U(3,2)>=9.5*X2;
   7.1*U(1,1)+2.4*U(2,1)+0.3*U(3,1)>=2*X1;
   7.1*U(1,2)+2.4*U(2,2)+0.3*U(3,2)>=2*X2;
   7*U(1,1)+3.7*U(2,1)+25*U(3,1)<=6*X1;
   7*U(1,2)+3.7*U(2,2)+25*U(3,2)<=6*X2;
   U(1,1)+U(1,2)<=11900;
   U(2,1)+U(2,2)<=23500;
   U(3,1)+U(3,2)<=750;
   X1>=9;
   X2>=12;
END
```

命令输入窗口如图 4.1.1 所示。

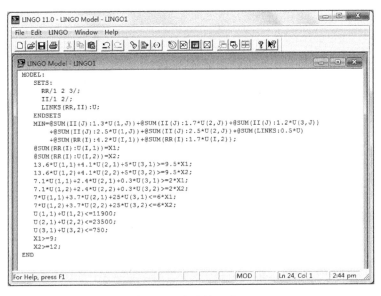

图 4.1.1　命令输入窗口

第二步，执行"Lingo"→"Solve"命令求解答案，或单击工具条上的按钮 ⊙ ，即可得到模型最优解，如图 4.1.2 所示。

```
Solution Report - LINGO1                                    _  □  ✕
Global optimal solution found.
Objective value:                         150.8680
Infeasibilities:                         0.000000
Total solver iterations:                        6


        Variable           Value       Reduced Cost
              X1        9.000000           0.000000
              X2       12.000000           0.000000
          U( 1, 1)      5.098556           0.000000
          U( 1, 2)      6.798074           0.000000
          U( 2, 1)      3.719531           0.000000
          U( 2, 2)      4.959374           0.000000
          U( 3, 1)      0.1819139          0.000000
          U( 3, 2)      0.2425519          0.000000

             Row   Slack or Surplus        Dual Price
               1        150.8680           -1.000000
               2        0.000000           -9.393831
               3        0.000000           -6.893831
               4        0.000000          -0.6921457E-02
               5        0.000000          -0.6921457E-02
               6        27.18119            0.000000
               7        36.24159            0.000000
               8        0.000000           0.1411375
               9        0.000000           0.1411375
              10        11888.10            0.000000
              11        23491.32            0.000000
              12        749.5755            0.000000
              13        0.000000           -8.612760
              14        0.000000           -6.112760
```

图 4.1.2　线性规划模型最优解

经 LINGO 软件计算得，若生产 9 吨颗粒状饲料，12 吨粉状饲料，最低总成本为 15 086.8 元，各种原材料的使用量如表 4.1.4 所示。

表 4.1.4　饲料生产的最佳方案

饲料类型	燕麦/千克	玉米/千克	糖渣/千克	蛋白质	脂肪	纤维素
颗粒状饲料	5098.56	3719.53	181.91	9.50%	5.02%	6.00%
粉状饲料	6798.07	4959.37	242.55	9.50%	5.02%	6.00%

4.1.2　运输模型案例

1. 案例背景介绍

康佳公司成立于 1980 年 5 月，经过 30 多年的快速发展，康佳已成长为总资产 100 亿元、净资产 30 亿元、年销总收入 130 多亿元的大型电子信息产业集团和境内外上市的公众股份制公司。康佳公司曾连续四年居中国电子百强第四位，是中国彩电行业的骨干龙头企业。

康佳公司生产彩电的工厂分别分布于深圳、重庆、咸阳和牡丹江。年产量超过 1000 万台。销售商上万家，并且遍布全国各地。随着销售市场的扩展以及客户群的分散，康佳公司原有的一对多的批发型销售模式已经让其因为时效性丧失很多顾客。长距离的预定式物流模式因不能对市场需求做出及时的反应而满足不了终端客户的需求。为此，康佳公司彩电销售公司决定对现有的物流模式做出改变。设立区域 RDC（regional distribution center，区域分配中心，即中转站），分解 CDC（central distribution center，中央分配中心，即供应商）的压力，将物流细化做到终端配送，满足客户需求，争取订单，从而降低长途运输成本，提高货物的空间及时间效益。

由于康佳公司在全国有 4 个生产基地，36 个规模不一的仓库，以及多个分散的分销点。一是考虑到把所有数据都整合起来，困难较大；二是考虑到 Excel 模型最多只能处理 200 个可变单元格。故我们选取了 4 个生产基地：深圳、重庆、咸阳、牡丹江；7 个仓库：天津、青岛、石家庄、济南、济宁、福州、厦门；10 个分销点：淄博、泰安、聊城、江门、泉州、北海、赣州、海口、玉林、南昌，其中这些分销点都是以市为单位，每个市包含了不同数量的分销商，具体的原始数据（以 29 寸彩电为例）如图 4.1.3～图 4.1.6 所示。

	A	B	C	D	E	F	G	
1	CDC	月产量/台	RDC	储存量/日	储存量/月	分销点	月需求量/台	
2	深圳	230340	天津	3000	36000	淄博	17647	
3	重庆	94930	青岛	4000	48000	泰安	11764	
4	咸阳	167540	石家庄	3500	42000	聊城	14705	
5	牡丹江	51356	济南	3400	40800	江门	5882	
6			济宁	5000	60000	泉州	2200	
7			福州	4500	54000	北海	3529	
8			厦门	4000	48000	赣州	9117	
9						海口	15882	
10						玉林	1605	
11						南昌	1506	
12								
13								

图 4.1.3　CDC 数据信息

CDC到各个节点的运输费 单位：元/台			
节点/CDC	深圳	重庆	牡丹江	咸阳
天津	37.1800845	44.9999396	25.8999537	24.1799584
青岛	37.1799414	46.8698982	36.2500348	20.1500124
石家庄	34.78994	37.5000723	33.5400586	16.7900032
济南	34.1800608	39.3700864	34.5299604	18.810018
济宁	32.8099728	37.4999906	39.6800372	2.8399964
福州	20.50004	47.8499175	67.3201708	36.189975
厦门	15.0899844	46.64	74.6400606	38.290032

图 4.1.4　CDC 到 RDC 的距离以及运费

分销点 运费/台 RDC	淄博	泰安	聊城	江门	泉州	北海	赣州	海口	玉林	南昌
天津	26	17.48	13.16	75.72	20	144.432	26.8	38	132.24	20
青岛	6	6	8	68.12	77.56	139.2	70.16	116.52	129.744	15.32
石家庄	4.4	15.12	9.76	68.88	90.12	127.872	71	40	115.68	204.4
济南	4.4	2.92	5.32	64.72	78.44	126.864	63.76	103.32	117.408	14.24
济宁	10.32	4.84	6.44	59.08	73.16	116.928	58.48	97.96	107.472	42.84
福州	75.92	67.68	48.16	31.64	4	82.56	28.32	67.76	72.096	7.6
厦门	88.44	80.2	53.84	23.76	4.08	70.128	22.92	57.4	59.616	34.68

图 4.1.5　RDC 到分销点的距离及运费

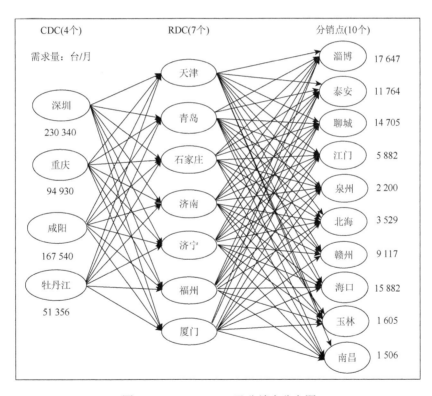

图 4.1.6　CDC、RDC 及分销点分布图

2. 建立规划模型

LP models（假设中转站无容量限制）。

产销不平衡时的情况：有 4 个 CDC，7 个 RDC，10 个分销点。a_i 表示第 i 个 CDC 的产量，$i = 1, 2, \cdots, 4$；b_j 表示第 j 个分销点的销售量，$j = 1, 2, \cdots, 10$；C_{ik} 表示从 CDC 到 RDC 运输单位物资的运价，$i = 1, 2, \cdots, 4$；$k = 1, 2, \cdots, 7$；C_{kj} 表示从 RDC 到分销点运

输单位物资的运价，$k = 1, 2, \cdots, 7$；$j = 1, 2, \cdots, 10$；x_{ik} 表示从 CDC 到 RDC 的运输量，$i = 1, 2, \cdots, 4$；$k = 1, 2, \cdots, 7$；x_{kj} 表示从 RDC 到分销点的运输量，$k = 1, 2, \cdots, 7$；$j = 1, 2, \cdots, 10$；z 表示总运费。规划模型为

$$\text{minimize } z = \sum_{i=1}^{4}\sum_{k=5}^{11} c_{ik}x_{ik} + \sum_{k=5}^{11}\sum_{j=12}^{21} c_{kj}x_{kj}$$

$$\text{s.t.} \begin{cases} \sum_{k=5}^{11} x_{ik} \leqslant a_i, & i = 1, 2, \cdots, 4 \\ \sum_{k=5}^{11} x_{kj} = b_j, & j = 12, 13, \cdots, 21 \\ \sum_{i=1}^{4} x_{ik} = \sum_{j=12}^{21} x_{kj}, & k = 5, 6, \cdots, 11 \\ x_{ik}, x_{kj} \geqslant 0 \end{cases}$$

3. 求解过程

下面利用 Excel 软件计算模型的解。

步骤 1：首先输入已知数据信息，如图 4.1.7 所示。

	A	B	C	D	E	F	G	H	I	J	K	L	M
1		天津	青岛	石家庄	济南	济宁	福州	厦门	产量				
2	深圳	37.18008	37.17994	34.78994	34.18006	32.80997	20.50004	15.08998	230340				
3	重庆	44.99994	46.8699	37.50007	39.37009	37.49999	47.84992	46.64	94930				
4	咸阳	25.89995	36.25003	33.54006	34.52996	39.68004	67.32017	74.64006	167540				
5	牡丹江	24.17996	20.15001	16.79	18.81002	22.84	36.18998	38.29003	51356				
6													
7													
8		淄博	泰安	聊城	江门	泉州	北海	赣州	海口	玉林	南昌		
9	天津	26	17.48	13.16	75.72	20	144.432	26.8	38	132.24	20		
10	青岛	6	6	68.12	77.56	139.2	70.16	116.52	129.744	15.32			
11	石家庄	4.4	15.12	9.76	68.88	90.12	127.872	71	40	115.68	204.4		
12	济南	4.4	2.92	5.32	64.72	78.44	126.864	63.76	103.32	117.408	14.24		
13	济宁	10.32	4.84	6.44	59.08	73.16	116.928	58.48	97.96	107.472	42.84		
14	福州	75.92	67.68	48.16	31.64	4	82.56	28.32	67.76	72.096	7.6		
15	厦门	88.44	80.2	53.84	23.76	4.08	70.128	22.92	57.4	59.616	34.68		
16	销量	17647	11764	14705	5882	2200	3529	9117	15882	1605	1506		
17													
18													
19		天津	青岛	石家庄	济南	济宁	福州	厦门	产量	总计			
20	深圳	0	0	0	0	0	0	0	230340	0			
21	重庆	0	0	0	0	0	0	0	94930	0			
22	咸阳	0	0	0	0	0	0	0	167540	0			
23	牡丹江	0	0	0	0	0	0	0	51356	0			
24	各中转站合	0	0	0	0	0	0	0					
25													
26		淄博	泰安	聊城	江门	泉州	北海	赣州	海口	玉林	南昌	各中转站合计	
27	天津	0	0	0	0	0	0	0	0	0	0	0	
28	青岛	0	0	0	0	0	0	0	0	0	0	0	
29	石家庄	0	0	0	0	0	0	0	0	0	0	0	
30	济南	0	0	0	0	0	0	0	0	0	0	0	
31	济宁	0	0	0	0	0	0	0	0	0	0	0	
32	福州	0	0	0	0	0	0	0	0	0	0	0	
33	厦门	0	0	0	0	0	0	0	0	0	0	0	
34	销量	17647	11764	14705	5882	2200	3529	9117	15882	1605	1506		
35	合计	0	0	0	0	0	0	0	0	0	0		
36													
37	TOTAL COS	0											
38													
39													
40													
41													
42													

图 4.1.7　在 Excel 中输入数据

步骤 2：执行"数据"→"规划求解"命令，设置好目标、约束等参数，如图 4.1.8 所示。

图 4.1.8　规划求解参数设置

步骤 3：单击"求解"按钮，即可得到模型的计算结果如图 4.1.9 所示。

由模型计算结果可知，最优运输方案为：从深圳运送 1506 台彩电到中转站福州，再由福州运送到分销点南昌；由深圳运送 22 333 台彩电到厦门，再从厦门运送 5882 台到江门，2200 台到泉州，3529 台到北海，9117 台到赣州，1605 台到玉林；由咸阳运送 8642 台彩电到中转站天津，再由天津转运到海口 8642 台；由牡丹江将 24 887 台彩电运送到中转站石家庄，再由石家庄运送 17 647 台彩电到淄博，7240 台到海口；由牡丹江运送 26 469 台到中转站济南，再由济南运送 11 764 台到泰安，14 705 台到聊城。

相应的最小运费等于 3 027 969 元。

最优运输路线如图 4.1.10 所示。

4. 敏感性分析

用 Excel 计算的敏感性报告如图 4.1.11 所示。

	天津	青岛	石家庄	济南	济宁	福州	厦门	产量
深圳	37.18008	37.17994	34.78994	34.18006	32.80997	20.50004	15.08998	230340
重庆	44.99994	46.8699	37.50007	39.37009	37.49999	47.84992	46.64	94930
咸阳	25.89995	36.25003	33.54006	34.52996	39.68004	67.32017	74.64006	167540
牡丹江	24.17996	20.15001	16.79	18.81002	22.84	36.18998	38.29003	51356

	淄博	泰安	聊城	江门	泉州	北海	赣州	海口	玉林	南昌
天津	26	17.48	13.16	75.72	20	144.432	26.8	38	132.24	20
青岛	6	6	8	68.12	77.56	139.2	70.16	116.52	129.744	15.32
石家庄	4.4	15.12	9.76	68.88	90.12	127.872	71	40	115.68	204.4
济南	4.4	2.92	5.32	64.72	78.44	126.864	63.76	103.32	117.408	14.24
济宁	10.32	4.84	6.44	59.08	73.16	116.928	58.48	97.96	107.472	42.84
福州	75.92	67.68	48.16	31.64	4	82.56	28.32	67.76	72.096	7.6
厦门	88.44	80.2	53.84	23.76	4.08	70.128	22.92	57.4	59.616	34.68
销量	17647	11764	14705	5882	2200	3529	9117	15882	1605	1506

	天津	青岛	石家庄	济南	济宁	福州	厦门	产量	总计(天津至厦门)
深圳	0	0	0	0	0	1506	22333	230340	23839
重庆	0	0	0	0	0	0	0	94930	0
咸阳	8642	0	0	0	0	0	0	167540	8642
牡丹江	0	0	24887	26469	0	0	0	51356	51356
各中转站合计	8642	0	24887	26469	0	1506	22333		

	淄博	泰安	聊城	江门	泉州	北海	赣州	海口	玉林	南昌	各中转站合计
天津	0	0	0	0	0	0	0	8642	0	0	8642
青岛	0	0	0	0	0	0	0	0	0	0	0
石家庄	17647	0	0	0	0	0	0	7240	0	0	24887
济南	0	11764	14705	0	0	0	0	0	0	0	26469
济宁	0	0	0	0	0	0	0	0	0	0	0
福州	0	0	0	0	0	0	0	0	0	1506	1506
厦门	0	0	0	5882	2200	3529	9117	0	1605	0	22333
销量	17647	11764	14705	5882	2200	3529	9117	15882	1605	1506	
合计	17647	11764	14705	5882	2200	3529	9117	15882	1605	1506	

TOTAL COST　3027969

图 4.1.9　模型计算结果

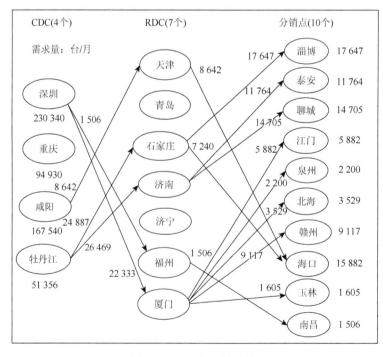

图 4.1.10　最优运输路线

A1 ▾ : × ✓ *fx* Microsoft Excel 15.0 敏感性报告

	A	B	C	D	E	F	G	H	I
1	Microsoft Excel 15.0 敏感性报告								
2	工作表: [运筹学最终结果2.xlsx]Sheet3								
3	报告的建立: 2016/6/3 18:26:31								
4									
5									
6	可变单元格								

单元格	名称	终值	递减成本	目标式系数	允许的增量	允许的减量
$B$20	深圳 天津	0	11.2801308	37.1800845	1E+30	11.2801308
$C$20	深圳 青岛	0	9.9199785	37.1799414	1E+30	9.9199785
$D$20	深圳 石家庄	0	10.8899863	34.78994	1E+30	10.8899863
$E$20	深圳 济南	0	8.2600923	34.1800608	1E+30	8.2600923
$F$20	深圳 济宁	0	2.8600259	32.8099728	1E+30	2.8600259
$G$20	深圳 福州	1506	0	20.50004	12.0599285	5.3300556
$H$20	深圳 厦门	22333	0	15.0899844	5.3300556	8.5900307
$B$21	重庆 天津	0	19.0999859	44.9999396	1E+30	19.0999859
$C$21	重庆 青岛	0	19.6099353	46.8698982	1E+30	19.6099353
$D$21	重庆 石家庄	0	13.6001186	37.5000723	1E+30	13.6001186
$E$21	重庆 济南	0	13.4501179	39.3700864	1E+30	13.4501179
$F$21	重庆 济宁	0	7.5500437	37.4999906	1E+30	7.5500437
$G$21	重庆 福州	0	27.3498775	47.8499175	1E+30	27.3498775
$H$21	重庆 厦门	0	31.5500156	46.64	1E+30	31.5500156
$B$22	咸阳 天津	8642	25.8999537	2.8600259	7.1099505
$C$22	咸阳 青岛	0	8.9900719	36.2500348	1E+30	8.9900719
$D$22	咸阳 石家庄	0	9.6401049	33.5400586	1E+30	9.6401049
$E$22	咸阳 济南	0	8.6099919	34.5299604	1E+30	8.6099919
$F$22	咸阳 济宁	0	9.7300901	39.680037	1E+30	9.7300901
$G$22	咸阳 福州	0	46.8201308	67.3201708	1E+30	46.8201308
$H$22	咸阳 厦门	0	59.5500762	74.6400606	1E+30	59.5500762
$B$23	牡丹江 天津	0	5.3899552	24.1799584	1E+30	5.3899552
$C$23	牡丹江 青岛	0	0	20.1500124	8.9900719	4.0199944
$D$23	牡丹江 石家庄	24887	0	16.7900032	2.0200148	2.4199852
$E$23	牡丹江 济南	26469	0	18.810018	2.4199852	2.0200148

(a)

单元格	名称	终值	递减成本	目标式系数	允许的增量	允许的减量
$F$23	牡丹江 济宁	0	0	22.8399964	2.8600259	5.1499784
$G$23	牡丹江 福州	0	22.7998855	36.189975	1E+30	22.7998855
$H$23	牡丹江 厦门	0	30.3099887	38.290032	1E+30	30.3099887
$B$27	天津 淄博	0	23.6	26	1E+30	23.6
$C$27	天津 泰安	0	14.5399852	17.48	1E+30	14.5399852
$D$27	天津 聊城	0	7.8199852	13.16	1E+30	7.8199852
$E$27	天津 江门	0	62.7699693	75.72	1E+30	62.7699693
$F$27	天津 泉州	0	26.7299693	20	1E+30	26.7299693
$G$27	天津 北海	0	85.1139693	144.432	1E+30	85.1139693
$H$27	天津 赣州	0	14.6899693	26.8	1E+30	14.6899693
$I$27	天津 海口	8642	0	38	2.8600259	5.3899552
$J$27	天津 玉林	0	83.4339693	132.24	1E+30	83.4339693
$K$27	天津 南昌	0	17.7999137	20	1E+30	17.7999137
$B$28	青岛 淄博	0	4.9600092	6	1E+30	4.9600092
$C$28	青岛 泰安	0	4.4199944	6	1E+30	4.4199944
$D$28	青岛 聊城	0	4.0199944	8	1E+30	4.0199944
$E$28	青岛 江门	0	56.5299785	68.12	1E+30	56.5299785
$F$28	青岛 泉州	0	85.6499785	77.56	1E+30	85.6499785
$G$28	青岛 北海	0	81.2419785	139.2	1E+30	81.2419785
$H$28	青岛 赣州	0	59.4099785	70.16	1E+30	59.4099785
$I$28	青岛 海口	0	79.8800092	116.52	1E+30	79.8800092
$J$28	青岛 玉林	0	82.2979785	129.744	1E+30	82.2979785
$K$28	青岛 南昌	0	14.4799229	15.32	1E+30	14.4799229
$B$29	石家庄 淄博	17647	0	4.4	2.0200148	1E+30
$C$29	石家庄 泰安	0	10.1799852	15.12	1E+30	10.1799852
$D$29	石家庄 聊城	0	2.4199852	9.76	1E+30	2.4199852
$E$29	石家庄 江门	0	53.9299693	68.88	1E+30	53.9299693
$F$29	石家庄 泉州	0	94.8499693	90.12	1E+30	94.8499693
$G$29	石家庄 北海	0	66.5539693	127.872	1E+30	66.5539693
$H$29	石家庄 赣州	0	56.8899693	71	1E+30	56.8899693
$I$29	石家庄 海口	7240	0	40	5.3899552	2.8600259
$J$29	石家庄 玉林	0	64.8739693	115.68	1E+30	64.8739693
$K$29	石家庄 南昌	0	200.1999137	204.4	1E+30	200.1999137

(b)

	A	B	C	D	E	F	G	H	I
67	$B$30	济南 淄博		0	2.0200148	4.4	1E+30	2.0200148	
68	$C$30	济南 泰安		11764		2.92	4.4199944	1E+30	
69	$D$30	济南 聊城		14705	0	5.32	2.4199852	1E+30	
70	$E$30	济南 江门		0	51.7899841	64.72	1E+30	51.7899841	
71	$F$30	济南 泉州		0	85.1899841	78.44	1E+30	85.1899841	
72	$G$30	济南 北海		0	67.5659841	126.864	1E+30	67.5659841	
73	$H$30	济南 赣州		0	51.6699841	63.76	1E+30	51.6699841	
74	$I$30	济南 海口		0	65.3400148	103.32	1E+30	65.3400148	
75	$J$30	济南 玉林		0	68.6219841	117.408	1E+30	68.6219841	
76	$K$30	济南 南昌		0	12.0599285	14.24	1E+30	12.0599285	
77	$B$31	济宁 淄博		0	11.9699932	10.32	1E+30	11.9699932	
78	$C$31	济宁 泰安		0	5.9499784	4.84	1E+30	5.9499784	
79	$D$31	济宁 聊城		0	5.1499784	6.44	1E+30	5.1499784	
80	$E$31	济宁 江门		0	50.1799625	59.08	1E+30	50.1799625	
81	$F$31	济宁 泉州		0	83.9399625	73.16	1E+30	83.9399625	
82	$G$31	济宁 北海		0	61.6599625	116.928	1E+30	61.6599625	
83	$H$31	济宁 赣州		0	50.4199625	58.48	1E+30	50.4199625	
84	$I$31	济宁 海口		0	64.0099932	97.96	1E+30	64.0099932	
85	$J$31	济宁 玉林		0	62.7159625	107.472	1E+30	62.7159625	
86	$K$31	济宁 南昌		0	44.6899069	42.84	1E+30	44.6899069	
87	$B$32	福州 淄博		0	68.1200863	75.92	1E+30	68.1200863	
88	$C$32	福州 泰安		0	59.3400715	67.68	1E+30	59.3400715	
89	$D$32	福州 聊城		0	37.4200715	48.16	1E+30	37.4200715	
90	$E$32	福州 江门		0	13.2900556	31.64	1E+30	13.2900556	
91	$F$32	福州 泉州		0	5.3300556	4	1E+30	5.3300556	
92	$G$32	福州 北海		0	17.8420556	82.56	1E+30	17.8420556	
93	$H$32	福州 赣州		0	10.8100556	28.32	1E+30	10.8100556	
94	$I$32	福州 海口		0	24.3600863	67.76	1E+30	24.3600863	
95	$J$32	福州 玉林		0	17.8900556	72.096	1E+30	17.8900556	
96	$K$32	福州 南昌		1506	0	7.6	12.0599285	1E+30	
97	$B$33	厦门 淄博		0	75.2300307	88.44	1E+30	75.2300307	
98	$C$33	厦门 泰安		0	66.4500159	80.2	1E+30	66.4500159	
99	$D$33	厦门 聊城		0	37.6900159	53.84	1E+30	37.6900159	

(c)

	A	B	C	D	E	F	G	H	I
100	$E$33	厦门 江门		5882	0	23.76	13.2900556	1E+30	
101	$F$33	厦门 泉州		2200	0	4.08	5.3300556	1E+30	
102	$G$33	厦门 北海		3529	0	70.128	17.8420556	1E+30	
103	$H$33	厦门 赣州		9117	0	22.92	10.8100556	1E+30	
104	$I$33	厦门 海口		0	8.5900307	57.4	1E+30	8.5900307	
105	$J$33	厦门 玉林		1605	0	59.616	17.8900556	1E+30	
106	$K$33	厦门 南昌		0	21.6699444	34.68	1E+30	21.6699444	

107									
108	约束								
109				终值	阴影价格	约束限制值	允许的增量	允许的减量	
110	单元格	名称							
111	$B$24	各中转站合计 天津		8642	25.8999537	0	158898	8642	
112	$C$24	各中转站合计 青岛		0	27.2599629	0	7240	0	
113	$D$24	各中转站合计 石家庄		24887	23.8999537	0	7240	8642	
114	$E$24	各中转站合计 济南		26469	25.9199685	0	7240	8642	
115	$F$24	各中转站合计 济宁		0	29.9499469	0	7240	0	
116	$G$24	各中转站合计 福州		1506	20.50004	0	206501	1506	
117	$H$24	各中转站合计 厦门		22333	15.0899844	0	206501	22333	
118	$B$35	合计 淄博		17647	28.2999537	17647	7240	8642	
119	$C$35	合计 泰安		11764	28.8399685	11764	7240	8642	
120	$D$35	合计 聊城		14705	31.2399685	14705	7240	8642	
121	$E$35	合计 江门		5882	38.8499844	5882	206501	5882	
122	$F$35	合计 泉州		2200	19.1699844	2200	206501	2200	
123	$G$35	合计 北海		3529	85.2179844	3529	206501	3529	
124	$H$35	合计 赣州		9117	38.0099844	9117	206501	9117	
125	$I$35	合计 海口		15882	63.8999537	15882	158898	8642	
126	$J$35	合计 玉林		1605	74.7059844	1605	206501	1605	
127	$K$35	合计 南昌		1506	28.10004	1506	206501	1506	
128	$J$20	深圳 总计		23839	0	230340	1E+30	206501	
129	$J$21	重庆 总计		0	0	94930	1E+30	94930	
130	$J$22	咸阳 总计		8642	0	167540	1E+30	158898	
131	$J$23	牡丹江 总计		51356	-7.1099505	51356	8642	7240	

(d)

图 4.1.11 敏感性报告

下面从三个方面对敏感性报告进行分析：每单位运输成本的敏感性分析、资源约束的敏感性分析和影子价格的敏感性分析。

1）每单位运输成本的敏感性分析

研究从一个 CDC 运往 RDC 的运费，或者从一个 RDC 运往各分销点的运费变动时，最优解的变化情况。即研究从一个 CDC 运往 RDC 的运费，或从一个 RDC 运往各分销点的运费在何种范围内变动时，最小的总运费不变化。

例如，从产地深圳到仓库福州：初始系数（记为 C）为 20.50，允许的增量为 12.06，允许的减量为 5.33，所以$-5.33 \leqslant \Delta C = C-20.50 \leqslant 12.06$，即 $15.17 \leqslant C \leqslant 32.56$ 时，也就是说当从深圳到福州的运费大于等于 15.17，小于等于 32.56 时，最优解不变（图 4.1.12）。

	单元格	名称		终值	递减成本	目标式系数	允许的增量	允许的减量
6	可变单元格							
9	$B$20	深圳	天津	0	11.2801308	37.1800845	1E+30	11.2801308
0	$C$20	深圳	青岛	0	9.9199785	37.1799414	1E+30	9.9199785
1	$D$20	深圳	石家庄	0	10.8899863	34.78994	1E+30	10.8899863
2	$E$20	深圳	济南	0	8.2600923	34.1800608	1E+30	8.2600923
3	$F$20	深圳	济宁	0	2.8600259	32.8099728	1E+30	2.8600259
4	$G$20	深圳	福州	1506	0	20.50004	12.0599285	5.3300556
5	$H$20	深圳	厦门	22333	0	15.0899844	5.3300556	8.5900307
6	$B$21	重庆	天津	0	19.0999859	44.9999396	1E+30	19.0999859
7	$C$21	重庆	青岛	0	19.6099353	46.8698982	1E+30	19.6099353

图 4.1.12　每单位运输成本的敏感性分析

2）资源约束的敏感性分析

研究当 CDC 的供给量或者各分销点的销售量变化时，最优解的变化情况。即研究当供给量或需求量在何种范围内变化时，最优基不变。

例如，淄博的需求量的变化范围为$-8642 < \Delta b = b-17\,647 < 7240$，即 $9005 < b < 24\,887$ 时，最优基不变（图 4.1.13）。

	单元格	名称		终值	阴影价格	约束限制值	允许的增量	允许的减量
107								
108	约束							
111	$B$24	各中转站合计	天津	8642	25.8999537	0	158898	8642
112	$C$24	各中转站合计	青岛	0	27.2599629	0	7240	0
113	$D$24	各中转站合计	石家庄	24887	23.8999537	0	7240	8642
114	$E$24	各中转站合计	济南	26469	25.9199685	0	7240	8642
115	$F$24	各中转站合计	济宁	0	29.9499469	0	7240	0
116	$G$24	各中转站合计	福州	1506	20.50004	0	206501	1506
117	$H$24	各中转站合计	厦门	22333	15.0899844	0	206501	22333
118	$B$35	合计	淄博	17647	28.2999537	17647	7240	8642
119	$C$35	合计	泰安	11764	28.8399685	11764	7240	8642
120	$D$35	合计	聊城	14705	31.2399685	14705	7240	8642
121	$E$35	合计	江门	5882	38.8499844	5882	206501	5882
122	$F$35	合计	泉州	2200	19.1699844	2200	206501	2200
123	$G$35	合计	北海	3529	85.2179844	3529	206501	3529
124	$H$35	合计	赣州	9117	38.0099844	9117	206501	9117
125	$I$35	合计	海口	15882	63.8999537	15882	158898	8642
126	$J$35	合计	玉林	1605	74.7059844	1605	206501	1605
127	$K$35	合计	南昌	1506	28.10004	1506	206501	1506
128	$J$20	深圳	总计	23839	0	230340	1E+30	206501
129	$J$21	重庆	总计	0	0	94930	1E+30	94930
130	$J$22	咸阳	总计	8642	0	167540	1E+30	158898
131	$J$23	牡丹江	总计	51356	-7.1099505	51356	8642	7240

图 4.1.13　资源约束的敏感性分析

3）影子价格的敏感性分析

当其他条件不变时，资源每增加一个单元都会引起目标函数值的变化。

例如，当南昌的需求量每增加一个单位时，目标函数将增加 28.10。并且：①影子价格为负时，则说明资源约束量增加时，目标函数值会减少；例如，牡丹江的供给量增加时，目标函数值会减少；②影子价格越高，表明该资源越重要，对目标函数值的影响越大（图 4.1.14）。

单元格	名称		终值	阴影价格	约束限制值	允许的增量	允许的减量
				约束			
$B$24	各中转站合计	天津	8642	25.8999537	0	158898	8642
$C$24	各中转站合计	青岛	0	27.2599629	0	7240	0
$D$24	各中转站合计	石家庄	24887	23.8999537	0	7240	8642
$E$24	各中转站合计	济南	26469	25.9199685	0	7240	8642
$F$24	各中转站合计	济宁	0	29.9499469	0	7240	0
$G$24	各中转站合计	福州	1506	20.50004	0	206501	1506
$H$24	各中转站合计	厦门	22333	15.0899844	0	206501	22333
$B$35	合计	淄博	17647	28.2999537	17647	7240	8642
$C$35	合计	泰安	11764	28.8399685	11764	7240	8642
$D$35	合计	聊城	14705	31.2399685	14705	7240	8642
$E$35	合计	江门	5882	38.8499844	5882	206501	5882
$F$35	合计	泉州	2200	19.1699844	2200	206501	2200
$G$35	合计	北海	3529	85.2179844	3529	206501	3529
$H$35	合计	赣州	9117	38.0099844	9117	206501	9117
$I$35	合计	海口	15882	63.8999844	15882	158898	8642
$J$35	合计	玉林	1605	74.7059844	1605	206501	1605
$K$35	合计	南昌	1506	28.10004	1506	206501	1506
$J$20	深圳 总计		23839	0	230340	1E+30	206501
$J$21	重庆 总计		0	0	94390	1E+30	94390
$J$22	咸阳 总计		8642	0	167540	1E+30	158898
$J$23	牡丹江 总计		51356	-7.1099505	51356	8642	7240

图 4.1.14　影子价格的敏感性分析

4.1.3　选址模型案例

1. 案例背景介绍

华润苏果是江苏最大的连锁超市企业，它的配送中心是位于南京栖霞区的马群配送中心，马群配送中心为 1000 多家苏果门店提供常温商品配送服务，每天通过苏果局域网接收门店订单，根据门店需求实行每天配送，一般订单 24 小时内履行，物流服务半径超过 250 公里，配送特点是路线短、规模小、频率高。但是随着华润苏果的扩张，已经将门店开到了江苏、安徽、山东等六个省份，目前的运送范围已经远远超出了 250 公里为半径的圆域，而且根据华润苏果未来几年持续的扩展计划，考虑进行多个点配合配送货物是很有必要的。

关于研究对象选择：根据华润苏果在全国各城市的门店数目、省份分布以及与马群配送中心的距离，我们选择了南京、徐州、武汉作为备选的配送中心建设点；根据全国各城市的门店数目，我们选择了数量相对较多、需求相对较大的南京、常州、淮安、武汉、南通、连云港、合肥七个城市作为目标的市场，来考察以上三个配送点是否有建立的必要性。

2. 模型的构建

为了建立混合模型来进行选址，首先需要获得需求量这个最为重要的指标，未来的具体指标值是不可得的，所以需要借助以往的数据进行预测。因此建立多元线性回归模型：

$$y = \beta_1 + \beta_2 x_2 + \beta_3 x_3 + \beta_4 x_4$$

式中，因变量 y 表示该分销地的需求量（销售量）；自变量 x_2、x_3、x_4 分别表示该分销地的门店数、竞争对手数、人均可支配收入三个影响因素，这三个因素的选择依据如下。

门店数：超市集团在某城市选择建设的门店数，在一定程度上说明了企业对该地的重视程度和以往的销售情况，为了减小数据收集的难度，门店数中不包括小型的便民商店和华润苏果门店下的其他便民设施。

竞争对手数：沃尔玛和家乐福超市集团在国内市场占有率仅次于华润集团，因此选择在同期这两家超市在每个城市的数量之和作为竞争指标。

人均可支配收入：人均可支配收入指个人收入扣除向政府缴纳的各种直接税以及非商业性费用等以后的余额，是消费开支的最重要的决定性因素，适于衡量居民的消费能力。

表 4.1.5 所示为南京的销售数据。

表 4.1.5　南京的销售数据

销量/万件	门店数/个	竞争对手/个	人均可支配收入/元
469	3	7	20 317
482	3	9	23 122
556	5	9	25 504
612	6	10	28 311
673	8	11	32 200
703	9	13	36 322
759	10	13	39 881
786	10	14	42 567

3. 回归模型的计算

使用 Excel 软件求解可得南京、常州、淮安、武汉、南通、连云港、合肥七个城市的回归模型计算结果，如图 4.1.15～图 4.1.21 所示。

SUMMARY OUTPUT					
回归统计					
Multiple	0.997229884				
R Square	0.994467441				
Adjusted	0.990318022				
标准误差	11.86490426				
观测值	8				
方差分析					
	df	SS	MS	F	Significance F
回归分析	3	101216.9	33738.97	239.6643	5.72863E-05
残差	4	563.1038	140.776		
总计	7	101780			

	Coefficient	标准误差	t Stat	P-value	Lower 95%	Upper 95%	下限 95.0%	上限 95.0%
Intercept	291.7668515	37.51314	7.777725	0.001473	187.6136836	395.92	187.6137	395.92
X Variabl	25.34812758	7.559898	3.352972	0.02849	4.358485386	46.33777	4.358485	46.33777
X Variabl	-8.351855336	10.41157	-0.80217	4.67E-06	-37.2590217	20.55531	-37.259	20.55531
X Variabl	0.008280125	0.004462	1.8556	1.37E-05	-0.004109026	0.020669	-0.00411	0.020669

图 4.1.15　南京市回归模型计算结果

SUMMARY OUTPUT								
回归统计								
Multiple	0.98547							
R Square	0.971151							
Adjusted	0.949515							
标准误差	14.53669							
观测值	8							
方差分析								
	df	SS	MS	F	Significance F			
回归分析	3	28454.61	9484.871	44.88492	0.001545369			
残差	4	845.2612	211.3153					
总计	7	29299.88						
	Coefficient	标准误差	t Stat	P-value	Lower 95%	Upper 95%	下限 95.0%	上限 95.0%
Intercept	125.8969	35.57697	3.538718	0.024041	27.11936111	224.6744	27.11936	224.6744
X Variabl	0.078899	10.84206	0.007277	0.004542	-30.02348174	30.18128	-30.0235	30.18128
X Variabl	-8.78853	6.424719	-1.36792	0.003147	-26.62640765	9.049349	-26.6264	9.049349
X Variabl	0.013367	0.002546	5.249228	0.006301	0.006296931	0.020437	0.006297	0.020437

图 4.1.16　常州市回归模型计算结果

SUMMARY OUTPUT								
回归统计								
Multiple	0.972218							
R Square	0.945207							
Adjusted	0.904113							
标准误差	24.06899							
观测值	8							
方差分析								
	df	SS	MS	F	Significance F			
回归分析	3	39974.24	13324.75	23.00082	0.005525			
残差	4	2317.265	579.3162					
总计	7	42291.5						
	Coefficient	标准误差	t Stat	P-value	Lower 95%	Upper 95%	下限 95.0%	上限 95.0%
Intercept	273.6009	125.1025	2.187013	0.094005	-73.7394	620.9413	-73.7394	620.9413
X Variabl	26.87052	26.40957	1.017454	0.006473	-46.4542	100.1952	-46.4542	100.1952
X Variabl	-2.78546	30.44405	-0.09149	0.014986	-87.3117	81.74077	-87.3117	81.74077
X Variabl	0.00713	0.013577	0.525137	0.00725	-0.03057	0.044826	-0.03057	0.044826

图 4.1.17　淮安市回归模型计算结果

	Coefficient						
Multiple	0.998608						
R Square	0.997218						
Adjusted	0.995131						
标准误差	5.774314						
观测值	8						

方差分析

	df	SS	MS	F	Significance F		
回归分析	3	47802.63	15934.21	477.8919	1.45E-05		
残差	4	133.3708	33.3427				
总计	7	47936					

	Coefficient	标准误差	t Stat	P-value	Lower 95%	Upper 95%	下限 95.0%	上限 95.0%
Intercept	290.8916	12.59709	23.09196	2.08E-05	255.9165	325.8667	255.9165	325.8667
X Variabl	22.66178	5.150649	4.399791	0.011693	8.361282	36.96227	8.361282	36.96227
X Variabl	-7.2528	2.64165	-2.74556	0.04161	-14.5872	0.081593	-14.5872	0.081593
X Variabl	0.010032	0.001812	5.537922	0.000198	0.005003	0.015062	0.005003	0.015062

图 4.1.18　武汉市回归模型计算结果

SUMMARY OUTPUT

回归统计

Multiple	0.996111	
R Square	0.992238	
Adjusted	0.986417	
标准误差	10.9009	
观测值	8	

方差分析

	df	SS	MS	F	Significance F		
回归分析	3	60762.18	20254.06	170.4464	0.000113		
残差	4	475.3181	118.8295				
总计	7	61237.5					

	Coefficient	标准误差	t Stat	P-value	Lower 95%	Upper 95%	下限 95.0%	上限 95.0%
Intercept	99.66832	47.73383	2.088002	0.005068	-32.862	232.1987	-32.862	232.1987
X Variabl	13.05302	11.64914	1.120514	0.025223	-19.2902	45.39621	-19.2902	45.39621
X Variabl	-2.61922	5.245217	-0.49935	0.043747	-17.1823	11.94384	-17.1823	11.94384
X Variabl	0.012427	0.003783	3.284952	0.000359	0.001924	0.02293	0.001924	0.02293

图 4.1.19　南通市回归模型计算结果

SUMMARY OUTPUT								
回归统计								
Multiple	0.995216							
R Square	0.990455							
Adjusted	0.983297							
标准误差	8.315081							
观测值	8							
方差分析								
	df	SS	MS	F	Significance F			
回归分析	3	28698.94	9566.313	138.3603	0.00017			
残差	4	276.5623	69.14057					
总计	7	28975.5						
	Coefficient	标准误差	t Stat	P-value	Lower 95%	Upper 95%	下限 95.0%	上限 95.0%
Intercept	237.8287	19.31384	12.3139	0.00025	184.2048	291.4525	184.2048	291.4525
X Variabl	46.86153	9.450721	4.958514	0.007714	20.62213	73.10094	20.62213	73.10094
X Variabl	-0.10835	4.867496	-0.02226	0.043308	-13.6227	13.40599	-13.6227	13.40599
X Variabl	0.001567	0.000964	1.624547	0.017958	-0.00111	0.004244	-0.00111	0.004244

图 4.1.20　连云港市回归模型计算结果

SUMMARY OUTPUT								
回归统计								
Multiple	0.993411							
R Square	0.986865							
Adjusted	0.977014							
标准误差	10.4485							
观测值	8							
方差分析								
	df	SS	MS	F	Significance F			
回归分析	3	32810.19	10936.73	100.1796	0.000322			
残差	4	436.6849	109.1712					
总计	7	33246.88						
	Coefficient	标准误差	t Stat	P-value	Lower 95%	Upper 95%	下限 95.0%	上限 95.0%
Intercept	277.5388	26.8255	10.34608	0.000493	203.0593	352.0184	203.0593	352.0184
X Variabl	21.46167	7.289651	2.944129	0.042215	1.222354	41.70099	1.222354	41.70099
X Variabl	-0.75942	5.666706	-0.13401	0.019864	-16.4927	14.97388	-16.4927	14.97388
X Variabl	0.006044	0.002666	2.266799	0.036031	-0.00136	0.013446	-0.00136	0.013446

图 4.1.21　合肥市回归模型计算结果

根据上面各市的回归模型计算结果，可求得它们的回归模型分别如下。

南京：

$$Y = 25.35X_1 - 8.35X_2 + 0.008X_3 + 291.77$$

常州：

$$Y = 0.079X_1 - 8.79X_2 + 0.01X_3 + 125.9$$

淮安：

$$Y = 26.87X_1 - 2.79X_2 + 0.007X_3 + 273.6$$

武汉：

$$Y = 22.66X_1 - 7.25X_2 + 0.01X_3 + 290.89$$

南通：

$$Y = 13.05X_1 - 2.62X_2 + 0.01X_3 + 99.6$$

连云港：

$$Y = 48.86X_1 - 0.11X_2 + 0.0016X_3 + 237.83$$

合肥：

$$Y = 21.46X_1 - 0.76X_2 + 0.006X_3 + 277.54$$

4. 预测：趋势移动时间序列

在获得了多元回归模型之后，为了预测出未来的销售量，还需要知道各个因变量在未来的情况，在此采用趋势移动时间序列来预测。

当时间序列没有明显的趋势变动时，使用一次移动平均就能够准确地反映实际情况，直接用第 t 期的一次移动平均数就可预测第 $t+1$ 周期的值。但当时间序列出现线性变动趋势时，用一次移动平均会出现滞后偏差。因此，需要进行修正，修正的方法是在一次移动平均的基础上再做二次移动平均，利用移动平均滞后偏差的规律找出曲线的发展方向和发展趋势。

$$M_t^{(1)} = \frac{Y_t + Y_{t-1} + \cdots + Y_{t-N-1}}{N} = M_{t-1}^{(1)} + \frac{Y_t - Y_{t-N}}{N}, \quad t \geqslant N$$

$$M_t^{(2)} = \frac{M_t^{(1)} + M_{t-1}^{(1)} + \cdots + M_{t-N+1}^{(1)}}{N}$$

预测模型为

$$\widehat{y_{t+T}} = a_t + b_t T$$

$$a_t = 2M_t^{(1)} - M_t^{(2)}, \quad b_t = \frac{2}{N-1}(M_t^{(1)} - M_t^{(2)})$$

式中，t 为当前时期数；T 为由当前时期数 t 到预测的时期数之间的差，即在 t 之后模型外推的时间；$\widehat{y_{t+T}}$ 为第 $t+T$ 期的预测值；a、b 分别为截距和系数。趋势移动时间序列预测的结果如图 4.1.22～图 4.1.28 所示。

	销量（百万件）	南京门店数	竞争对手	人均可支配收入				
2007	469	3	7	20317	#N/A		#N/A	
2008	482	3	9	23122	#N/A		#N/A	
2009	556	5	9	25504	3.666667		8.333333	
2010	612	6	10	28311	4.666667		9.333333	
2011	673	8	11	32200	6.333333	4.888889	10	9.222222
2012	703	9	13	36322	7.666667	6.222222	11.33333	10.22222
2013	759	10	13	39881	9	7.666667	12.33333	11.22222
2014	786	10	14	42567	9.666667	8.777778	13.33333	12.33333
2015	857	12	16	49336				

图 4.1.22　南京市的预测结果

	销量（百万件）	门店数	常州 竞争对手	人均可支配收入		
2007	359	1	3	19821	#N/A	
2008	371	1	5	21350	#N/A	
2009	396	1	5	23760	4.333333	
2010	431	1	7	26220	5.666667	
2011	462	1	7	29829	6.333333	5.444444
2012	479	2	9	33706	7.666667	6.555556
2013	554	3	9	36946	8.333333	7.444444
2014	471	3	10	32662	9.333333	8.444444
2015	477	5	12	44432		

图 4.1.23　常州市的预测结果

	销量（百万件）	淮安 门店数	竞争对手	人均可支配收入				
2007	398	2	1	13990	#N/A		#N/A	
2008	422	2	1	14765	#N/A		#N/A	
2009	469	3	2	15980	2.333333		1.333333	
2010	508	3	2	17600	2.666667		1.666667	
2011	553	5	2	20260	3.666667	2.888889	2	1.666667
2012	573	5	3	22994	4.333333	3.555556	2.333333	2
2013	592	6	4	25456	5.333333	4.444444	3	2.444444
2014	599	6	4	25798	5.666667	5.111111	3.666667	3
2015	630	7	6	26456				

图 4.1.24　淮安市的预测结果

	销量（百万件）	门店数	武汉 竞争对手	人均可支配收入				
2007	427	2	7	14357	#N/A		#N/A	
2008	457	3	10	16712	#N/A		#N/A	
2009	483	4	12	18382	3		9.666667	
2010	496	4	13	20806	3.666667		11.66667	
2011	524	5	15	23720	4.333333	3.666667	13.33333	11.55556
2012	563	5	16	27061	4.666667	4.222222	14.66667	13.22222
2013	622	7	18	30050	5.666667	4.888889	16.33333	14.77778
2014	668	8	19	33270	6.666667	5.666667	17.66667	16.22222
2015	698	9	21	35572				

图 4.1.25　武汉市的预测结果

	销量（百万件）	门店数	南通 竞争对手	人均可支配收入				
2007	320	1	2	16732	#N/A		#N/A	
2008	330	1	4	18903	#N/A		#N/A	
2009	356	2	5	19469	1.333333		3.666667	
2010	382	2	6	21825	1.666667		5	
2011	457	4	6	26778	2.666667	1.888889	5.666667	4.777778
2012	501	4	7	28292	3.333333	2.555556	6.333333	5.666667
2013	526	5	9	31059	4.333333	3.444444	7.333333	6.444444
2014	558	5	9	33700	4.666667	4.111111	8.333333	7.333333
2015	503	6	11	35368				

图 4.1.26　南通市的预测结果

	销量（百万件）	连云港门店数	竞争对手	人均可支配收入				
2007	298	1	3	13214	#N/A		#N/A	
2008	319	1	3	14326	#N/A		#N/A	
2009	347	2	5	15680	1.333333		3.666667	
2010	358	2	6	16850	1.666667		4.666667	
2011	412	3	7	21695	2.333333	1.777778	6	4.777778
2012	463	4	7	24342	3	2.333333	6.666667	5.777778
2013	452	4	9	17617	3.666667	3	7.666667	6.777778
2014	445	4	9	11982	4	3.555556	8.333333	7.555556
2015	509	5	10	23836				

图 4.1.27　连云港市的预测结果

	销量（百万件）	合肥门店数	竞争对手	人均可支配收入				
2007	398	2	3	13467	#N/A		#N/A	
2008	421	2	5	15591	#N/A		#N/A	
2009	486	3	6	17158	2.333333		4.666667	
2010	543	4	7	19051	3		6	
2011	557	4	8	22458	3.666667	3	7	5.888889
2012	547	5	8	21024	4.333333	3.666667	7.666667	6.888889
2013	598	7	10	27980	5.333333	4.444444	8.666667	7.777778
2014	577	7	11	24272	6.333333	5.333333	9.666667	8.666667
2015	642	9	12	30132				

图 4.1.28　合肥市的预测结果

5. 混合模型构建与求解

将上述自变量的预测结果代入多元线性回归方程并进行计算，得到各城市 2015 年的需求量（销售量）。假设每个城市可由多处分销中心提供货源，可建立各个城市的混合模型。

$$\min z = 9000000y_1 + 5600000y_2 + 7200000y_3$$
$$+ 0\,x_{11} + 113x_{12} + 180x_{13} + 264x_{14} + 326x_{15} + 175x_{16} + 537x_{17}$$
$$+ 353x_{21} + 200x_{22} + 220x_{23} + 494x_{24} + 205x_{25} + 329x_{26} + 701x_{27}$$
$$+ 537x_{31} + 749x_{32} + 784x_{33} + 778x_{34} + 897x_{35} + 387x_{36} + 0\,x_{37}$$

$$\text{s.t.} \begin{cases} x_{11} + x_{12} + x_{13} + x_{14} + x_{15} + x_{16} + x_{17} \leqslant 2561y_1 \\ x_{21} + x_{22} + x_{23} + x_{24} + x_{25} + x_{26} + x_{27} \leqslant 1789y_2 \\ x_{31} + x_{32} + x_{33} + x_{34} + x_{35} + x_{36} + x_{37} \leqslant 2095y_3 \\ x_{11} + x_{21} + x_{31} = 857 \\ x_{12} + x_{22} + x_{32} = 477 \\ x_{13} + x_{23} + x_{33} = 630 \\ x_{14} + x_{24} + x_{34} = 503 \\ x_{15} + x_{25} + x_{35} = 509 \\ x_{16} + x_{26} + x_{36} = 642 \\ x_{17} + x_{27} + x_{37} = 698 \\ x_{11} - x_{37} \geqslant 0 \end{cases}$$

通过 Excel 对该模型进行规划求解，可得模型计算结果，如图 4.1.29 所示。

	南京	常州	淮安	南通	连云港	合肥	武汉	供应量（万件）	固定成本（元）
南京	0	113	180	264	326	175	537	2561	9000000
徐州	353	200	220	494	205	329	701	1789	6800000
武汉	537	749	784	778	897	387	0	2095	8000000
销量（万件）	857	477	630	503	509	642	698		
变量	x								y	
	857	0	0	503	0	503	698	2561	1	2561
	0	477	630	0	509	139	0	1755	1	1789
	0	0	0	0	0	0	0		0	0
	857	477	630	503	509	642	698			
目标	16779719									

图 4.1.29　混合模型计算结果

4.1.4　最小费用最大流

1. 案例背景介绍

美国联邦航空管理局（Federal Aviation Administration，FAA）已经授予许可证给一家新的航空公司 Omniair，并授予其在芝加哥和洛杉矶之间的几条航线。每天每条路径的航班数如图 4.1.30 所示。

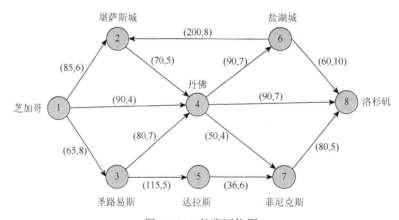

图 4.1.30　航班网络图

其中，弧边数据为 (t_{ij}, c_{ij})。t_{ij} 表示每一航班从城市 i 到城市 j，直到再次起飞前所经过的总时间；c_{ij} 表示每天从城市 i 到 j 的最大航班数量。通过网络航班数据的搜集、整理及分析，得到具体信息如表 4.1.6 所示。

表 4.1.6　网络航班数据

出发城市	到达城市	最大航班数	时间/分钟
芝加哥	堪萨斯城	6	85
芝加哥	丹佛	4	90
芝加哥	圣路易斯	8	65
堪萨斯城	丹佛	5	70

续表

出发城市	到达城市	最大航班数	时间/分钟
圣路易斯	达拉斯	5	115
圣路易斯	丹佛	7	80
丹佛	盐湖城	7	90
丹佛	洛杉矶	7	90
丹佛	菲尼克斯	4	50
达拉斯	菲尼克斯	8	36
盐湖城	洛杉矶	10	60
盐湖城	堪萨斯城	8	200
菲尼克斯	洛杉矶	5	80

该航空公司希望能在从芝加哥出发到达洛杉矶的众多航线中，寻找出一条能使每日航班数量最大、航班时长最短的路线，以吸引更多顾客，提高经营绩效。这里我们将"航班数"看作流量，将"时间"看作费用，那么求解每日航班数最大同时总时间最短的问题，即转化为最小费用最大流问题。

2. 模型求解

该模型采用崔宗盈、严爽、王玥提出的新算法求解。新算法的原则是优先选择单位费用最小的有向路径进行增广，如果至少有两条路径的单位费用是一样的，则选择流量最大的路径。求解步骤如下。

（1）将零流作为初始可行流，如图 4.1.31 所示。

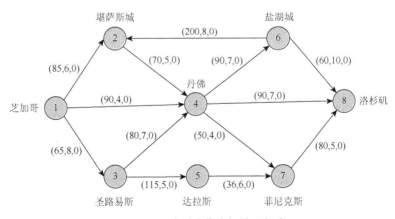

图 4.1.31　将零流作为初始可行流

（2）计算出所有从 1 到 8 路径的单位时间，绘制成表格，如表 4.1.7 所示。

表 4.1.7　路径与时间

路径	路径最大流量	时间和/分钟	单位时间/分钟
1-2-4-6-8	5	1525	305
1-2-4-8	5	1225	245

续表

路径	路径最大流量	时间和/分钟	单位时间/分钟
1-4-8	4	720	180
1-4-6-8	4	960	240
1-3-4-6-8	7	2065	295
1-3-4-8	7	1645	235
1-3-4-7-8	4	1100	275
1-3-5-7-8	5	1480	296

从单位时间中可以看出最小单位时间为 180 分钟，因此调整 1-4-8 的路线，调整流量为 4，并将饱和流去掉，调整后网络图如图 4.1.32 所示，得到该路线的时间和为 720 分钟。

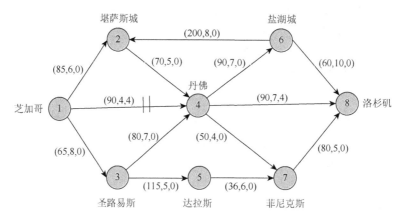

图 4.1.32　调整后的网络

（3）继续进行可行流的调整。重新算出所有 1 到 8 的路的单位时间，绘制成表格，如表 4.1.8 所示。

表 4.1.8　调整后的路径与时间

路径	路径最大流量	时间和/分钟	单位时间/分钟
1-2-4-6-8	5	1525	305
1-2-4-8	3	735	245
1-3-4-6-8	7	2065	295
1-3-4-8	3	705	235
1-3-4-7-8	4	1100	275
1-3-5-7-8	5	1480	296

从单位时间中可以看出最小单位时间为 235 分钟，因此调整 1-3-4-8 的路线，调整流量为 3，并将饱和流去掉，调整后网络图如图 4.1.33 所示，得到该路线的时间和为 705 分钟。

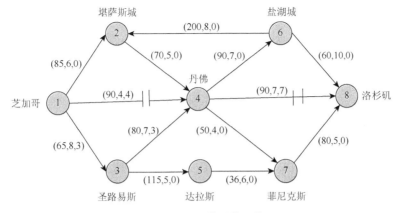

图 4.1.33 调整后的网络

（4）重复上述操作，继续进行可行流的调整。调整后的情况表 4.1.9 所示。

表 4.1.9 调整后的路径与时间

路径	路径最大流量	时间和/分钟	单位时间/分钟
1-2-4-6-8	5	1525	305

从单位时间中可以看出最小单位时间为 305 分钟，因此调整 1-2-4-6-8 的路线，调整流量为 5，并将饱和流去掉，调整后网络图如图 4.1.34 所示，得到该路线的时间和为 1525 分钟。

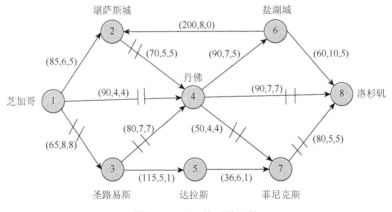

图 4.1.34 调整后的网络

此时已经没有从 1 到 8 的路线，所以得到最短时间最大流，其流量为 $V(f) = 4 + 3 + 4 + 1 + 5 = 17$，时间为 $720 + 705 + 1100 + 296 + 1525 = 4346$（分钟）。

3. Excel 软件求解过程

基于以上对最小费用最大流问题的算法实现都存在着计算繁杂，一个问题要多个图才能解决的问题，在此使用 Excel 软件计算最小费用最大流。先计算出网络中的最大流，然后以该最大流为约束条件，即网络中流量等于第一阶段的最大流，基于此来求出最大流对应的最小费用。

1）最大流的实现

最小费用最大流的一个重要的求解思想是始终保持可行流是最大流，通过不断调整使得费用逐步减少，最终成为最大流量的最小费用流。因此，求解最小费用最大流问题可以先行求出网络的最大流。

如图 4.1.35 所示，先将网络的具体指标输入到表格中，将有向图信息用表格内容呈现。将各个弧段的流量设置为变量，计算出各个节点的净流量（此处净流量 = 各节点流入量–流出量），由于起点芝加哥并没有流入量，只有流出量，此处为便于查看，将负值改做正值，即省去前面的符号。其目标函数为最大流量的值，此处与起止点的净流量相等，同时计算总时间。

	A	B	C	D	E	F	G	H	I	J
1	从	到	流量	<=	容量	单位时间	节点	净流量		供应/需求
2	芝加哥	堪萨斯	5	<=	6	85	芝加哥	17	<=	17
3	芝加哥	丹佛	4	<=	4	90	堪萨斯	0	=	0
4	芝加哥	圣路易斯	8	<=	8	65	丹佛	0	=	0
5	堪萨斯	丹佛	5	<=	5	70	圣路易斯	0	=	0
6	盐湖城	堪萨斯	0	<=	8	200	达拉斯	0	=	0
7	丹佛	盐湖城	6	<=	7	90	菲尼克斯	0	=	0
8	丹佛	菲尼克斯	0	<=	4	50	盐湖城	0	=	0
9	圣路易斯	达拉斯	4	<=	5	115	洛杉矶	17	<=	22
10	圣路易斯	丹佛	4	<=	7	80				
11	达拉斯	菲尼克斯	4	<=	6	36				
12	菲尼克斯	洛杉矶	4	<=	5	80				
13	丹佛	洛杉矶	7	<=	7	90				
14	盐湖城	洛杉矶	6	<=	10	60				
15										
16	最大流量	17								
17	总时间	4429								
18										

图 4.1.35　输入数据

单击"线性规划"，计算出最大流量和相关费用，其具体约束条件如图 4.1.36 所示。

图 4.1.36　规划求解参数设置

即各弧段的流量小于其容量；中间节点的净流量等于零；起止节点的净流量相等，且起点和终点的净流量分别小于其对应弧段容量和。

2）最小费用最大流的实现

将上述求得的最大流作为最小费用的约束条件，在流量不变的情况下，调整方案使得费用最小。具体操作及结果如图 4.1.37 所示。

图 4.1.37　规划求解参数设置

目标函数为最短总时间的计算，变量为各节点间流量，具体约束条件如图 4.1.38 所示。即起止点的净流量相等且等于上面所算最大流量，其他中间节点的净流量等于零。

	从	到	流量	<=	容量	单位时间	节点	净流量		供应/需求
1	从	到	流量	<=	容量	单位时间	节点	净流量		供应/需求
2	芝加哥	堪萨斯	5	<=	6	85	芝加哥	17	<=	17
3	芝加哥	丹佛	4	<=	4	90	堪萨斯	0	=	0
4	芝加哥	圣路易斯	8	<=	8	65	丹佛	0	=	0
5	堪萨斯	丹佛	5	<=	5	70	圣路易斯	0	=	0
6	盐湖城	堪萨斯	0	<=	8	200	达拉斯	0	=	0
7	丹佛	盐湖城	5	<=	4	90	菲尼克斯	0	=	0
8	丹佛	菲尼克斯	4	<=	4	50	盐湖城	0	=	0
9	圣路易斯	达拉斯	1	<=	5	115	洛杉矶	17	<=	22
10	圣路易斯	丹佛	7	<=	7	80				
11	达拉斯	菲尼克斯	1	<=	6	36				
12	菲尼克斯	洛杉矶	5	<=	5	80				
13	丹佛	洛杉矶	7	<=	7	90				
14	盐湖城	洛杉矶	5	<=	10	60				
15										
16	最大流	17								
17	总时间	4346								
18										

图 4.1.38　计算结果

由图 4.1.38 的计算结果可以看出,该网络模型的最大流量为 17,最短总时间为 4346 分钟。

4.1.5 网络优化案例

1. 时间-费用优化案例

已知网络计划各工序的正常完工时间、最快完工时间及相应的费用,如表 4.1.10 所示。网络图如图 4.1.39 所示,按正常完工时间计算出总工期为 170 天。假设正常完工时间下,任务总间接费用为 68 000 元,工期每缩短一天,间接费用可节省 400 元。求出最低成本及所需完工时间。

表 4.1.10　相应的费用

工序	正常情况下		采取各种措施后	
	正常时间/天	工序的直接费用/元	极限时间/天	工序的直接费用/元
a	60	10 000	60	10 000
b	45	4 500	30	6 300
c	10	2 800	5	4 300
d	20	7 000	10	11 000
e	40	10 000	35	12 500
f	18	3 600	10	5 440
g	30	9 000	20	12 500
h	15	3 750	10	5 750
k	25	6 250	15	9 150
l	35	12 000	60	12 000

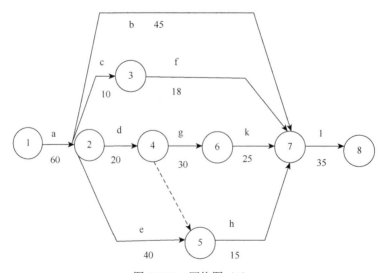

图 4.1.39　网络图（1）

第一步，打开 WinQSB 软件，输入原始数据。输入工序名称、正常时间、正常花费、极限时间、极限花费，如图 4.1.40 所示。

Activity Number	Activity Name	Immediate Predecessor (list number/name, separated by ',')	Normal Time	Crash Time	Normal Cost	Crash Cost
1	A		60	60	10000	10000
2	B	A	45	30	4500	6300
3	C	A	10	5	2800	300
4	D	A	20	10	7000	11000
5	E	A	40	35	10000	500
6	F	C	18	10	3600	5440
7	G	D	30	20	9000	12500
8	H	E,D	15	10	3750	5750
9	K	G	25	15	6250	9150
10	L	B,F,K,H	35	60	12000	12000

图 4.1.40　输入原始数据（1）

第二步，单击"Solve and Analyze"菜单下的"Solve Critical Path Using Normal Time"得出正常情况下的完工时间和正常完工情况下的直接费用，如图 4.1.41 所示。

06-17-2015 19:45:34	Activity Name	On Critical Path	Activity Time	Earliest Start	Earliest Finish	Latest Start	Latest Finish	Slack (LS-ES)
1	A	Yes	60	0	60	0	60	0
2	B	no	45	60	105	90	135	30
3	C	no	10	60	70	107	117	47
4	D	Yes	20	60	80	60	80	0
5	E	no	40	60	100	80	120	20
6	F	no	18	70	88	117	135	47
7	G	Yes	30	80	110	80	110	0
8	H	no	15	100	115	120	135	20
9	K	Yes	25	110	135	110	135	0
10	L	Yes	35	135	170	135	170	0
	Project	Completion	Time	=	170	weeks		
	Total	Cost of	Project	=	$68,900	(Cost on	CP =	$44,250)
	Number of	Critical	Path(s)	=	1			

图 4.1.41　直接费用

设计相关 C++ 程序计算总费用，程序如下：

```
//总费用.cpp:Defines the entry point for the console application.
#include "stdafx.h"
#include<iostream>
using namespace std;
int main()
{ int a,b,c,d,e,f;
cout<<"请输入工期的正常完工时间:"<<endl;
```

```
cin>>a;
cout<<"请输入正常完工下的总间接费用:"<<endl;
cin>>d;
cout<<"请输入每减少一天间接费用可减少的费用:"<<endl;
cin>>e;
cout<<"请输入实际完工时间:"<<endl;
cin>>b;
cout<<"请输入实际工期的直接费用:"<<endl;
cin>>c;
f=c+d-e*(a-b);
cout<<"实际完工的总费用为:"<<f<<endl;
}
```

利用程序计算可得总费用为 136 900 元，如图 4.1.42 所示。

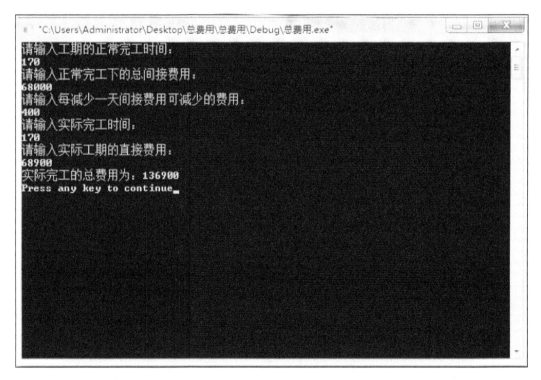

图 4.1.42　实际完工的总费用

第三步，单击"Results"菜单下"Graphic Activity Analysis"得出生产网络图，如图 4.1.43 所示，粗线表示关键路径。

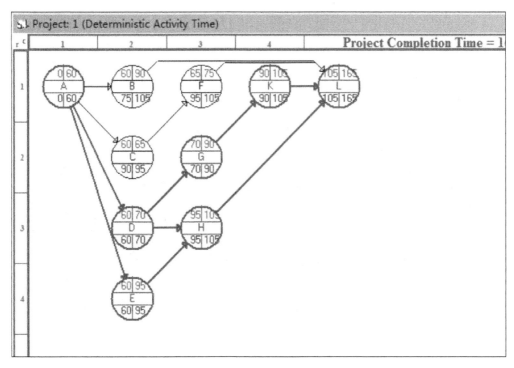

图 4.1.43　生产网络图（1）

第四步，单击"Solve and Analyze"菜单下的"Solve Critical Path Using Crash Time"得出极限情况下的完工时间和极限完工情况下的直接费用，如图 4.1.44 所示。

06-17-2015 19:46:45	Activity Name	On Critical Path	Activity Time	Earliest Start	Earliest Finish	Latest Start	Latest Finish	Slack (LS-ES)
1	A	Yes	60	0	60	0	60	0
2	B	no	30	60	90	75	105	15
3	C	no	5	60	65	90	95	30
4	D	Yes	10	60	70	60	70	0
5	E	Yes	35	60	95	60	95	0
6	F	no	10	65	75	95	105	30
7	G	Yes	20	70	90	70	90	0
8	H	Yes	10	95	105	95	105	0
9	K	Yes	15	90	105	90	105	0
10	L	Yes	60	105	165	105	165	0
	Project	Completion	Time	=	165	weeks		
	Total	Cost of	Project	=	$72,940	(Cost on	CP =	$60,900)
	Number of	Critical	Path(s)	=	3			

图 4.1.44　极限情况下的完工时间和直接费用

利用程序计算可得总费用为 126 900 元，如图 4.1.45 所示。

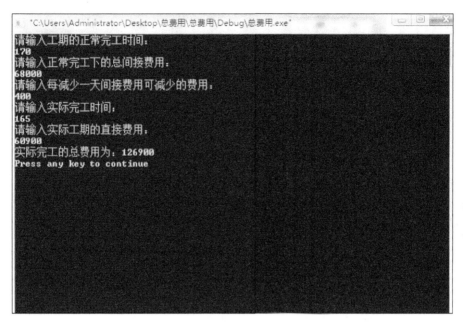

图 4.1.45　总费用

第五步，单击"Results"菜单下"Graphic Activity Analysis"得出生产网络图，如图 4.1.46 所示，粗线表示关键路径。

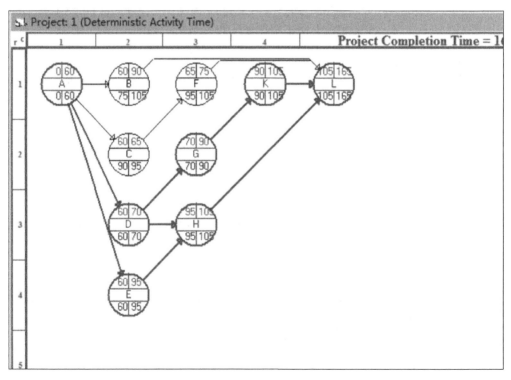

图 4.1.46　生产网络图（2）

第六步，求最小费用下的时间。选择"Crashing Option"中的"Finding the minimum cost schedule"，为了满足费用最小，在"Desired completion time"中输入任意小于正常情况下的工期。在"Late penalty per week"中输入晚一天增加的间接费用。在"Early reward per week"中输入早一天减少的间接费用，如图 4.1.47 所示。

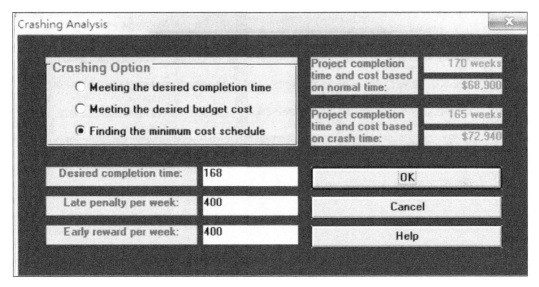

图 4.1.47　Crashing Analysis 对话框

进一步可得最小费用下的时间为 165 天，如图 4.1.48 所示。

06-17-2015 19:49:03	Activity Name	Critical Path	Normal Time	Crash Time	Suggested Time	Additional Cost	Normal Cost	Suggested Cost
1	A	Yes	60	60	60	0	$10,000	$10,000
2	B	no	45	30	45	0	$4,500	$4,500
3	C	no	10	5	10	0	$2,800	$2,800
4	D	Yes	20	10	20	0	$7,000	$7,000
5	E	no	40	35	40	0	$10,000	$10,000
6	F	no	18	10	18	0	$3,600	$3,600
7	G	Yes	30	20	30	0	$9,000	$9,000
8	H	no	15	10	15	0	$3,750	$3,750
9	K	Yes	25	15	20	$1,450	$6,250	$7,700
10	L	Yes	35	60	35	0	$12,000	$12,000
	Early	Reward:						($1,200)
	Overall	Project:			165	$1,450	$68,900	$69,150

图 4.1.48　时间计算结果

第七步，求满足上述时间的费用。在"Crashing Option"中选择"Meeting the desired completion time"。在"Desired completion time"中输入上述时间 165 天，如图 4.1.49 所示。

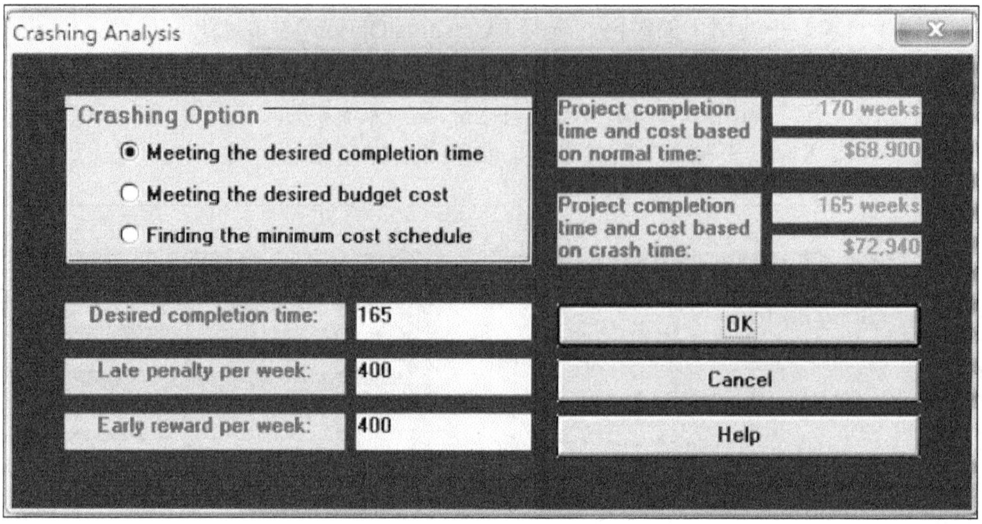

图 4.1.49　计算结果（1）

进一步可得时间的费用，如图 4.1.50 所示。

06-17-2015 19:50:05	Activity Name	Critical Path	Normal Time	Crash Time	Suggested Time	Additional Cost	Normal Cost	Suggested Cost
1	A	Yes	60	60	60	0	$10,000	$10,000
2	B	no	45	30	45	0	$4,500	$4,500
3	C	no	10	5	10	0	$2,800	$2,800
4	D	Yes	20	10	20	0	$7,000	$7,000
5	E	no	40	35	40	0	$10,000	$10,000
6	F	no	18	10	18	0	$3,600	$3,600
7	G	Yes	30	20	30	0	$9,000	$9,000
8	H	no	15	10	15	0	$3,750	$3,750
9	K	Yes	25	15	20	$1,450	$6,250	$7,700
10	L	Yes	35	60	35	0	$12,000	$12,000
	Penalty/	Reward:						0
	Overall	Project:			165	$1,450	$68,900	$70,350

图 4.1.50　费用计算结果

2. 资源优化案例

以某公司的飞机装配过程为例。

某公司的某型号飞机机身装配项目和两个子项目尾翼装配和襟副翼装配（项目编号分别为 1.1 和 1.2）的流程表如表 4.1.11 所示。总间接费用为 22 000 元，工期每减少一天则间接费用减少 500 元。

（1）正常情况下的完工时间为多少？

（2）在不计成本的情况下，最短完成时间为多少？

（3）如果既考虑工期又考虑费用，最优解是多少？

表 4.1.11 装配流程表

项目代号	项目活动	活动名称	正常工期	费用/元	最短工期	费用/元	资源消耗	紧前工序	紧后工序	费用/元
	1	虚活动	0	0	0	0	0	—	2, 3, 4	0
	2	御前缘肋组件装配	6	3 000	3	3 500	7	1	19	166.7
	3	前梁装配	5	4 000	2	4 800	5	1	6, 7	266.7
	4	后梁装配	4	4 500	2	5 000	5	1	8, 9	250
	6	前梁压铆	3	2 000	1	2 200	4	3	16	100
	7	梁间肋装配	6	12 000	2	16 000	6	3	16	1 000
1.1	8	后梁压铆	4	2 100	1	2 700	4	4	13	133.3
	9	铰链类装配	7	8 100	3	9 000	6	4	13	225
	13	后梁总装配	10	22 500	5	27 200	8	8, 9	15	9 402
	15	喷漆	3	1 200	1	1 800	2	13	16	300
	16	垂尾总装	12	25 500	4	30 000	4	6, 7, 15	4	100
	19	架外加工	8	5 100	3	5 600	3	2, 16	20	56.25
	20	虚活动	0	0	0	0	0	19	—	0
	1	虚活动	0	0	0	0	0	—	5	0
	5	后腹板装配	7	17 000	3	20 000	6	1	10, 11, 12	750
	10	装配上壁板	4	6 000	2	6 800	5	5	14	400
	11	装配下壁板	5	6 200	2	7 000	5	5	14	266.7
1.2	12	翼梁装配	7	24 000	4	27 500	4	6	17	1 166.7
	14	铆接上下壁板	4	7 000		7 600	3	10	17	200
	17	安装尾部型材	6	1 820	2	2 460	6	14	18	160
	18	安装前肋	6	5 500	3	6 900	5	17	20	466.7
	20	虚活动	0	0	0	0	0	18	—	0

（1）正常情况下的完工时间为多少？

第一步，建立模型，画出网络图如图 4.1.51 所示。

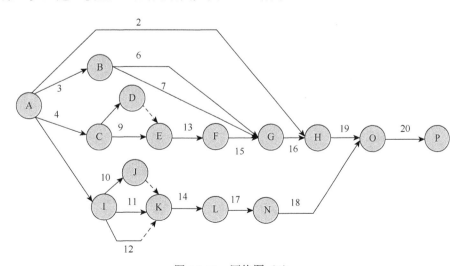

图 4.1.51 网络图（2）

第二步，利用 WinQSB 解题，输入原始数据。在 PERT-CPM 中，输入工序名称、正常时间、正常花费、极限时间、极限花费、紧前工序，如图 4.1.52 所示。

Activity Number	Activity Name	Immediate Predecessor (list number/name, separated by ',')	Normal Time	Crash Time	Normal Cost	Crash Cost
1	铆间缘肋组		6	3	3000	3500
2	前梁装配		5	2	4000	4800
3	后梁装配		4	2	4500	5000
4	后腹板装配		7	3	17000	20000
5	前梁压铆	2	3	1	2000	2200
6	梁间肋装配	2	6	2	12000	16000
7	后梁压铆	3	4	1	2300	2700
8	铰链肋装配	3	7	3	8100	9000
9	装配上壁板	4	4	2	6000	6800
10	装配下壁板	4	5	2	6200	7000
11	梁翼装配	4	7	4	24000	27500
12	后梁总装配	7,8	10	5	27200	27200
13	铆接上下壁	9	4	1	7000	7600
14	喷漆	12	3	1	1200	1800
15	垂尾总装	5,6,14	12	4	25500	30000
16	安装尾部型	13	6	2	1820	2460
17	安装前肋	16	6	3	5500	6900
18	架外加工	1,15	8	3	5100	5600

图 4.1.52　输入原始数据（2）

第三步，单击"Solve and Analyze"菜单下的"Solve Critical Path Using Normal Time"得出正常情况下的完工时间和正常完工情况下的直接费用，如图 4.1.53 所示。

06-17-2015 20:45:48	Activity Name	On Critical Path	Activity Time	Earliest Start	Earliest Finish	Latest Start	Latest Finish	Slack (LS-ES)
1	铆间缘肋组件装配	no	6	0	6	30	36	30
2	前梁装配	no	5	0	5	13	18	13
3	后梁装配	Yes	4	0	4	0	4	0
4	后腹板装配	no	7	0	7	17	24	17
5	前梁压铆	no	3	5	8	21	24	16
6	梁间肋装配	no	6	5	11	18	24	13
7	后梁压铆	no	4	4	8	7	11	3
8	铰链肋装配	Yes	7	4	11	4	11	0
9	装配上壁板	no	4	7	11	24	28	17
10	装配下壁板	no	5	7	12	39	44	32
11	梁翼装配	no	7	7	14	37	44	30
12	后梁总装配	Yes	10	11	21	11	21	0
13	铆接上下壁板	no	4	11	15	28	32	17
14	喷漆	Yes	3	21	24	21	24	0
15	垂尾总装	Yes	12	24	36	24	36	0
16	安装尾部塑材	no	6	15	21	32	38	17
17	安装前肋	no	6	21	27	38	44	17
18	架外加工	Yes	8	36	44	36	44	0
	Project	Completion	Time	=	44	weeks		
	Total	Cost of	Project	=	$157,720	(Cost on	CP =	$66,900)
	Number of	Critical	Path(s)	=	1			

图 4.1.53　正常情况下的完工时间和直接费用

第四步，利用 C++ 程序求出总费用，如图 4.1.54 所示，得总费用为 179 720 元。

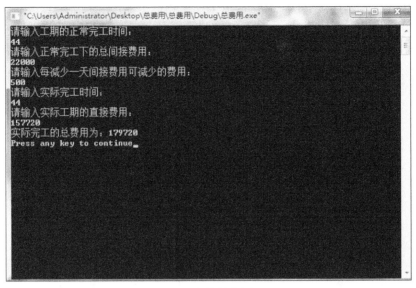

图 4.1.54　计算总费用（1）

第五步，单击"Results"菜单下"Graphic Activity Analysis"得出生产网络图，如图 4.1.55 所示，粗线表示关键工序。

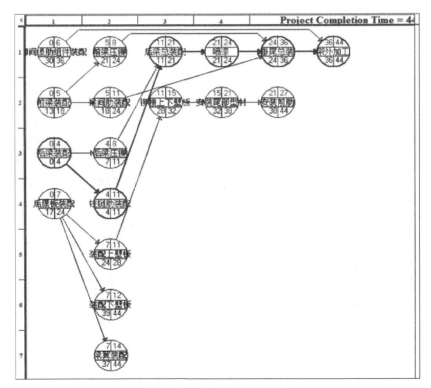

图 4.1.55　生产网络图（3）

第六步，得出本案例（1）题的答案：正常情况下完工时间为44周，总费用为179 720元。

（2）在不计成本的情况下，最短完成时间为多少？

第一步，单击"Solve and Analyze"菜单下的"Solve Critical Path Using Crash Time"得出极限情况下的完工时间和极限完工情况下的直接费用，如图4.1.56所示。

06-17-2015 20:51:41	Activity Name	On Critical Path	Activity Time	Earliest Start	Earliest Finish	Latest Start	Latest Finish	Slack (LS-ES)
1	御间缘肋组件装配	no	3	0	3	12	15	12
2	前梁装配	no	2	0	2	7	9	7
3	后梁装配	Yes	2	0	2	0	2	0
4	后腹板装配	no	3	0	3	7	10	7
5	前梁压铆	no	1	2	3	10	11	8
6	梁间肋装配	no	2	2	4	9	11	7
7	后梁压铆	no	1	2	3	4	5	2
8	铰链肋装配	Yes	3	2	5	2	5	0
9	装配上壁板	no	2	3	5	10	12	7
10	装配下壁板	no	2	3	5	16	18	13
11	梁翼装配	no	4	3	7	14	18	11
12	后梁总装配	Yes	5	5	10	5	10	0
13	铆接上下壁板	no	1	5	6	12	13	7
14	喷漆	Yes	1	10	11	10	11	0
15	垂尾总装	Yes	4	11	15	11	15	0
16	安装尾部塑材	no	2	6	8	13	15	7
17	安装前肋	no	3	8	11	15	18	7
18	架外加工	Yes	3	15	18	15	18	0
	Project	Completion	Time	=	18	weeks		
	Total	Cost of	Project	=	$186,060	[Cost on	CP =	$78,600]
	Number of	Critical	Path(s)	=	1			

图4.1.56　极限情况下的完工时间和直接费用

第二步，利用程序求出总费用，由图4.1.57可以看出总费用为175 853元。

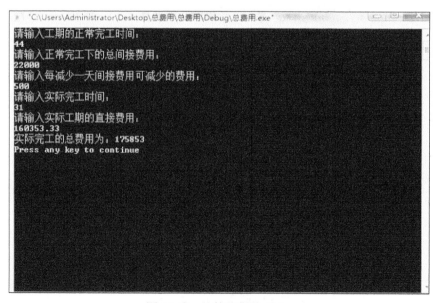

图4.1.57　计算总费用（2）

第三步，单击"Results"菜单下"Graphic Activity Analysis"得出生产网络图，如图 4.1.58 所示，粗线表示关键路径。

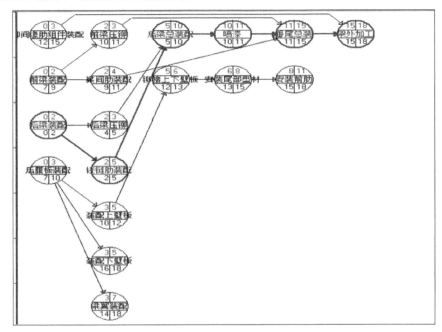

图 4.1.58　生产网络图（4）

第四步，得出本案例（2）题的答案：极限情况下完工时间为 44 周，总费用为 175 853 元。

（3）如果既考虑工期又考虑费用，最优解是多少？

第一步，求最小费用下的时间。选择"Crashing Option"中的"Finding the minimum cost schedule"。为了满足费用最小，在"Desired completion time"中输入任意小于正常情况下的工期。在"Late penalty per week"中输入晚一天增加的间接费用。在"Early reward per week"中输入早一天减少的间接费用。具体参数设置如图 4.1.59 所示，然后单击"OK"按钮，得出结果，即最小费用下的时间为 31 周，如图 4.1.60 所示。

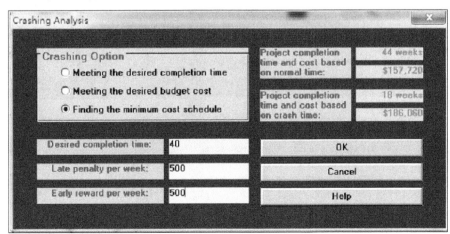

图 4.1.59　参数设置（1）

06-17-2015 20:55:50	Activity Name	Critical Path	Normal Time	Crash Time	Suggested Time	Additional Cost	Normal Cost	Suggested Cost
1	御间缘肋组件装配	no	6	3	6	0	$3,000	$3,000
2	前梁装配	no	5	2	5	0	$4,000	$4,000
3	后梁装配	Yes	4	2	2	$500	$4,500	$5,000
4	后腹板装配	no	7	3	7	0	$17,000	$17,000
5	前梁压铆	no	3	1	3	0	$2,000	$2,000
6	梁间肋装配	no	6	2	6	0	$12,000	$12,000
7	后梁压铆	Yes	4	1	3	¥133.33	$2,300	¥2,433.33
8	铰链肋装配	Yes	7	3	3	$900	$8,100	$9,000
9	装配上壁板	no	4	2	4	0	$6,000	$6,000
10	装配下壁板	no	5	2	5	0	$6,200	$6,200
11	梁翼装配	no	7	4	7	0	$24,000	$24,000
12	后梁总装配	Yes	10	5	10	0	$22,500	$22,500
13	铆接上下壁板	no	4	1	4	0	$7,000	$7,000
14	喷漆	Yes	3	1	1	$600	$1,200	$1,800
15	垂尾总装	Yes	12	4	12	0	$25,500	$25,500
16	安装尾部型材	no	6	2	6	0	$1,820	$1,820
17	安装前肋	no	6	3	6	0	$5,500	$5,500
18	架外加工	Yes	8	3	3	$500	$5,100	$5,600
	Early	Reward:						($4,500)
	Overall	Project:			31	¥2,633.33	$157,720	¥155,853.33

图 4.1.60　计算结果（2）

第二步，求满足上述时间的费用。在"Crashing Option"中选择"Meeting the desired completion time"。在"Desired completion time"中输入上述时间 31 周。参数设置与计算结果如图 4.1.61 和图 4.1.62 所示。

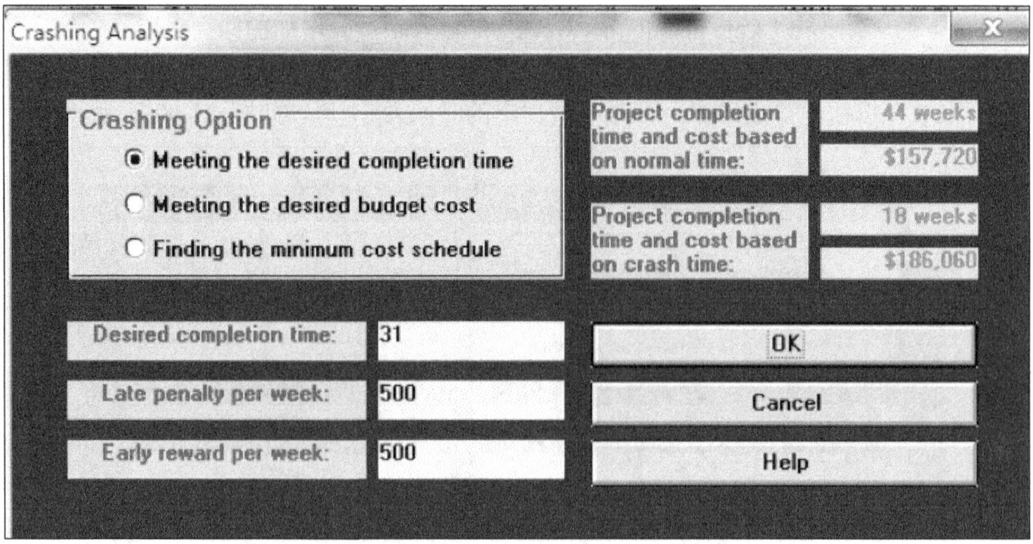

图 4.1.61　参数设置（2）

06-17-2015 20:56:57	Activity Name	Critical Path	Normal Time	Crash Time	Suggested Time	Additional Cost	Normal Cost	Suggested Cost
1	卸间缘肋组件装配	no	6	3	6	0	$3,000	$3,000
2	前梁装配	no	5	2	5	0	$4,000	$4,000
3	后梁装配	Yes	4	2	2	$500	$4,500	$5,000
4	后腹板装配	no	7	3	7	0	$17,000	$17,000
5	前梁压铆	no	3	1	3	0	$2,000	$2,000
6	梁间肋装配	no	6	2	6	0	$12,000	$12,000
7	后梁压铆	Yes	4	1	3	¥133.33	$2,300	¥2,433.33
8	铰链肋装配	Yes	7	3	3	$900	$8,100	$9,000
9	装配上壁板	no	4	2	4	0	$6,000	$6,000
10	装配下壁板	no	5	2	5	0	$6,200	$6,200
11	梁翼装配	no	7	4	7	0	$24,000	$24,000
12	后梁总装配	Yes	10	5	10	0	$22,500	$22,500
13	铆接上下壁板	no	4	1	4	0	$7,000	$7,000
14	喷漆	Yes	3	1	1	$600	$1,200	$1,800
15	垂尾总装	Yes	12	4	12	0	$25,500	$25,500
16	安装尾部型材	no	6	2	6	0	$1,820	$1,820
17	安装前肋	no	6	3	6	0	$5,500	$5,500
18	架外加工	Yes	8	3	3	$500	$5,100	$5,600
	Penalty/	Reward:						0
	Overall	Project:			31	¥2,633.33	$157,720	¥160,353.33

图 4.1.62 计算结果（3）

第三步，利用程序得出总费用。由图 4.1.63 可以看出，总费用为 173 220 元，比正常情况下的总费用 179 720 元减少了 6500 元。

图 4.1.63 总费用计算结果

4.1.6 存储模型案例

1. 案例介绍：南京烟草公司存储模式研究

南京烟草公司的存储管理占其物流运营中的很大一部分，物流作业运营中的收发货、库存、拣选等都属于其存储管理的范畴，相关的设施设备也属于存储管理的设施设备。南京烟草公司拥有较充足的存储管理物质基础条件，主要设备包括高架库堆垛机、A 字架拣选线、电子标签拣选线、发货分拣线以及完成"二打三扫"的激光打码线等。南京烟草公司的存储管理作业区域主要由收货区、高架库区、拣选区、发货暂存区等构成，共 10 个收货口，20 个发货口。

根据南京烟草公司存储管理中的存储-拣选-发货分拣的运营模式，南京烟草公司现已形成包括烟草厂、中转站和零售节点在内的物流配送网络，采取"城乡一体，统一配送"的物流配送方式，这种企业自营物流的模式虽然在一定程度上提高了企业精益化管理水平，但随之而来的是庞大的库存量和高额的运营成本。

存储模式构建中需要用到几项系数：订货量（或是生产批量）为 Q；所需时间为 T；生产速率为 $P = Q/T$；需求率为 R（$P > R$）；c_1 表示单位（单位时间、单位货物）库存费；c_3 表示每次订货费（或每批货物的装配费）；c_2 表示缺货损失费。

2. 确定性存储模型下的南京烟草公司存储分析

应用传统的确定性存储模型，对南京烟草公司物流配送中心的存储模式进行建模分析。针对存储模型的构建，从南京烟草公司的相关数据资料中整理得出下列一些直观的数据。表 4.1.12 为南京烟草公司从 2011 年到 2014 年的每月卷烟销量。

表 4.1.12　南京烟草公司卷烟销量　　　　　　　单位：箱

月份＼年份	2011	2012	2013	2014
1	34 500.37	34 138.44	34 381.36	42 570.85
2	28 075.26	29 026.08	28 970.96	22 785.96
3	27 955.3	29 123.76	29 853.76	29 876.13
4	27 832.8	28 568.8	30 333.49	
5	25 761.6	27 527.96	28 398.38	
6	272 41.68	26 871.42	28 144.89	
7	28 247.4	28 524.84	29 432.69	
8	27 279.21	27 940.76	28 697.34	
9	28 878.91	29 953.13	30 442.92	
10	25 055.66	25 449.8	26 242.82	
11	29 088.19	29 972.58	31 474.64	
12	23 731.92	23 712.94	22 554.44	

从表 4.1.12 中不难看出各个月的销量相差不多，大体相同，这也反映出了烟草行业的稳定性。取表 4.1.12 中 39 个月销量的平均值作为需求率 R 的具体数值，所以 $R = 28\,682.54$（箱）。

表 4.1.13 为南京烟草公司从 2011 年到 2014 年的每次订货费。表中数据整体维持在一个稳定的数值上下波动，但波动不大。取表中订货费的平均值作为模型中每次订货费 c_3 的具体数值，求得 $c_3 = 1\ 398\ 109.286$（元）。南京烟草公司数据显示单箱卷烟平均每月库存费为 35.85 元，即 $c_1 = 35.85$（元）。

表 4.1.13　南京烟草公司每次订货费　　　　　　　单位：元

月份 ＼ 年份	2011	2012	2013	2014
1	1 095 775.8	1 427 397.9	1666 455.09	1 179 348.6
2	365 384.53	1 170 452.39	1 268 871.8	1 469 386.71
3	693 169.19	1 117 216.77	1 154 238.23	1 069 476.42
4	890 639.54	1 117 682.61	1 079 462.87	
5	1 024 725.11	1 138 689.55	1 308 749.12	
6	2 523 340.14	1 458 613.39	1 655 349.88	
7	1 239 544.35	2 107 602.94	1 177 391.92	
8	1 563 893.52	1 376 155.22	1 313 854.22	
9	1 189 891.86	1 500 489.45	1 478 371.64	
10	1 238 177.99	1 201 835.88	1 235 723.78	
11	1 866 955.83	1 948 302.95	2 064 825.12	
12	2 765 771.36	1 639 849.92	1 743 198.55	

1）存储过程建模

（1）模型 1：不允许缺货、马上补充（EOQ 公式）

首先应用模型 1 即 EOQ 公式。我们假设商品的需求是均匀的，并且订货即订即到。也就是说，每月的卷烟需求率是一样的，并且不会缺货，订了货马上就能销售，不存在缺货间隔。

应用公式 $Q^* = Rt^* = \sqrt{\dfrac{2c_3R}{c_1}}$，求得最佳订货批量为 47 298.76[①]（箱/次），最佳订货间隔为 1.6490（月）。

我们发现，求得了最佳订货批量，也就确定了最佳的订货间隔，假如按照此订货间隔及订货批量，南京烟草公司可以不再单纯地凭经验去进货存储，而是有迹可循，有理可依。如此做来，可节省很多人力物力，提高了效率，使南京烟草公司在存储模式上得到很好的优化。

（2）模型 2：不允许缺货、边补充边消耗

再应用模型 2，我们假设商品的需求也是均匀的，但进货不是瞬时补充的，而是订

[①] 此为烟草市场统计规范用法。目前烟草销量统计都是以箱为单位，出现小数点是正常的（参考：http://www.etmoc.com/market/Newslist？ld = 37458），1 箱 = 5 件，1 件 = 50 条，也就是一箱等于 250 条，所以不足一箱的会导致小数点的产生。

货需要一定的时间，不过一旦订货会立即陆续进货。表 4.1.14 为南京烟草公司从 2011 年到 2014 年每月期末库存量。

表 4.1.14　南京烟草公司每月期末库存量　　　　　单位：箱

月份＼年份	2011	2012	2013	2014
1	25 888.45	21 438.78	28 236.23	22 321.78
2	14 085.33	13 241.62	14 587.87	15 241.24
3	13 676.72	10 146.06	12 043.91	14 140.91
4	12 880.04	12 737.07	15 782.84	
5	14 875.6	15 463.25	14 416.46	
6	11 390.12	10 132.98	10 948.38	
7	12 544.33	14 105.59	15 674.7	
8	11 884.77	14 841.72	15 145.25	
9	13 603.59	14 275.06	14 390.72	
10	14 356.93	15 453.46	16 052.78	
11	14 923.5	14 923.5	16 171.59	
12	12 135.43	12 141.72	14 771.83	

由表 4.1.14 得平均值 $(P-R)=14\,899.28$（箱），则生产速率为 $P=R+(P-R)=43\,581.82$（箱）。由公式 $Q^{*}=Rt^{*}=\sqrt{\dfrac{2c_3RP}{c_1(P-R)}}$ 得出最佳订货批量为 80 894.65（箱/次），最佳订货间隔为 2.8203（月）。

（3）模型 3：允许缺货、瞬时补充

再应用模型 3，假设模型需求是均匀的，但是可以缺货，并且订货时可瞬时补充。

表 4.1.15 是南京烟草公司从 2011 年到 2014 年的缺货损失费，表中数值直接反映了当年每月一箱卷烟的缺货损失费。

表 4.1.15　南京烟草公司每月每单位货物缺货损失费　　　　　单位：元

年份	2011	2012	2013	2014
缺货损失费	6943.87	7015.33	6732.74	6296.25

由公式 $Q^{*}=\sqrt{\dfrac{2Rc_3(c_1+c_2)}{c_1c_2}}=47\,424.25$（箱/次），得最佳订货间隔为

$$t^{*}=\sqrt{\dfrac{2c_3(c_1+c_2)}{c_1c_2R}}=1.6534\quad（月）$$

最大库存量为

$$s^* = \sqrt{\frac{2c_2c_3R}{c_1(c_1+c_2)}} = 47\,173.60 \text{ （箱）}$$

最大缺货量为

$$q = Q^* - s^* = \sqrt{\frac{2Rc_1c_3}{c_2(c_1+c_2)}} = 250.65 \text{ （箱）}$$

值得一提的是，南京烟草公司的缺货量很小，这不是偶然的，由于实际情况，南京烟草公司每个月的期末库存量都不少，所以模型 3 也反映出南京烟草公司基本不缺货，有着大量库存的现象。这一现象与实际是相符的。

（4）模型 4：允许缺货、边补充边消耗

最后应用模型 4，同样假设需求是均匀的，条件是可以缺货，订货是边补充边消耗。计算可得

$$Q^* = \sqrt{\frac{2c_3(c_1+c_2)}{c_1c_2} \frac{(P-R)R}{P}} = 81\,109.28 \text{ （箱/次）}$$

$$s^* = \sqrt{\frac{2c_2c_3}{c_1(c_1+c_2)} \frac{(P-R)R}{P}} = 27\,582.21 \text{ （箱）}$$

$$t^* = \sqrt{\frac{2c_3(c_1+c_2)}{c_1c_2} \frac{P}{(P-R)R}} = 2.8278 \text{ （月）}$$

2）基于 WinQSB 软件的模型求解

下面使用 WinQSB 软件中的 Inventory Theory and System 工具箱进行模型的求解。

（1）模型 1：不允许缺货、马上补充（EOQ 公式）

步骤 1：在 WinQSB 软件中输入各项数据，如图 4.1.64 所示。

DATA ITEM	ENTRY
Demand per month	28682.54
Order or setup cost per order	1398109.286
Unit holding cost per month	35.85
Unit shortage cost per month	M
Unit shortage cost independent of time	
Replenishment or production rate per month	M
Lead time for a new order in month	
Unit acquisition cost without discount	
Number of discount breaks (quantities)	
Order quantity if you known	

图 4.1.64 在 WinQSB 软件中输入模型 1 所需数据

步骤 2：计算结果。用 WinQSB 软件可得模型的计算结果。如图 4.1.65 所示，可以直观地看到模型 1 最佳订货批量为 47 298.76（箱/次），订货时间间隔为 1.6490（月），总费用为 1 695 661.00（元）。此外，还可以得到每次计划进货的时间与库存量的关系（图 4.1.66），以及总费用与库存费、订货费的关系（图 4.1.67）。

Input Data	Value	Economic Order Analysis	Value
Demand per month	28682.54	Order quantity	47298.76
Order (setup) cost	;1398109.0000	Maximum inventory	47298.76
Unit holding cost per	$35.8500	Maximum backorder	0
Unit shortage cost		Order interval in month	1.6490
per month	M	Reorder point	0
Unit shortage cost			
independent of time	0	Total setup or ordering cost	$847830.3000
Replenishment/production		Total holding cost	$847830.3000
rate per month	M	Total shortage cost	0
Lead time in month	0	Subtotal of above	$1695661.0000
Unit acquisition cost	0		
		Total material cost	0
		Grand total cost	$1695661.0000

图 4.1.65 软件得出数据结果（1）

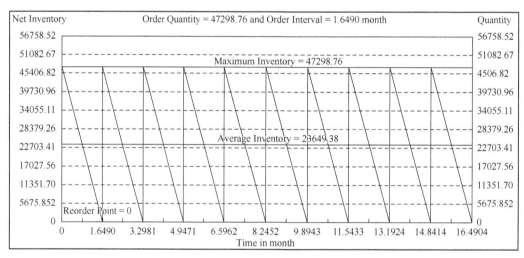

图 4.1.66 每次计划进货的时间与库存量的关系（1）

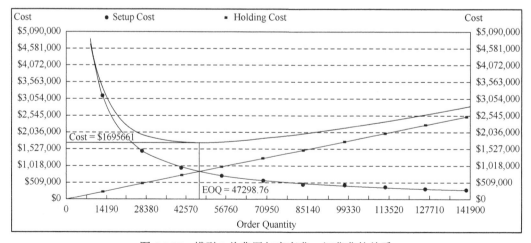

图 4.1.67 模型 1 总费用与库存费、订货费的关系

图 4.1.66 表示每次计划进货的时间与库存量的关系。从图中直观地看到瞬时补充的含义。从图中还可以看到，模型 1 中最大库存量为最大订货量即 47 298.76（箱），平均库存量为最大库存量的一半即 23 649.38（箱），订货是瞬时补充的，所以进货时的图线是竖直的，随着时间的推移，商品从最大库存量降至 0，然后再瞬时补充，这就是每次订货间隔。

图 4.1.67 为模型 1 构建时总费用与库存费、订货费之间的关系。图中带有圆点的曲线表示订货费，带有方块的曲线表示库存费，光滑黑色曲线表示订货费和库存费总费用。图 4.1.67 直观地表示出了三者之间的关系，库存费曲线表明库存量越大费用越高；订货费曲线显示订货量越大意味着订货次数越少，相应订货费用越低。当库存费与订货费相等，即两者曲线相交于一点时，总费用为最小。得出 EOQ 值为 47 298.76，即为最优订货批量。

（2）模型 2：不允许缺货、边补充边消耗

步骤 1：在 WinQSB 软件中输入各项数据，如图 4.1.68 所示。

DATA ITEM	ENTRY
Demand per month	28682.54
Order or setup cost per order	1398109.286
Unit holding cost per month	35.85
Unit shortage cost per month	M
Unit shortage cost independent of time	
Replenishment or production rate per month	43581.82
Lead time for a new order in month	
Unit acquisition cost without discount	
Number of discount breaks (quantities)	
Order quantity if you known	

图 4.1.68　在 WinQSB 软件中输入模型 2 所需数据

步骤 2：计算结果。用 WinQSB 软件可得模型的计算结果。如图 4.1.69 所示，可以直观地看到模型 2 最佳订货批量为 80 894.65（箱/次），最优订货间隔为 2.8203（月），最大库存量为 27 655.39（箱）。图中，M 代表缺货费为无穷大，也意味着不允许缺货。此外，还可以得到每次计划进货的时间与库存量的关系（图 4.1.70），以及总费用与库存费、订货费的关系（图 4.1.71）。

Input Data	Value	Economic Order Analysis	Value
Demand per month	28682.54	Order quantity	80894.65
Order (setup) cost	1398109.0000	Maximum inventory	27655.39
Unit holding cost per	$35.8500	Maximum backorder	0
Unit shortage cost		Order interval in month	2.8203
per month	M	Reorder point	0
Unit shortage cost			
independent of time	0	Total setup or ordering cost	$495722.8000
Replenishment/production		Total holding cost	$495722.8000
rate per month	43581.82	Total shortage cost	0
Lead time in month	0	Subtotal of above	$991445.6000
Unit acquisition cost	0		
		Total material cost	0
		Grand total cost	$991445.6000

图 4.1.69　软件得出数据结果（2）

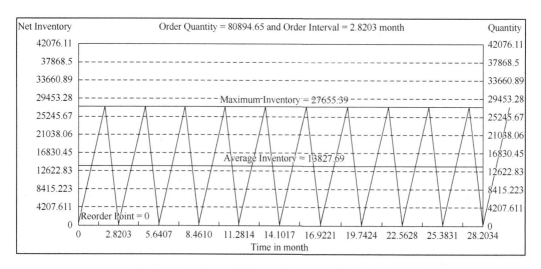

图 4.1.70　每次计划进货的时间与库存量的关系（2）

从图 4.1.70 可以直接看到一次订货间隔为 2.8203（月），最大库存量为 27 655.39（箱），从曲线轨迹可以看出模型 2 的条件：边补充边消耗。

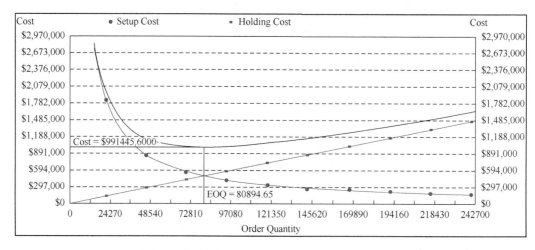

图 4.1.71　模型 2 总费用与库存费、订货费的关系

图 4.1.71 是模型 2 中总费用与库存费、订货费的关系分布，大致与模型 1 的相似。图中光滑黑色曲线表示总费，带有圆点的曲线表示订货费，带有方块的曲线表示库存费。当库存费和订货费相等时，总费用仍旧最小，EOQ 值为 80 894.65，总费用最小为 991 445.60（元）。

（3）模型 3：允许缺货、瞬时补充

步骤 1：在 WinQSB 软件中输入各项数据，如图 4.1.72 所示。

DATA ITEM	ENTRY
Demand per month	28682.54
Order or setup cost per order	1398109.286
Unit holding cost per month	35.85
Unit shortage cost per month	6747.05
Unit shortage cost independent of time	
Replenishment or production rate per month	M
Lead time for a new order in month	
Unit acquisition cost without discount	
Number of discount breaks (quantities)	
Order quantity if you known	

图 4.1.72　在 WinQSB 软件中输入模型 3 所需数据

步骤 2：计算结果。用 WinQSB 软件可得模型的计算结果，如图 4.1.73 所示。构建后算得最优订货批量为 47 424.25（箱/次），最优订货间隔为 1.6534（月），最大缺货量为 250.6538（箱）。此外，还可以得到每次计划进货的时间与库存量的关系（图 4.1.74）。

Input Data	Value	Economic Order Analysis	Value
Demand per month	28682.54	Order quantity	47424.25
Order (setup) cost	$1398109.0000	Maximum inventory	47173.60
Unit holding cost per	$35.8500	Maximum backorder	250.6538
Unit shortage cost		Order interval in month	1.6534
per month	$6747.0500	Reorder point	-250.6538
Unit shortage cost			
independent of time	0	Total setup or ordering cost	$845586.8000
Replenishment/production		Total holding cost	$841117.6000
rate per month	M	Total shortage cost	$4469.2210
Lead time in month	0	Subtotal of above	$1691174.0000
Unit acquisition cost	0		
		Total material cost	0
		Grand total cost	$1691174.0000

图 4.1.73　软件得出数据结果（3）

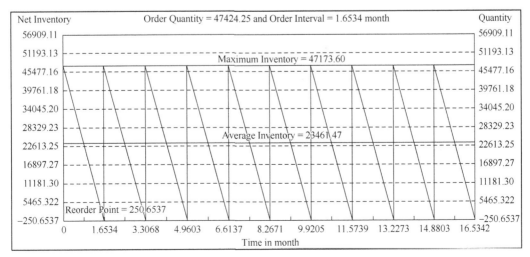

图 4.1.74　每次计划进货的时间与库存量的关系（3）

　　从图 4.1.74 可以直观地看到最大缺货量相对而言很小，这恰恰与南京烟草公司的实际情况相符。南京烟草公司每月的期末库存量较多，所以缺货的情况不会很严重。

　　（4）模型 4：允许缺货、边补充边消耗

　　步骤 1：在 WinQSB 软件中输入各项数据，如图 4.1.75 所示。

DATA ITEM	ENTRY
Demand per month	28682.54
Order or setup cost per order	1398109.286
Unit holding cost per month	35.85
Unit shortage cost per month	6747.05
Unit shortage cost independent of time	
Replenishment or production rate per month	43581.82
Lead time for a new order in month	
Unit acquisition cost without discount	
Number of discount breaks (quantities)	
Order quantity if you known	

图 4.1.75　在 WinQSB 软件中输入模型 4 所需数据

　　步骤 2：计算结果。用 WinQSB 软件可得模型的计算结果。如图 4.1.76 所示，可以直观地看到模型 1 最优订货批量为 81 109.28（箱/次），最佳订货间隔 2.8278（月），最大库存量为 27 582.21（箱），最大缺货量 146.5562（箱）。此外，还可以得到每次计划进货的时间与库存量的关系（图 4.1.77）。

Input Data	Value	Economic Order Analysis	Value
Demand per month	28682.54	Order quantity	81109.28
Order (setup) cost	$1398109.0000	Maximum inventory	27582.21
Unit holding cost per	$35.8500	Maximum backorder	146.5562
Unit shortage cost		Order interval in month	2.8278
per month	$6747.0500	Reorder point	-146.5562
Unit shortage cost			
independent of time	0	Total setup or ordering cost	$494411.1000
Replenishment/production		Total holding cost	$491797.9000
rate per month	43581.82	Total shortage cost	$2613.1350
Lead time in month	0	Subtotal of above	$988822.1000
Unit acquisition cost	0		
		Total material cost	0
		Grand total cost	$988822.1000

图 4.1.76　软件得出数据结果（4）

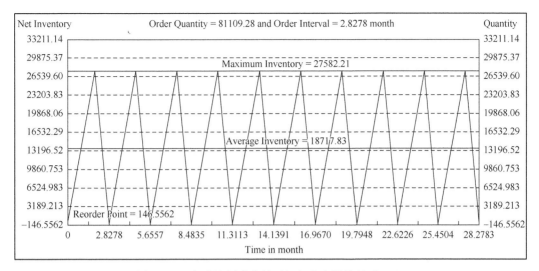

图 4.1.77 每次计划进货的时间与库存量的关系（4）

从图 4.1.77 可以直观地看到，虽然也有缺货的情况，但与模型 3 相似，通过南京烟草公司的数据分析，缺货的情况并不明显。这也源于南京烟草公司的库存量较为丰厚。

3. 不确定型存储模型下的南京烟草公司存储分析

在不确定型模型情况下，主要分析无固定订货费的离散型存储模型。

1）离散型存储过程建模

南京烟草公司的离散型无固定订货费存储模型问题描述如下。

已知南京烟草公司市场需求 X 的概率密度分布，卷烟订购单价为 c，单位商品的库存费为 h，单位缺货费为 g，无固定订货费，分析该商品的最佳订货量。

在此模型中，h 表示单位货物库存费（总库存费/销量），c 表示货物订购单价（销售成本/销量），g 表示单位货物缺货损失费（销售收入/销量），$N=\dfrac{g+c}{g-h}$ 表示临界数。根据调研所获得数据，各个量的具体数值情况如表 4.1.16～表 4.1.18 所示。

表 4.1.16 单位货物库存费

时间	库存费/元	销量/箱	单位库存费/(元/箱)	单位库存费平均值/(元/箱)
2012 年 1 月	3 785 879.46	34 138.44	110.90	
2012 年 2 月	3 645 559.63	29 026.08	125.60	
2012 年 3 月	5 174 800.41	29 123.76	177.68	
2012 年 4 月	4 073 359.69	28 568.80	142.58	
2012 年 5 月	4 378 759.80	27 527.96	159.07	
2012 年 6 月	3 636 497.78	26 871.42	135.33	
2012 年 7 月	4 359 679.32	28 524.84	152.84	148.9
2012 年 8 月	5 585 528.19	27 940.76	199.91	
2012 年 9 月	4 959 755.05	29 953.13	165.58	
2012 年 10 月	4 366 123.37	25 449.80	171.56	
2012 年 11 月	5 480 577.42	29 972.58	182.85	
2012 年 12 月	1 493 683.77	23 712.94	62.99	

表 4.1.17　货物订购单价

时间	销量/箱	销售成本/万元	订购单位/(万元/箱)	平均值/(万元/箱)
2012 年 1 月	34 138.44	76 468.82	2.24	
2012 年 2 月	29 026.08	52 915.56	1.82	
2012 年 3 月	29 123.76	55 258.80	1.90	
2012 年 4 月	28 568.80	51 193.87	1.79	
2012 年 5 月	27 527.96	51 335.14	1.86	
2012 年 6 月	26 871.42	51 519.62	1.92	1.93
2012 年 7 月	28 524.84	52 823.49	1.85	
2012 年 8 月	27 940.76	51 006.75	1.83	
2012 年 9 月	29 953.3	61 913.17	2.07	
2012 年 10 月	25 449.80	48 598.15	1.91	
2012 年 11 月	29 972.58	57 705.88	1.93	
2012 年 12 月	23 712.94	47 265.32	1.99	

表 4.1.18　单位货物缺货损失费

时间	销量/箱	销售收入/万元	单位缺货损失/(万元/箱)	平均值/(万元/箱)
2012 年 1 月	34 138.44	108 765.58	3.19	
2012 年 2 月	29 026.08	73 330.04	2.53	
2012 年 3 月	29 123.76	76 258.52	2.62	
2012 年 4 月	28 568.80	69 020.41	2.42	
2012 年 5 月	27 527.96	68 779.28	2.50	
2012 年 6 月	26 871.42	69 774.60	2.60	2.62
2012 年 7 月	28 524.84	71 143.34	2.49	
2012 年 8 月	27 940.76	68 906.07	2.47	
2012 年 9 月	29 953.13	84 402.14	2.82	
2012 年 10 月	25 449.80	65 838.35	2.59	
2012 年 11 月	29 972.58	77 394.66	2.58	
2012 年 12 月	23 712.94	63 890.37	2.69	

根据销售数据，可求得 X 的概率密度如表 4.1.19 所示。

表 4.1.19　概率密度

$P(X)$	24 000	25 500	27 000	28 000	29 000	29 500	30 000	34 500
X	0.083 333	0.083 333	0.083 333	0.166 667	0.166 667	0.166 667	0.166 667	0.183 333

2）模型求解

根据前面模型的各个变量的相关数据计算求得各变量的数值分别为：$h = 148.91$ 元/箱，$c = 1.93$ 万元/箱，$g = 2.62$ 万元/箱。同时可得

$$N = \frac{g-c}{g+h} = 0.261\,87$$

$$P(24\,000) + P(25\,500) + P(27\,000) \leqslant N \leqslant P(24\,000) + P(25\,500) + P(27\,000) + P(28\,000)$$

$$Q^* = 28\,000$$

用同样的方法得到其他年份的最佳订购量如表 4.1.20 所示。

表 4.1.20 各年份最佳订购量

年份	2011	2012	2013	2014
最佳订购量/箱	27 500	28 000	28 500	29 000

由表 4.1.20 可以看出，从 2011 年到 2014 年，南京烟草公司存储管理中的最佳订货批量呈逐年上升趋势，这也从侧面反映出南京烟草公司的业务量正逐渐扩大，其烟草加工生产和销售的规模逐步扩大。

4.2 高等运筹学案例

4.2.1 排队论案例

1. 模型实例构建

1）北京首都国际机场的跑道系统

北京首都国际机场采用远距平行双跑道系统，分东西两条跑道，间距为 1960m，可实行独立平行进近，但目前仍采用相关进近和独立离场的模式。东西两条跑道都混合操作，一条主起，一条主降（在某一特定时间段，具体哪条跑道用于主起或主降，由当时的流量分布和气象条件而定）。主降跑道之上，降落飞机具有绝对优先级，优先级系数 $p = 1$；主起跑道具有可调的起降优先级和起飞流、降落流比例，优先级系数 $p = 1, 2, \cdots$。

在北京首都国际机场起降的飞机中，以中型机与重型机为主，轻型机数量极少，可以忽略。并且中型机中的波音 757 的尾流强度与重型机相当，为方便起见，将其作为重型机处理。相应地，在容量评估过程中，采用表 4.2.1 所示简化的降落尾流间隔标准。

表 4.2.1 北京首都国际机场的简化降落尾流间隔标准　　　　单位：km

后机	前机	
	重型机	中型机
重型机	8	6
中型机	10	6

令 $n = 1, 2$，其中 1 代表中型机，2 代表重型机；根据 2013 年春运期间的统计数据，两类飞机在机队中所占比例为：$p_1 = 0.6903$，$p_2 = 0.3097$。

2）北京首都国际机场的容量曲线（以 2016 年 5 月 31 日数据为样本）

（1）进港理论和实际容量曲线如图 4.2.1 所示。

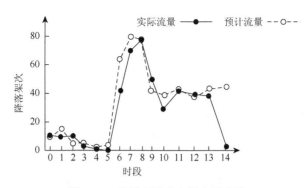

图 4.2.1　进港理论和实际容量曲线

（2）出港理论和实际容量曲线如图 4.2.2 所示。

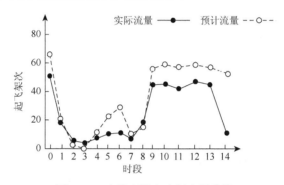

图 4.2.2　出港理论和实际容量曲线

3）机场终端区排队网络模型

当中型机进场时，只使用一条跑道，该跑道为进离场混合使用，但对于进离场两个服务队列能够提供相互独立的进离场服务，且进离场服务率相同，第 i 个节点与第 i 级服务台对应，在此模式下，进离场服务具有相互影响，即第一级和第三极服务率具有关联关系，模型如图 4.2.3 所示。

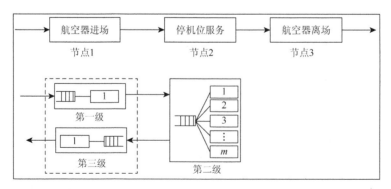

图 4.2.3　单跑道运行模式排队网络模型

采用隔离运行模式时，一条跑道只用于进场，另一条跑道只用于离场，进离场相互独立。模型如图 4.2.4 所示。

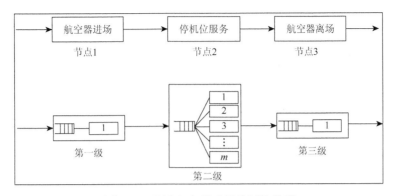

图 4.2.4　隔离运行模式排队网络模型

采用半混合模式时（两起一落），一条跑道只用于进场，具有单一服务台；两条跑道均可用于离场，形成两个并行的离场队列。建立的开环网络模型如图 4.2.5 所示。

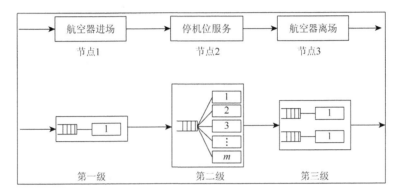

图 4.2.5　半混合运行模式排队网络模型

采用混合模式运行时，两条跑道都用于进场，具有两个服务台；两条跑道都用于离场，形成两个并行的离场队列，建立的开环网络模型如图 4.2.6 所示。

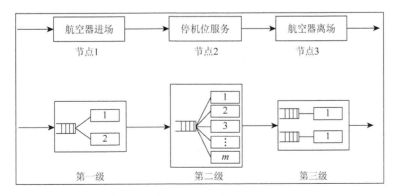

图 4.2.6　混合运行模式排队网络模型

在上述 4 种运行模式下，每个进场航班依次接受三个服务节点的服务，在第一级进场航班进场过程中均可视为泊松输入，且服从负指数分布，进场率为 λ。第二级假设所有停机位类型相同，均能服务所有航空器，服务台数即为停机数数量。在第三级离场排队系统中是根据离场跑道数量确定服务台个数。对不同运行模式下相应参数及服务过程作如下说明。

（1）服务节点 $M = 3$，四种模式进场服从参数为 λ 的泊松分布。

（2）各服务节点服务时间相互独立，且都服从负指数分布。其中，在第一级进场服务中，模式一、二、三服务台数量为 1，服务率为 μ_1，服务率为机场终端区的进场容量 C_a，模式四服务台数量是 2，各个服务台服务率分别为 μ_{14}，服务率为机场终端区进场容量的 1/2，且 $\mu_{14} = \dfrac{1}{2} C_a$。第二级的服务台数均为停机位的数量，设为 m，各服务台的服务速率为 μ_2，服务率为停机坪容量；第三级离场服务中，模式一、二只有一个服务台，服务台速率为 μ_3，为机场终端区的离场容量 C_d，模式三、四服务台数量是 2，服务率分别为 μ_{31}，μ_{32}，且 $\mu_{31} + \mu_{32} = C_d$。

航空器接受完一个节点服务后，都会进入下一个节点，与历史无关，前后节点的转移概率均为 $P_{ij} = 1$，i、j 为前后相邻的节点序号。

（3）节点遵循先到先服务原则，且等待空间无限。

（4）航空器属于无限源，且进入各节点的过程都为泊松分布过程。

通过上述分析及建立的排队模型，可得出排队网络的基本模型如下。

模式一：

$$M/M/1 \to M/M/m \to M/M/1$$

模式二：

$$M/M/1 \to M/M/m \to M/M/1$$

模式三：

$$M/M/1 \to M/M/m \to 2 \text{ 个 } M/M/1$$

模式四：

$$M/M/2 \to M/M/m \to 2 \text{ 个 } M/M/1$$

对于运行模式一、二，令 L_i、L_{qi}、W_i、W_{qi} 分别为节点 i 的平均队长、平均等待队长、平均逗留时间、平均等待时间，则对于整个机场终端区排队服务系统，各项指标如下。

平均队长：

$$L = \sum_{i=1}^{M} L_i$$

平均等待队长：

$$L_q = \sum_{i=1}^{M} L_{qi}$$

平均逗留时间：

$$W = \sum_{i=1}^{M} W_i$$

平均等待时间：

$$W_q = \sum_{i=1}^{M} W_{qi}$$

模型三、四中因为第三级都有两个服务台，是两个并行的 $M/M/1$ 队列，令 L_i、L_{qi}、W_i、W_{qi} 分别为节点 3 的第 j 个服务台的平均队长、平均等待队长、平均逗留时间、平均等待时间，两服务台服务的离场航班比例为 e_j，模式三、四的各项指标如下。

平均队长：

$$L = \sum_{i=1}^{2} L_i + \sum_{j=1}^{2} e_j L_{q3j}$$

平均等待队长：

$$L_q = \sum_{i=1}^{2} L_{qi} + \sum_{j=1}^{2} e_j L_{q3j}$$

平均逗留时间：

$$W = \sum_{i=1}^{2} W_i + \sum_{j=1}^{2} e_j W_{3j}$$

平均等待时间：

$$W_q = \sum_{i=1}^{2} W_{qi} + \sum_{j=1}^{2} e_j W_{q3j}$$

2. 模型实例求解

1）样本选取

北京首都国际机场是中国最繁忙的机场之一，也是最主要的枢纽机场和国际门户，2012 年吞吐量为 8192.9 万人次，占中国机场旅客吞吐量的 15.1%，居世界第二位；年起降飞机达 517 411 架次，占中国飞机起降架次的 9.4%，日均起降 1418 架次，居全国首位。北京首都国际机场是我国航班时刻资源最稀缺的枢纽机场，航空公司入驻众多且航班组织复杂。因此，北京首都国际机场航班时刻资源的时空网络最具代表性。航班时刻的运营涉及 62 家航空公司，包括 14 家内地公司、7 家港澳台公司和 41 家国际公司，分析以内地公司为主。

2）数据处理与分析

以 2016 年 5 月 30 日的数据为例，当日北京首都国际机场的航班时刻表（部分）如图 4.2.7 所示。

	A	B		C		D	E	F	G	H
1	计划到达	航班号		航空公司		候机楼	出发地	到达出	行李口	实际到达
2	0:15	3U8547		四川航空公司		T3	成都	C	49	00:00
3	0:15			中国南方航空公司		T3	成都	C	49	00:00
4	0:25	CZ6532		中国南方航空公司		T2	沈阳	国内	12	00:00
5	0:25			厦门航空公司		T2	沈阳	国内	12	00:00
6	23:45	CA1366		中国国际航空公司		T3	广州	C	45	00:01
7	23:45			山东航空公司		T3	广州	C	45	00:01
8	23:45			深圳航空公司		T3	广州	C	45	00:01
9	23:55			全日空航空公司		T3	成都	C	49	00:01
10	23:55			山东航空公司		T3	成都	C	49	00:01
11	23:55			深圳航空公司		T3	成都	C	49	00:01
12	23:55	CA1426		中国国际航空公司		T3	成都	C	49	00:01
13	0:05	DZ6206		DZ		T3	兰州	A	30	00:02
14	23:15			厦门航空公司		T2	上海虹	国内	12	00:02
15	23:15	CZ3952		中国南方航空公司		T2	上海虹	国内	12	00:02
16	23:15			中国东方航空公司		T2	上海虹	国内	12	00:02
17	0:10	CA1886		中国国际航空公司		T3	上海虹	A	32	00:04
18	0:10			深圳航空公司		T3	上海虹	A	32	00:04
19	0:10			山东航空公司		T3	上海虹	A	32	00:04
20	0:40	TV9861		西藏航空有限公司		T3	西宁	C	46	00:06
21	0:05			中国南方航空公司		T2	西安	国内	15	00:07
22	0:05			JR		T2	西安	国内	15	00:07
23	0:05	MU2119		中国东方航空公司		T2	西安	国内	15	00:07
24	0:10			厦门航空公司		T2	三亚	国内	13	00:10
25	0:10			中国东方航空公司		T2	三亚	国内	13	00:10

图 4.2.7　当日北京首都国际机场的航班时刻表

挑选所需要的数据列，即计划到达时刻、航班号、实际到达时刻，判断航班是否延误并运用公式计算其延误时间。将数据整理如图 4.2.8 所示（部分）。

	A	B	C	F
1	计划到达	航班号	实际到达	时差
2	0:25:00	CZ6532	0:00:00	0.00
3	0:15:00	3U8547	0:00:00	0.00
4	23:55:00	CA1426	0:01:00	0.00
5	23:45:00	CA1366	0:01:00	0.00
6	23:15:00	CZ3952	0:02:00	0.00
7	0:05:00	DZ6206	0:02:00	0.00
8	0:10:00	CA1886	0:04:00	0.00
9	0:40:00	TV9861	0:06:00	0.00
10	0:05:00	MU2119	0:07:00	1.00
11	0:10:00	CZ6713	0:10:00	0.00
12	23:45:00	MU2311	0:12:00	0.00
13	0:15:00	CA1456	0:12:00	0.00
14	23:50:00	8L9937	0:13:00	0.00
15	0:50:00	CA1608	0:14:00	0.00
16	0:25:00	CZ3187	0:14:00	0.00
17	22:30:00	CA1466	0:15:00	0.00
18	23:25:00	CA1364	0:16:00	0.00
19	0:20:00	MH360	0:16:00	0.00
20	0:40:00	MU5198	0:18:00	0.00
21	23:05:00	OQ2330	0:19:00	0.00
22	1:05:00	HZ5430	0:21:00	0.00
23	23:45:00	HU7781	0:22:00	0.00
24	0:10:00	CA965	0:22:00	6.00
25	0:05:00	HU7738	0:23:00	

航班到达时刻表　每小时航班数　Sheet2

图 4.2.8　数据整理

将 A、C、F 单元格格式设置为时间，并在 F2 输入公式：= C2-12，下拉填充 F 列。

将航班时刻进行分段统计并绘图。以 1 小时为时间单位，对 24 小时内的航班时刻资源进行解构分析。对于划分航段间的时间点，归属于阈值之前的航段，如离港时间为 12：00 的航班数据，归并于 12：00—13：00 的航段之内。航班分段统计数据及折线图如图 4.2.9 所示。

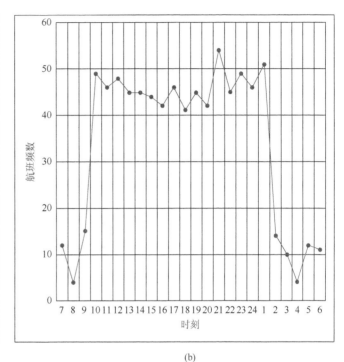

时刻	航班频数
7	12
8	4
9	15
10	49
11	46
12	48
13	45
14	45
15	44
16	42
17	46
18	41
19	45
20	42
21	54
22	45
23	49
24	46
1	51
2	14
3	10
4	4
5	12
6	11

(a)　　　　　　　　　　　(b)

图 4.2.9　航班分段统计数据及折线图

3）航班时刻需求分布验证

在此采用拟合优度的办法对进场时刻分布进行是否服从泊松分布的检验，我们使用 Excel 软件进行验证。

根据数理统计理论，假设检验步骤如下。

（1）建立原假设 H_0。

H_0：进场航班时刻数据总体服从泊松分布。

H_1：进场航班时刻数据总体不服从泊松分布。

（2）检验准备。

对于假定 H_1，假设其服从泊松分布，利用 Excel 计算出样本的均值与方差，若方差/均值 ≈ 1，则认为样本数据服从泊松分布。

（3）拟合优度检验。

我们使用上述方法，对该日 00：00—23：59 的航班时刻数据进行验证。运用 Excel 软件将时刻转换成数值，运用 AVERAGE 和 VAR 函数计算均值和方差，如图 4.2.10 所示。

实际到达 ▾	数值 ▾
均值	0.6
方差	0.62

图 4.2.10 计算均值和方差

得出方差 = 0.62，均值 = 0.6，二者之比为 1.03，近似约等于 1。所以可以得出结论，北京首都国际机场的进场航班服从泊松分布。

4）机场终端区容量需求模型

对于终端区整个排队网络，进场航班和离场都各统计为一个航班，则在终端区内航空器的平均等待时间可以看成航空器因等待所产生的延误时间。我们在使用仿真方法确定机场容量时，是根据平均延误时间所对应的进离场率作为容量值，将机场进离场服务率作为求解目标，使用上述机场终端区开环排队网络模型求解不同需求下的延误程度，最后求得一定延误程度下的容量需求。令延误为 D^*，所需容量水平为 C，$p = 1, 2, 3, 4$ 为终端区不同运行模式，g 为终端区容量包络函数，建立机场终端区容量需求模型如下：

$$C = C_a + C_d$$

$$C_a = \begin{cases} \mu_1, & p = 1, 2, 3 \\ 2\mu_{14}, & p - 4 \end{cases}$$

$$C_d = \begin{cases} \mu_3, & p = 1, 2 \\ \mu_{31} + \mu_{32}, & p = 3, 4 \end{cases}$$

$$C_d = g(C_a)$$

$$\text{s.t.} \begin{cases} W_q = \sum_{i=1}^{M} W_{qi} \\ W_q \leqslant D^* \end{cases}$$

5）实例验证

（1）模型构建

航空器的到达率，即进场率，可根据航班的进场时刻分布计算。根据上述获取的 2016 年 5 月 31 日的航班时刻数据，可得该天进场航班数为 821 架次，即平均每小时 34 架次。

目前北京首都国际机场采用的是隔离运行模式，根据仿真评估方法，可评估出终端区容量为 104 架次/小时，即进离场容量均为 52 架次/小时，可得排队网络中第一、三级的服务率 $\mu = 52$。对于第二停机坪服务率的求解，假设有 h 类航空器，第 l 类航空器所需的过站时间为 t_l，第 l 类航空器的比重为 g_l，则平均过站时间为 $\sum_{l=1}^{h} g_l t_l$，服务台的平均服务率为 $\mu = 1 \Big/ \sum_{l=1}^{h} (g_l t_l)$。假设机场有 m 个停机位，服务台的服务率可以叠加，则 m 个停机位的服务率为 $m_\mu = m \Big/ \sum_{l=1}^{h} (g_l t_l)$。现北京首都国际机场共有停机位 314 个。

由之前得出的北京首都国际机场中型机及重型机的比例可以得出表 4.2.2。

表 4.2.2 各类航空器过站时间及比例

飞机座位数	规定最短过站时间	航空器比例
151~250	50 分钟	61%
251 及以上	57 分钟	39%

由此可计算出平均过站时间为 52.7 分钟，单服务台服务率为 0.88 架次/小时，机场全部停机位的服务率为 $m_\mu = 314 \times 0.88 = 277$ 架次/小时。

采用隔离运行模式时 $M/M/1 \to M/M/m \to M/M/1$ 如图 4.2.11 所示。

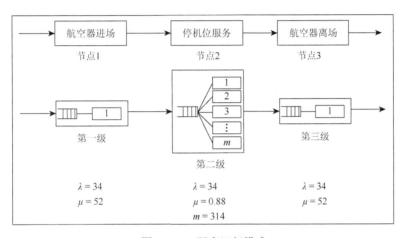

图 4.2.11 隔离运行模式

（2）软件求解

运用 WinQSB 软件计算如下。

节点 1、3 输入如图 4.2.12 所示。

Data Description	ENTRY
Number of servers	1
Service rate (per server per hour)	52
Customer arrival rate (per hour)	34
Queue capacity (maximum waiting space)	M
Customer population	M
Busy server cost per hour	
Idle server cost per hour	
Customer waiting cost per hour	
Customer being served cost per hour	
Cost of customer being balked	
Unit queue capacity cost	

图 4.2.12 节点 1、3 输入

节点 1、3 输出如图 4.2.13 所示。

06-04-2016	Performance Measure	Result
1	System: M/M/1	From Formula
2	Customer arrival rate (lambda) per hour =	34.0000
3	Service rate per server (mu) per hour =	52.0000
4	Overall system effective arrival rate per hour =	34.0000
5	Overall system effective service rate per hour =	34.0000
6	Overall system utilization =	65.3846 %
7	Average number of customers in the system (L) =	1.8889
8	Average number of customers in the queue (Lq) =	1.2350
9	Average number of customers in the queue for a busy system (Lb) =	1.8889
10	Average time customer spends in the system (W) =	0.0556 hours
11	Average time customer spends in the queue (Wq) =	0.0363 hours
12	Average time customer spends in the queue for a busy system (Wb) =	0.0556 hours
13	The probability that all servers are idle (Po) =	34.6154 %
14	The probability an arriving customer waits (Pw or Pb) =	65.3846 %
15	Average number of customers being balked per hour =	0
16	Total cost of busy server per hour =	$0
17	Total cost of idle server per hour =	$0
18	Total cost of customer waiting per hour =	$0
19	Total cost of customer being served per hour =	$0
20	Total cost of customer being balked per hour =	$0
21	Total queue space cost per hour =	$0
22	Total system cost per hour =	$0

图 4.2.13 节点 1、3 输出

节点 2 输入如图 4.2.14 所示。

Data Description	ENTRY
Number of servers	314
Service rate (per server per hour)	0.88
Customer arrival rate (per hour)	34
Queue capacity (maximum waiting space)	M
Customer population	M
Busy server cost per hour	
Idle server cost per hour	
Customer waiting cost per hour	
Customer being served cost per hour	
Cost of customer being balked	
Unit queue capacity cost	

图 4.2.14 节点 2 输入

节点 2 输出如图 4.2.15 所示。

06-04-2016	Performance Measure	Result
1	System: M/M/314	From Formula
2	Customer arrival rate (lambda) per hour =	34.0000
3	Service rate per server (mu) per hour =	0.8800
4	Overall system effective arrival rate per hour =	34.0000
5	Overall system effective service rate per hour =	34.0000
6	Overall system utilization =	12.3046 %
7	Average number of customers in the system (L) =	38.6364
8	Average number of customers in the queue (Lq) =	0
9	Average number of customers in the queue for a busy system (Lb) =	0
10	Average time customer spends in the system (W) =	1.1364 hours
11	Average time customer spends in the queue (Wq) =	0 hour
12	Average time customer spends in the queue for a busy system (Wb) =	0 hour
13	The probability that all servers are idle (Po) =	0.0000 %
14	The probability an arriving customer waits (Pw or Pb) =	0 %
15	Average number of customers being balked per hour =	0
16	Total cost of busy server per hour =	$0
17	Total cost of idle server per hour =	$0
18	Total cost of customer waiting per hour =	$0
19	Total cost of customer being served per hour =	$0
20	Total cost of customer being balked per hour =	$0
21	Total queue space cost per hour =	$0
22	Total system cost per hour =	$0

图 4.2.15　节点 2 输出

综合以上分析计算如下。

平均队长：

$$L = \sum_{i=1}^{M} L_i = 1.8889 + 38.6364 + 1.8889 = 42.41(架次)$$

平均等待队长：

$$L_i = \sum_{i=1}^{M} L_{qi} = 1.2350 + 0 + 1.2350 = 2.47(架次)$$

平均逗留时间：

$$W = \sum_{i=1}^{M} W_i = 0.0556 + 1.1364 + 0.0556 = 1.25(小时)$$

平均等待时间：

$$W_i = \sum_{i=1}^{M} W_{qi} = 0.0363 + 0 + 0.0363 = 0.073(小时)$$

从上述结果可以看出，航空器在终端区内运行，等待时间主要产生于进离场过程中，在停机位接受服务的延误时间为 0，说明目前机位能服务所有类型航空器，航空器使用无限制的条件下，整个终端区机位服务能力充足。

通过平均等待时间的计算，可以得出每架航空器的平均延误时间为 0.073 小时，说明采用隔离方式能够较好地满足现在的需求，所得出的结论与目前的情况也相符。

（3）对比与分析

本章是基于《复杂机场终端区空域资源配置关键技术研究》这一论文构建的机场容量需求模型，与原文不同的是，我们选择了北京首都国际机场作为研究对象。北京首都国际机场比起杭州萧山国际机场，航班流量和机场容量都远大于杭州萧山国际机场。我们最终得出的进离场率都远高于原文得到的水平，拟合的航班时刻折线图也不如原图一样有起伏，而是绝大部分时间都处于高峰期。因此可以看出北京首都国际机场排队问题更为严重。但是我们的研究对象还是有一定的相似之处，首先在采取的运行方式上，两个机场都采用了隔离运行模式；其次在比较了本章和原文得出的结果后，我们发现得出的结论是相同的，即虽然机场的延误现象较为严重，但采用隔离方式还是能够较好地满足现在的需求。

4.2.2 动态规划案例

1. 背景介绍

某公司拟将 500 万元的资本投入所属的甲、乙、丙三个工厂进行技术改造，各工厂获得投资后年利润将有相应的增长，收益表如表 4.2.3 所示。试确定 500 万资本的分配方案，以使公司总的年利润增长额最大。

表 4.2.3　收益表　　　　　　　　　　　　　　　单位：万元

投资额	100	200	300	400	500
甲	30	70	90	120	130
乙	50	100	110	110	110
丙	40	60	110	120	120

2. 动态规划求解

将问题按工厂分为三个阶段 $k=1,2,3$，设状态变量 $S_k(k=1,2,3)$ 代表从第 k 个工厂到第 3 个工厂的投资额，决策变量 x_k 代表第 k 个工厂的投资额，于是有状态转移律 $S_{k+1}=S_k-x_k$，允许决策集合 $D_k(S_k)=\{x_k\,|\,0\leqslant x_k\leqslant S_k\}$ 和递推关系式：

$$\begin{cases} f_k(S_k)=\max_{0\leqslant x_k\leqslant S_k}\{g_k(x_k)+f_{k+1}(S_k-x_k)\}, & k=1,2,3 \\ f_4(S_4)=0 \end{cases}$$

当 $k=3$ 时，有

$$f_3(S_3)=\max_{0\leqslant x_3\leqslant S_3}\{g_3(x_3)\}$$

于是有表 4.2.4 所示的计算表，表中 x_3^* 表示第三个阶段的最优决策。

表 4.2.4　 $k = 3$ 时的计算表　　　　单位：百万元

S_3	0	1	2	3	4	5
x_3^*	0	1	2	3	4	5
$f_3(S_3)$	0	0.4	0.6	1.1	1.2	1.2

当 $k = 2$ 时，有

$$f_2(S_2) = \max_{0 \leqslant x_2 \leqslant S_2} \{g_2(x_2) + f_3(S_2 - x_2)\}$$

于是有表 4.2.5 所示的计算表。

表 4.2.5　 $k = 2$ 时的计算表　　　　单位：百万元

S_2 \ x_2	$g_2(x_2) + f_3(S_2 - x_2)$						$f_2(S_2)$	x_2^*
	0	1	2	3	4	5		
0	0 + 0						0	0
1	0 + 0.4	0.5 + 0					0.5	1
2	0 + 0.6	0.5 + 0.4	1.0 + 0				1.0	2
3	0 + 1.1	0.5 + 0.6	1.0 + 0.4	1.1 + 0			1.4	2
4	0 + 1.2	0.5 + 1.1	1.0 + 0.6	1.1 + 0.4	1.1 + 0		1.6	1, 2
5	0 + 1.2	0.5 + 1.2	1.0 + 1.1	1.1 + 0.6	1.1 + 0.4	1.1 + 0	2.1	2

当 $k = 1$ 时，有

$$f_1(S_1) = \max_{0 \leqslant x_1 \leqslant S_1} \{g_1(x_1) + f_2(S_1 - x_1)\}$$

于是有表 4.2.6 所示的计算表。

表 4.2.6　 $k = 1$ 时的计算表　　　　单位：百万元

S_1 \ x_1	$g_1(x_1) + f_2(S_1 - x_1)$						$f_1(S_1)$	x_1^*
	0	1	2	3	4	5		
5	0 + 2.1	0.3 + 1.6	0.7 + 1.4	0.9 + 1.0	1.2 + 0.5	1.3 + 0	2.1	0, 2

然后按计算表格的顺序反推算，可知最优分配方案有两个：一个是甲工厂投资 200 万元，乙工厂投资 200 万元，丙工厂投资 100 万元；另一个是甲工厂没有投资，乙工厂投资 200 万元，丙工厂投资 300 万元。按最优分配方案分配投资（资源），年利润将增长 210 万元。

3. WinQSB 软件求解

（1）新建问题弹出图 4.2.16 所示的对话框，选择"Knapsack Problem"，单击"OK"按钮。

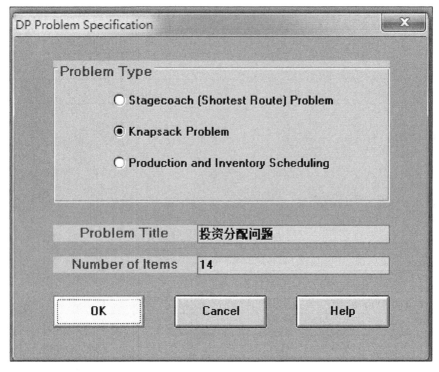

图 4.2.16　新建项目

（2）弹出数据编辑框，根据表 4.2.3 输入数据，得到数据编辑框（图 4.2.17）。

Item (Stage)	Item Identification	Units Available	Unit Capacity Required	Return Function (X: Item ID) (e.g., 50X, 3X+100, 2.15X^2+5)
1	甲0	1	1	0x
2	甲1,3,4	4	1	30x
3	甲2	2	1	35x
4	甲5	5	1	26x
5	乙0	1	1	0x
6	乙1,,2	2	1	50x
7	乙3	3	1	(110/3)x
8	乙4	4	1	27.5x
9	乙5	5	1	22x
10	丙0	1	1	0x
11	丙1	1	1	40x
12	丙2,4	4	1	30x
13	丙3	3	1	(110/3)x
14	丙5	5	1	24x
Knapsack	Capacity =	5		

图 4.2.17　数据编辑框

其中，"Units Available"为各投资额最大投资数及总和，"Unit Capacity Required"为可投单位，"Return Function"为各投资额的收益。

注：各投资额的收益必须是公式，该值 = 投资额的价值系数乘以 X；X 表示投资额。

（3）选择"Solve and Analyze/Solve the Problem"，得到运行结果（图 4.2.18）。

06-03-2016 Stage	Item Name	Decision Quantity (X)	Return Function	Total Item Return Value	Capacity Left
1	甲0	0	0x	0	5
2	甲1,3,4	0	30x	0	5
3	甲2	2	35x	70	3
4	甲5	0	26x	0	3
5	乙0	0	0x	0	3
6	乙1,.2	2	50x	100	1
7	乙3	0	(110/3)x	36.67	1
8	乙4	0	27.5x	0	1
9	乙5	0	22x	0	1
10	丙0	0	0x	0	1
11	丙1	1	40x	40.00	0
12	丙2,4	0	30x	0	0
13	丙3	0	(110/3)x	36.67	0
14	丙5	0	24x	0	0
	Total	Return	Value =	283.33	CPU = 0.02

图 4.2.18 运行结果

根据运算结果，仅得出最优分配方案：甲工厂投资 200 万元，乙工厂投资 200 万元，丙工厂投资 100 万元，按最优分配方案分配投资（资源），年利润将增长 70 + 100 + 40 = 210（万元）。

第5章

决策理论案例

■ 5.1 AHP 案例: 基于 AHP 的环境污染指标体系与风险评价

思路: 本案例主要从国内生产总值（GDP）与环境污染的相关性角度出发，利用多元线性回归模型验证并构建指标体系，且运用 AHP 和模糊综合评价法评价城市环境污染的风险，提出相应防范措施。案例首先根据近 15 年 GDP 与环境污染的数据，利用多元线性回归模型验证其相关性，以此选取并确定三个以 GDP 影响为基准的具有代表性并且相互独立的环境污染指标——空气、水、固体污染；其次基于 AHP 利用 yaahp 软件建立目标层、准则层、要素层，确定指标权重，计算出六个城市的环境污染指数；最后，通过模糊综合评价法评估六个城市的风险程度，并提出防治环境污染系统化的方案。研究路线流程图如图 5.1.1 所示。

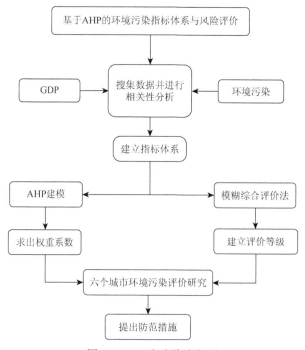

图 5.1.1 研究路线流程图

本案例涉及多项指标，首先需要明确指标体系建立的基本原则。因为单一指标不能反映某一问题的全部特征，所以需要一系列具有联系的指标。对于研究对象和研究问题，需要怎样的指标、多少指标才能对系统进行完整的描述或者评价，需要使用指标体系的框架对选取的指标进行连接和组织。对于本章研究的重污染城市环境质量的评价，其指标体系构建遵循以下几个原则。

整体性原则。指标体系能够体现系统整体性要求，指标与指标之间具有逻辑性和关联性。

代表性及简洁性原则。选取的指标要能涵盖环境质量状态，同时应尽量选择代表性强的指标，去除意义相近的指标。指标过多会给信息收集和实际操作带来困难，混淆主题的表达，不利于决策者决策。

可操作性原则。一个使用的指标体系，其参数应当容易获得或计算得到，并且能够反映系统的某些关键特征和系统的发展趋势。环境污染指标体系的构建要以理论为基础，同时，在设置上也应当考虑指标的现实性、易获程度、模型预测计算的支持性。

层次性原则。环境污染是多种污染物、多种因素综合作用的结果，指标体系应从简单到复杂层层剖析，以便能从不同方面、不同层次更加清晰地展示环境污染的原因和风险。

1. 全国城市污染指标体系的建立

根据 2000～2014 年收集的我国 GDP 和环境污染数据，不难发现，GDP 在迅速增长的同时，环境也在不断恶化，GDP 与环境污染是否存在相关性值得研究。关于经济发展和环境污染的关系，很多学者都使用环境库兹涅茨（Kuznets）曲线来表示。本章从 GDP 的角度出发，分析 2000～2014 年来我国 GDP 与环境污染指标之间的相关性，以此建立城市环境污染风险的指标体系。

本章从全国各大城市中选取了污染程度较高的 12 个城市，依据指标体系的构建原则筛选确定了三类一级指标和八类二级指标，如表 5.1.1 所示。

表 5.1.1　环境污染指标

一级指标	二级指标
大气污染	二氧化硫排放量 X_1
	废气排放量 X_2
	工业烟尘 X_3
水污染	工业废水排放量 X_4
	工业氨氮排放量 X_5
	生活污水排放量 X_6
固体废弃物污染	工业固体废弃物 X_7
	城市生活垃圾 X_8

由表 5.1.1 可知，从风险评估的角度来看，以上指标均为正向指标。在大气污染、水污染、固体废弃物污染中，排放量越大，污染越严重。环境污染越严重，风险程度越高。

2. 多元回归相关性验证

以环境污染指标为自变量，GDP 为因变量，提出多元线性回归模型：

$$Y = \beta_0 + \beta_1 X_1 + \cdots + \beta_8 X_8 + \varepsilon$$

本章选取全国 2000～2014 年 GDP 及各环境污染指标的数据进行研究。在数据处理时，采用 Excel 软件进行回归分析。多元线性回归模型计算表如表 5.1.2 所示。

表 5.1.2　多元线性回归模型计算表

年份	GDP（Y）/亿元	X_1/吨	X_2/吨	X_3/吨	X_4/万吨	X_5/吨	X_6/万吨	X_7/吨	X_8/吨
2000	99 776.3	1 995	138 145	2 257	194	39	221	81 608	11 818.88
2001	110 270.4	1 948	160 863	2 061	203	41	230	88 746	12 011.2
2002	12 1002	1 927	175 257	1 953	207	42	232	94 509	12 458.3
2003	136 564.6	2 159	198 906	2 069	212	40	247	100 428	13 758.4
2004	160 714.4	2 255	237 696	2 000	221	42	261	120 030	15 509.3
2005	185 859.8	2 549	268 988	2 094	243	41	281	134 449	15 576.8
2006	217 656.6	2 589	330 992	1 897	240	39	297	151 541	14 841.3
2007	268 019.4	2 468.1	388 169	1 685.3	247	34.1	330	175 632	15 214.5
2008	316 751.7	2 321.3	403 866	1 486.5	242	29.69	330	190 127	15 437.7
2009	345 629.2	2 214.4	436 064	1 371.3	234	27.35	355	203 943.4	15 733.7
2010	408 903	21 855.1	519 168	1 277.8	237	27.28	380	240 944	15 804.8
2011	484 123.5	2 217.91	56 815	1 278.83	241	26	394	322 772	16 395.3
2012	534 123	2 117.13	60 135	1 235.77	253	24.6	432	329 044	17 080.9
2013	588 018.8	2 043.92	625 870	1 278.14	250	25	483	327 701.94	17 238.6
2014	636 138.7	1 974.42	678 412	1 740.75	262	23.8	512	325 620.02	10 860.2

利用 Excel 进行数据分析，结果如图 5.1.2 所示。

SUMMARY OUTPUT								
回归统计								
Multiple	0.999429451							
R Square	0.998859229							
Adjusted	0.9973382							
标准误差	9484.107657							
观测值	15							
方差分析								
	df	SS	MS	F	Significance F			
回归分析	8	4.7255E+11	5.91E+10	656.6998	2.961E-08			
残差	6	539689788	89948298					
总计	14	4.7309E+11						
	Coefficient	标准误差	t Stat	P-value	Lower 95%	Upper 95%	下限 95.0%	上限 95.0%
Intercept	-34934.7353	73583.885	-0.47476	0.651745	-214988	145118.54	-214988	145118.54
X Variabl	0.054005523	0.63305632	0.085309	0.934791	-1.495027	1.6030385	-1.49503	1.6030385
X Variabl	0.007178113	0.04752995	0.151023	0.884907	-0.109123	0.1234797	-0.10912	0.1234797
X Variabl	-3.85786166	29.0780708	-0.13267	0.89879	-75.00934	67.293614	-75.0093	67.293614
X Variabl	-384.548848	293.865499	-1.30859	0.238561	-1103.612	334.51412	-1103.61	334.51412
X Variabl	-1412.65992	1597.24795	-0.88443	0.4105	-5320.985	2495.665	-5320.98	2495.665
X Variabl	1090.249815	372.770045	2.924725	0.026468	178.11437	2002.3853	178.1144	2002.3853
X Variabl	0.857355944	0.33875205	2.530925	0.044624	0.0284595	1.6862523	0.02846	1.6862523
X Variabl	-3.00579811	2.62620687	-1.14454	0.295996	-9.431895	3.4202986	-9.43189	3.4202986

图 5.1.2　应用 Excel "数据分析" 功能求多元线性回归的有关参数的结果

基于图 5.1.2 的统计结果参数分析如下。

（1）由系数（coefficient）列可写出多元线性回归模型：

$$\hat{y} = -34934.7353 + 0.0540x_1 + 0.0071x_2 - 3.8579x_3 - 384.5488x_4$$
$$- 1412.6599x_5 + 1090.2498x_6 + 0.8574x_7 - 3.0058x_8$$

（2）由参数值 S.F.（Significance F）可进行复相关检验。由于 S.F.$= 2.961 \times 10^{-8} < 0.05$，说明回归效果非常显著。即 GDP 与环境污染指标之间存在相关性。

（3）由参数值 P-value 可进行 t 检验。因 x_6、x_7 系数的 P-value 均小于 0.05，因此可得出：生活污水排放量和工业固体废弃物对 GDP 有显著影响。其他环境污染指标对 GDP 并没有显著影响。

（4）通过回归模型的相关性分析，可以为 AHP 模型中求解各指标权重提供参考数据，将相关性数据应用到确定两两比较的判断矩阵上。污染指标体系的相关原始数据如表 5.1.3 所示。

表 5.1.3 污染指标体系的相关原始数据

城市	X_1/吨	X_2/吨	X_3/吨	X_4/万吨	X_5/吨	X_6/万吨	X_7/吨	X_8/吨
北京	40 347	64 400	22 710	9 174	328	141 374	1 020.76	733.8
天津	195 395	216 947	112 187	19 011	3 708	70 303	1 734.62	215.9
石家庄	156 030	159 807	104 277	24 024	4 527	34 127	1 500.93	110
太原	83 648	92 979	59 441	3 975	436	20 407	2 449.53	146
沈阳	131 344	80 459	83 226	9 134	842	38 668	813.14	242.53
西安	62 604	31 223	21 985	6 340	1 583	44 740	249.37	273.3
杭州	80 349	61 627	70 346	35 370	1 260	59 060	719.86	330.5
上海	155 360	228 621	131 443	43 939	1 798	176 940	1 924.79	742.7
济南	67 842	64 861	90 082	7 880	346	31 005	1 022.86	131.49
郑州	90 859	115 866	46 037	13 039	568	53 122	1 400.13	136.51
重庆	474 805	233 690	214 774	34 968	3 453	110 705	3 067.78	399.4
武汉	84 481	84 202	119 433	17 097	1 388	71 572	1 407.06	295

3. AHP 建模求解与数据分析

在构建评价体系对城市环境污染风险进行综合评估时，为了体现各个评价指标在评价体系中的重要程度及作用地位，需要对各评价指标赋予不同的权重系数。为了提高评价结果的科学性，本章采用 AHP 确定各评价指标的权重。该方法以随机数学为工具，通过大量的数据观察寻求统计规律，其优点是具有人的思维分析、判断和综合的特征，可以把复杂问题决策化，对于定性判断起重要作用、结果难以准确计量的城市环境污染的风险评价尤为适用。

1）建立城市环境污染风险评价的递阶层次结构

根据各个评价指标对环境污染的反映，最终确定城市环境污染风险评价指标体系可分为目标层、准则层、要素层三个层次。其中，目标层是城市环境污染风险评价；准则层包括大气污染、水污染和固体废弃物污染，大气污染子准则为二氧化硫排放量、废气排放量、工业烟尘，水污染子准则为工业废水排放量、工业氨氮排放量、生活污水排放量，固体废弃物污染子准则为工业固体废弃物、城市生活垃圾；要素层包括北京、沈阳、上海、武汉、西安、重庆等城市，本章主要选取分布在华北、东北、华东、华中、西北、西南地区的典型城市作为风险评价的研究对象。以此建立城市环境污染风险评价的递阶层次结构，如图5.1.3所示。

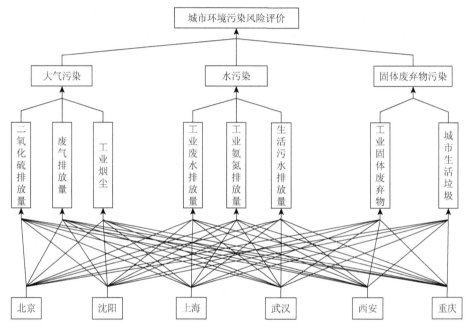

图 5.1.3　城市环境污染指标体系

2）确定各环境污染指标的判断矩阵

针对大气污染、水污染和固体废弃物污染，通过两两比较其重要程度，形成判断矩阵。其重要程度比例可从 GDP 的角度，通过线性回归模型求解的各指标间的相关性系数得到。针对北京、沈阳、上海、武汉、西安、重庆，分别比较在每一个准则层指标下两两比较的重要程度。判断矩阵如图5.1.4～图5.1.15所示。

城市环境污染风险评价	一致性比例：0.0000; 对"城市环境污染风险评价"的权重：1.0000; λmax：3.0000			
城市环境污染...	大气污染	水污染	固体废弃物污染	Wi
大气污染	1.0000	3.9853	7.9706	0.7265
水污染	0.2509	1.0000	2.0000	0.1823
固体废弃物污染	0.1255	0.5000	1.0000	0.0912

图 5.1.4　准则层的判断矩阵

大气污染　一致性比例：0.0000; 对"城市环境污染风险评价"的权重：0.7265; λmax：3.0000			
大气污染	二氧化…	废气排…	工业烟…	Wi
二氧化硫排放量	1.0000	1.0568	1.0333	0.3432
废气排放量	0.9462	1.0000	0.9778	0.3247
工业烟尘	0.9677	1.0227	1.0000	0.3321

图 5.1.5　大气污染子准则层的判断矩阵

水污染　一致性比例：0.0000; 对"城市环境污染风险评价"的权重：0.1823; λmax：3.0000			
水污染	工业废水排…	工业氨氮…	生活污水排放量	Wi
工业废水排放量	1.0000	0.5854	8.0000	0.3529
工业氨氮排放量	1.7083	1.0000	13.6667	0.6029
生活污水排放量	0.1250	0.0732	1.0000	0.0441

图 5.1.6　水污染子准则层的判断矩阵

固体废弃物污染　一致性比例：0.0000; 对"城市环境污染风险评价"的权重：0.0912; λmax：2.0000		
固体废弃物污染	工业固体废…	城市生活…	Wi
工业固体废弃物	1.0000	0.1333	0.1176
城市生活垃圾	7.5000	1.0000	0.8824

图 5.1.7　固体废弃物污染子准则层的判断矩阵

二氧化硫排放量　一致性比例：0.0000; 对"城市环境污染风险评价"的权重：0.2493; λmax：6.0000						
二氧化硫排放量	北京	沈阳	上海	武汉	西安	重庆	Wi
北京	1.0000	0.3072	0.2597	0.4776	0.6445	0.0850	0.0425
沈阳	3.2554	1.0000	0.8454	1.5547	2.0980	0.2766	0.1384
上海	3.8506	1.1828	1.0000	1.8390	2.4816	0.3272	0.1637
武汉	2.0939	0.6432	0.5438	1.0000	1.3495	0.1779	0.0890
西安	1.5516	0.4766	0.4030	0.7410	1.0000	0.1319	0.0660
重庆	11.7680	3.6150	3.0562	5.6203	7.5843	1.0000	0.5004

图 5.1.8　二氧化硫排放量指标的判断矩阵

废气排放量　一致性比例：0.0000; 对"城市环境污染风险评价"的权重：0.2359; λmax：6.0000						
废气排放量	北京	沈阳	上海	武汉	西安	重庆	Wi
北京	1.0000	0.8004	0.2817	0.7648	2.0237	0.2756	0.0890
沈阳	1.2494	1.0000	0.3519	0.9555	2.5283	0.3443	0.1113
上海	3.5500	2.8415	1.0000	2.7151	7.1841	0.9783	0.3161
武汉	1.3075	1.0465	0.3683	1.0000	2.6459	0.3603	0.1164
西安	0.4941	0.3955	0.1392	0.3779	1.0000	0.1362	0.0440
重庆	3.6287	2.9045	1.0222	2.7753	7.3434	1.0000	0.3231

图 5.1.9　废气排放量指标的判断矩阵

工业烟尘　一致性比例：0.0000；对"城市环境污染风险评价"的权重：0.2413；λmax：6.0000

工业烟尘	北京	沈阳	上海	武汉	西安	重庆	Wi
北京	1.0000	0.2729	0.1728	0.1901	1.0330	0.1057	0.0383
沈阳	3.6647	1.0000	0.6332	0.6968	3.7856	0.3875	0.1402
上海	5.7879	1.5794	1.0000	1.1006	5.9788	0.6120	0.2214
武汉	5.2590	1.4350	0.9086	1.0000	5.4325	0.5561	0.2012
西安	0.9681	0.2642	0.1673	0.1841	1.0000	0.1024	0.0370
重庆	9.4572	2.5806	1.6340	1.7983	9.7691	1.0000	0.3618

图 5.1.10　工业烟尘指标的判断矩阵

工业废水排放量　一致性比例：0.0000；对"城市环境污染风险评价"的权重：0.0643；λmax：6.0000

工业废水排放量	北京	沈阳	上海	武汉	西安	重庆	Wi
北京	1.0000	1.0044	0.2088	0.5366	1.4470	0.2624	0.0760
沈阳	0.9956	1.0000	0.2079	0.5342	1.4407	0.2612	0.0757
上海	4.7895	4.8105	1.0000	2.5700	6.9304	1.2565	0.3642
武汉	1.8636	1.8718	0.3891	1.0000	2.6967	0.4889	0.1417
西安	0.6911	0.6941	0.1443	0.3708	1.0000	0.1813	0.0525
重庆	3.8116	3.8283	0.7958	2.0453	5.5155	1.0000	0.2898

图 5.1.11　工业废水排放量指标的判断矩阵

工业氨氮排放量　一致性比例：0.0000；对"城市环境污染风险评价"的权重：0.1099；λmax：6.0000

工业氨氮排放量	北京	沈阳	上海	武汉	西安	重庆	Wi
北京	1.0000	0.3895	0.1824	0.2363	0.2072	0.0950	0.0349
沈阳	2.5671	1.0000	0.4683	0.6066	0.5319	0.2438	0.0897
上海	5.4817	2.1354	1.0000	1.2954	1.1358	0.5207	0.1914
武汉	4.2317	1.6485	0.7720	1.0000	0.8768	0.4020	0.1478
西安	4.8262	1.8800	0.8804	1.1405	1.0000	0.4584	0.1685
重庆	10.5274	4.1010	1.9205	2.4878	2.1813	1.0000	0.3677

图 5.1.12　工业氨氮排放量指标的判断矩阵

生活污水排放量　一致性比例：0.0000；对"城市环境污染风险评价"的权重：0.0080；λmax：6.0000

生活污水排放量	北京	沈阳	上海	武汉	西安	重庆	Wi
北京	1.0000	3.6561	0.7990	1.9753	3.1578	1.2770	0.2421
沈阳	0.2735	1.0000	0.2185	0.5403	0.8637	0.3493	0.0662
上海	1.2516	4.5759	1.0000	2.4722	3.9522	1.5983	0.3030
武汉	0.5063	1.8509	0.4045	1.0000	1.5987	0.6465	0.1225
西安	0.3167	1.1578	0.2530	0.6255	1.0000	0.4044	0.0767
重庆	0.7831	2.8630	0.6257	1.5468	2.4727	1.0000	0.1896

图 5.1.13　生活污水排放量指标的判断矩阵

一致性比例均为 0.0000，通过一致性检验。

3）运用 yaahp 软件求权重

运用 yaahp 软件建立城市环境污染风险评价体系如图 5.1.16 所示。

工业固体废弃物　一致性比例：0.0000; 对"城市环境污染风险评价"的权重：0.0107; λmax：6.0000							
工业固体废弃物	北京	沈阳	上海	武汉	西安	重庆	Wi
北京	1.0000	1.2553	0.5303	0.7255	4.0934	0.3327	0.1203
沈阳	0.7966	1.0000	0.4225	0.5779	3.2608	0.2651	0.0959
上海	1.8856	2.3671	1.0000	1.3680	7.7186	0.6274	0.2269
武汉	1.3784	1.7304	0.7310	1.0000	5.6425	0.4587	0.1659
西安	0.2443	0.3067	0.1296	0.1772	1.0000	0.0813	0.0294
重庆	3.0054	3.7728	1.5938	2.1803	12.3021	1.0000	0.3616

图 5.1.14　工业固体废弃物指标的判断矩阵

城市生活垃圾　一致性比例：0.0000; 对"城市环境污染风险评价"的权重：0.0804; λmax：6.0000							
城市生活垃圾	北京	沈阳	上海	武汉	西安	重庆	Wi
北京	1.0000	3.0256	0.9880	2.4875	2.6849	1.8373	0.2731
沈阳	0.3305	1.0000	0.3266	0.8221	0.8874	0.6072	0.0903
上海	1.0121	3.0623	1.0000	2.5176	2.7174	1.8595	0.2764
武汉	0.4020	1.2163	0.3972	1.0000	1.0794	0.7386	0.1098
西安	0.3725	1.1269	0.3680	0.9265	1.0000	0.6843	0.1017
重庆	0.5443	1.6468	0.5378	1.3539	1.4613	1.0000	0.1487

图 5.1.15　城市生活垃圾指标的判断矩阵

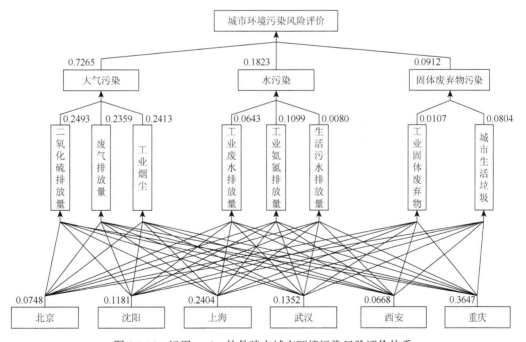

图 5.1.16　运用 yaahp 软件建立城市环境污染风险评价体系

　　根据图 5.1.16 的计算结果，可以得到方案层及各准则层要素对决策目标的排序权重结果（图 5.1.17～图 5.1.19）。由此可知，风险指数最终结果为重庆＞上海＞武汉＞沈阳＞北京＞西安。

备选方案	权重
重庆	0.3647
上海	0.2404
武汉	0.1352
沈阳	0.1181
北京	0.0748
西安	0.0668

图 5.1.17　方案层要素对决策目标的排序权重

中间层要素	权重
大气污染	0.7265
水污染	0.1823
固体废弃物污染	0.0912

图 5.1.18　第 1 个准则层要素对决策目标的排序权重

中间层要素	权重
二氧化硫排放量	0.2493
工业烟尘	0.2413
废气排放量	0.2359
工业氨氮排放量	0.1099
城市生活垃圾	0.0804
工业废水排放量	0.0643
工业固体废弃物	0.0107
生活污水排放量	0.0080

图 5.1.19　第 2 个准则层要素对决策目标的排序权重

4. 模糊综合法评价环境污染风险程度

1）评价指标分级标准及指标权重

评价指标分级标准是城市环境污染风险评价的基础，通过借鉴相关文献，我们确定了城市环境污染风险评价指标分级标准（表 5.1.4），根据其风险程度划分为无风险、低度风险、中度风险和高度风险 4 个等级。

表 5.1.4　城市环境污染风险评价指标分级标准　　　　　单位：吨

目标层	准则层	要素层	无风险	低度风险	中度风险	高度风险
城市环境污染风险评价	大气污染	X_1	<10 000	10 000~50 000	50 000~80 000	>80 000

续表

目标层	准则层	要素层	无风险	低度风险	中度风险	高度风险
城市环境污染风险评价	大气污染	X_2	<10 000	10 000~60 000	60 000~90 000	>90 000
		X_3	<10 000	10 000~40 000	40 000~90 000	>90 000
	水污染	X_4	<1 000	1 000~5 000	5 000~10 000	>10 000
		X_5	<300	300~600	600~1 500	>1 500
		X_6	<10 000	10 000~30 000	30 000~70 000	>70 000
	固体废弃物污染	X_7	<200	200~600	600~1 200	>1 200
		X_8	<100	100~200	200~500	>500

　　根据评价指标，本章利用 AHP 计算得到每一层的权重，包括两个部分，分别是要素层相对于准则层的权重集{0.2493，0.2359，0.2413，0.0643，0.1099，0.0080，0.0107，0.0804}，以及准则层相对于目标层的权重集{0.7265，0.1823，0.0912}。

　　2）确定隶属度（以北京为例）

　　首先要确定隶属度函数，然后分别计算评价指标对于各个评价等级的隶属度，根据隶属度来划分风险等级，进而得到综合评价结果。评价指标可分为逆向指标和正向指标两类，分别进行隶属度的计算。本章中各评价指标均为正向指标，即指标值越大，城市环境污染风险程度越高。

　　根据正向指标隶属度计算公式：

　　（1）当 $x_i < a_i$ 时，有

$$r_{i1} = 1, \quad r_{i2} = r_{i3} = r_{i4} = 0$$

　　（2）当 $a_{ik} \leqslant x_i \leqslant a_{i,k+1}$ 时，有

$$r_{ik} = \frac{a_{i,k+1} - x_i}{a_{i,k+1} - a_{i,k}}, \quad r_{i,k+1} = \frac{x_i - a_{i,k}}{a_{i,k+1} - a_{i,k}}, \quad k = 1,2,3$$

　　（3）当 $x_i > a_{i4}$ 时，有

$$r_{i1} = r_{i2} = r_{i3} = 0, \quad r_{i4} = 1$$

　　确定北京从评价指标到环境污染风险等级的模糊关系矩阵：

$$R = \begin{bmatrix} 0.2413 & 0.7587 & 0 & 0 \\ 0 & 0.1467 & 0.8533 & 0 \\ 0.5763 & 0.4237 & 0 & 0 \\ 0 & 0.1652 & 0.8348 & 0 \\ 0.9067 & 0.0933 & 0 & 0 \\ 0 & 0 & 0 & 1 \\ 0 & 0.2987 & 0.7013 & 0 \\ 0 & 0 & 0 & 1 \end{bmatrix}$$

　　（4）环境污染风险模糊综合评价

　　通过对各个评价指标的权重集 A 和模糊关系矩阵 R 进行矩阵运算，得到最终计算结果，即为所求的模糊综合评价集 B。

$B = A \circ R$

$$= (0.2493, 0.2359, 0.2413, 0.0643, 0.1099, 0.0080, 0.0107, 0.0804) \circ \begin{bmatrix} 0.2413 & 0.7587 & 0 & 0 \\ 0 & 0.1467 & 0.8533 & 0 \\ 0.5763 & 0.4237 & 0 & 0 \\ 0 & 0.1652 & 0.8348 & 0 \\ 0.9067 & 0.0933 & 0 & 0 \\ 0 & 0 & 0 & 1 \\ 0 & 0.2987 & 0.7013 & 0 \\ 0 & 0 & 0 & 1 \end{bmatrix}$$

$$= (0.2413, 0.2493, 0.2359, 0.0804)$$

最后，根据最大隶属度原则，取与 $\max\{0.2413, 0.2493, 0.2359, 0.0804\} = 0.2493$ 对应的风险等级作为最终评价结果，即北京的环境污染风险等级为低度风险。

其余五个城市数据处理方法同上述一致。各城市环境污染风险程度结果如表 5.1.5 所示。

表 5.1.5　各城市环境污染风险程度

城市	风险程度
北京	低度风险
沈阳	高度风险
上海	高度风险
武汉	高度风险
西安	低度风险
重庆	高度风险

3）评价结果

本章采用 AHP 及模糊综合评价法评估六个城市环境污染风险，评价结果基本一致。重庆、上海、武汉、沈阳环境污染较为严重，北京、西安环境污染程度相对较轻。造成环境污染严重的原因主要是工业二氧化硫、氮氧化物及烟（粉）尘等大气污染的过量排放。由此可见我国的工业化发展同时带来了巨大的环境问题，工业污染成为影响环境质量的关键因素。

4）城市环境污染的防范措施

（1）预防为主、防治结合。研究中发现经济发展与环境污染有着相关性。因此整体来说，应把环境保护纳入城市经济与社会发展计划，推行城市环境综合整治。我国城市环境污染之所以特别突出，布局不合理是一个主要原因。我国工业基础薄弱，工艺技术落后，管理不善，布局不合理，由此造成了严重的环境污染。因此，科学地确定城市性质和规模，合理地进行城市规划和布局，是保护和改善城市环境的一项重要对策。例如，禁止在城市生活居住区、水源保护区、名胜古迹与风景旅游区、疗养区和自然保护区兴建污染环境的企业。对新建工业区要合理布局，对布局不合理的老企业要予以改造，结合工业调查，关、停、并、转、治、迁一批老企业，逐步使其趋于合理。为此，需做好环境影响评价工作，在推行城市环境综合整治的同时调整工业布局。

（2）继续严格执行"污染者负担"的原则。具体措施如下。第一，结合技术改造防治工业污染。我国的很多老企业大多是在 20 世纪五六十年代建设的，这些工业企业大都技术水平低，经济效益差，能源和资源消耗高，环境污染严重，应对这些工业企业进行技术改造，加大科技投入的分量，推广清洁工艺和清洁生产，提高能源资源利用效率，这是控制污染的关键所在。第二，政府对工业污染实行限期治理，对布局不合理的工厂要坚决拆并，对污染严重的工业产品实行淘汰制度。第三，除实行"超标收费"外，还可实行"排污收费"。随着经济体制的改革和市场经济的进一步发展，这项政策的效果将会越来越显著。为此，要大力提高城市工业企业的技术水平，搞好城市产业结构的调整，大力发展第二、第三产业。

（3）加强城市生态环境综合整治。从最大化地发挥城市整体功能出发，来协调经济建设、城乡建设和环境建设之间的关系，运用综合的对策、措施来整治、保护和塑造城市环境，促进城市生态环境的良性循环。通过城市基础设施的建设，完善城市排水管网，建立城市污水处理厂，提高城市环境保护设施的水平；通过园林绿化、整治城市水系及旧城改造等途径，改善城市的生态环境，提高环境的自净能力，促进城市生态系统的良性循环。同时，应改革城市环境管理体制，强化环境管理。城市环境问题由多种因素构成，只有依靠各方面的共同努力才能从根本上解决问题。

5. 案例总结与分析

1）案例总结

案例通过选取收集我国 12 个污染较严重城市的数据，从 GDP 发展的角度下提出环境污染的 3 个一级指标和 8 个二级指标，建立环境指标体系，并使用 yaahp 软件确定了相对更加客观的指标权重，基于模糊评价法初步构建了环境污染风险综合评价模型，划分风险等级并计算指标权重，对各个城市的环境污染状况进行综合评价，结果表明，六个城市的污染指数大小为：重庆＞上海＞武汉＞沈阳＞北京＞西安。我国的几个主要污染较严重城市风险程度处于较高水平，加大环境污染治理力度刻不容缓。同时在研究过程中，小组成员提高了搜集数据、处理数据的能力，增强了对回归分析的方法和 AHP、模糊综合评价法等模型的理解。当然研究也还有很多不足，但我们相信这次研究过程对以后参加科研或学习都会有很大的帮助。

2）案例评析

（1）案例从 GDP 发展的角度构建了环境污染指标体系，但是影响体系的建立还有其他经济发展因素，因此对指标的选取有待完善，希望可以有更加科学性、代表性的环境指标体系。

（2）在模糊综合评价法里对环境污染的风险等级划分缺乏准确的基准，只能依据数学的思想选取了全国主要的 31 个城市相关数据平均分配区间，希望可以有更加完善的城市生态环境风险等级。

（3）由于数据和自身知识的限制，案例中只收集了我国主要的重污染城市相关数据，同时受 yaahp 软件限制，只分析了六个城市的环境污染风险，不能系统地囊括全国各大城市。希望可以有对我国城市质量更加全面的研究，以便于政府治理环境提出有效措施。

5.2 基于 DEA-Malmquist 指数法的粮食生产效率分析——以江苏省为例

思路： 本案例基于 DEA-Malmquist 指数法分析粮食生产效率。经典的 DEA 模型能够解决多输入、多输出的效率评价问题，但不能进一步挖掘造成效率高低的原因，将 DEA 和 Malmquist 指数结合，可以将生产全要素效率进一步分解成技术效率、技术进步效率来进行分析。本案例应用 DEA-Malmquist 指数法，对江苏省各市粮食生产现状进行实证分析，并提出相应的政策意见，具有一定的现实意义。

1. 基于 DEA 的 Malmquist 指数法理论

1953 年，瑞典经济学和统计学家 Malmquist 提出 Malmquist 指数。Caves 等将 Malmquist 指数与 DEA 方法相结合，用于测算生产率变化，并且得到广泛的应用。此后 Fare 等给出基于 DEA 的 Malmquist 指数测算的一种非参数线性规划算法，建立用来测算全要素生产率变化的 Malmquist 指数法。Malmquist 指数法运用 Shephard 提出的投入产出距离函数定义，描述不需要说明具体行为标准的多个输入变量和多个输出变量的生产效率。运用面向产出方法或面向投入方法都可以定义距离函数。给定一个投入变量矩阵，产出指标变量距离函数可以定义为产出指标变量矩阵的最优（最大）比例项；同理，给定一个产出变量矩阵，投入指标变量距离函数可以定义为投入指标变量矩阵的最优（最小）比例项。通常研究者使用面向产出的方法测度各决策单元的效率。目前实证研究中，研究者普遍采用 Fare 等构建的基于 DEA 的 Malmquist 指数法测算决策单元的全要素生产率以及技术进步和技术效率。

Malmquist 生产率指数主要有以下三个优点。

（1）不需要相关的价格信息，这在实证分析中特别重要。通常情况下，较易获取与投入和产出指标相关的统计数据，但相关的价格信息获取较困难。

（2）适用面板数据分析，即可对多区域跨时期的样本进行分析。

（3）测算所得的全要素生产率可进一步被分解为技术进步指数和技术效率指数。本章将每个市的粮食生产视为一个决策单元，并具有相同的投入指标变量和产出指标变量，便可运用 DEA 方法构造 t 时期粮食生产的最佳前沿面。处在生产前沿面上的决策单元为"最佳实践者"，处于生产前沿面内部的决策单元为"追赶者"。通过对每个决策单元生产点位置与生产前沿面的比较，即可对每个决策单元的技术效率和技术进步做出评价。Malmquist 指数是技术效率变化指数和技术进步指数的乘积，所以 Malmquist 指数就代表着每个决策单元的全要素生产率变化情况，即本章中每个市的粮食生产效率。

2. 基于 DEA 的 Malmquist 指数法模型

假定选择面向产出的角度，即投入确定条件下，首先定义产出的距离函数。根据 Shephard 和 Fare 定义的方法，产出指标变量的距离函数定义如下：

$$D_0(x,y) = \inf_\theta \{\theta : (x, y/\theta) \in P(x)\}$$

式中，x 和 y 为投入指标变量和产出指标变量矩阵；θ 为产出效率的度量指标；$P(x) = \{(x, y): x$ 能够生产出 $y\}$ 为可能产出集。若 y 为 $P(x)$ 的组成部分，则函数值将小于或等于 1。如果 y 位于可能产出集的外部前沿面上，那么函数值将等于 1；反之，如果 y 位于 $P(x)$ 外部，那么函数值将大于 1。

Caves 等在单投入单产出情况下首次定义了 Malmquist 指数。

假定已有 t 和 $t+1$ 两个时期的投入产出数据，用 (X_t, Y_t) 和 (X_{t+1}, Y_{t+1}) 分别表示 t 时期和 $t+1$ 时期的投入产出量，则 t 时期技术 T_t 为参照的基于产出角度的 Malmquist 指数定义为

$$M_t = \frac{D_t(X_{t+1}, Y_{t+1})}{D_t(X_t, Y_t)}$$

$t+1$ 时期技术 T_{t+1} 为参照构造的基于产出角度的 Malmquist 指数为

$$M_{t+1} = \frac{D_{t+1}(X_{t+1}, Y_{t+1})}{D_{t+1}(X_t, Y_t)}$$

式中，$D_t(X_t, Y_t)$ 和 $D_{t+1}(X_{t+1}, Y_{t+1})$ 是根据生产点在相同时间段也就是 t 时期和 $t+1$ 时期与最优生产前沿面相比得到的距离函数。$D_t(X_{t+1}, Y_{t+1})$ 和 $D_{t+1}(X_t, Y_t)$ 是根据生产点在混合期间与最优前沿面相比得到的距离函数。

仿照 Fisher 理想指数的构造方法，运用上面两式的几何平均值作为度量从 t 时期到 $t+1$ 时期全要素生产率变化的 Malmquist 生产率指数 $M_{t,t+1}$（即下式），当 Malmquist 指数大于 1 时，表明从 t 时期到 $t+1$ 时期全要素生产率是增长的。

$$M_{t,t+1} = \left[\frac{D_t(X_{t+1}, Y_{t+1})}{D_t(X_t, Y_t)} \frac{D_{t+1}(X_{t+1}, Y_{t+1})}{D_{t+1}(X_t, Y_t)} \right]^{\frac{1}{2}}$$

式中，(X_t, Y_t) 和 (X_{t+1}, Y_{t+1}) 分别表示在 t 时期和 $t+1$ 时期的投入和产出量；D_t 和 D_{t+1} 分别表示以 t 时期技术 T_t 为参照，t 时期和 $t+1$ 时期的距离函数。

Malmquist 生产率指数 $M_{t,t+1}$ 可分解为技术效率变化指数（EC）和技术进步指数（TC），其分解过程如下：

$$M_{t,t+1} = \left[\frac{D_t(X_{t+1}, Y_{t+1})}{D_{t+1}(X_{t+1}, Y_{t+1})} \frac{D_t(X_t, Y_t)}{D_{t+1}(X_t, Y_t)} \right]^{\frac{1}{2}} \frac{D_{t+1}(X_{t+1}, Y_{t+1})}{D_t(X_t, Y_t)}$$

$$M_{t,t+1} = \text{TC} \times \text{EC}$$

当规模报酬可变时，EC 可进一步分解为纯技术效率指数（PECH）和规模效率指数（SECH），即

$$\frac{D_{t+1}(X_{t+1}, Y_{t+1})}{D_t(X_t, Y_t)} = \frac{D_{t+1}(X_{t+1}, Y_{t+1}|V, S)}{D_t(X_t, Y_t|V, S)} \frac{D_{t+1}(X_{t+1}, Y_{t+1}|C, S)/D_{t+1}(X_{t+1}, Y_{t+1}|V, S)}{D_t(X_t, Y_t|C, S)/D_t(X_t, Y_t|V, S)}$$

$$\text{EC} = \text{SECH} \times \text{PECH}$$

因此，Malmquist 生产率指数 $M_{t,t+1}$ 可被分解为 TC、PECH 和 SECH，其计算公式如下：

$$M_{t,t+1} = \left[\frac{D_t(X_{t+1}, Y_{t+1})}{D_{t+1}(X_{t+1}, Y_{t+1})} \frac{D_t(X_t, Y_t)}{D_{t+1}(X_t, Y_t)} \right]^{\frac{1}{2}}$$

$$= \frac{D_{t+1}(X_{t+1}, Y_{t+1} | V, S)}{D_t(X_t, Y_t | V, S)} \frac{D_{t+1}(X_{t+1}, Y_{t+1} | C, S)/D_{t+1}(X_{t+1}, Y_{t+1} | V, S)}{D_t(X_t, Y_t | C, S)/D_t(X_t, Y_t | V, S)}$$

$$M_{t,t+1} = \text{TC} \times \text{SECH} \times \text{PECH}$$

Malmquist 生产率指数的分解表明，全要素生产率的增长是技术进步与技术效率提高的综合作用，技术效率是 PECH 和 SECH 的综合体现。当 $M_{t,t+1} > 1$ 时，表示从 t 时期到 $t+1$ 时期全要素生产率的增长；$M_{t,t+1} < 1$ 时，表示全要素生产率水平的下降；当 $M_{t,t+1} = 1$ 时，表示全要素生产率水平保持不变。EC 反映在既定技术条件下，实际产出与最大可能产出的比值；EC>1 表明技术效率改善，反之则技术效率下降。技术进步反映从 t 时期到 $t+1$ 时期生产前沿面的移动，称为"生产前沿面移动效应"，主要用以衡量 $t+1$ 时期决策单元的生产是否存在技术进步。TC>1 说明技术进步，生产前沿面"向上"移动。PECH 反映在既定技术和规模情况下，从 t 时期到 $t+1$ 时期相对生产效率的变化，以衡量决策单元的生产是否更靠近当期生产前沿面。PECH>1 表明在既定的技术和规模情况下，$t+1$ 时期决策单元的生产更接近生产前沿面，相对生产效率有所提高。SECH 反映决策单元在 t 时期和 $t+1$ 时期规模收益的变化情况，称为"规模效应"；SECH>1 说明规模收益递增，反之规模收益递减。

此外，为了度量 Malmquist 生产率指数，需要借助线性规划方法计算有关投入和产出的各种距离函数。这些距离函数需要通过求解第 i 个决策单元的 DEA 问题来完成。对于第 i 个决策单元，要计算从 t 时期到 $t+1$ 时期的距离函数，即需要计算如下四个基于 DEA 的距离函数：

$$\max_{\varphi, \lambda} \varphi = [d_0^t(x_{t+1}, y_{t+1})]^{-1}$$

$$\text{s.t.} \begin{cases} -\varphi y_{it} + Y_{t+1}\lambda \geq 0 \\ x_{it} - X_{t+1}\lambda \geq 0 \\ \lambda \geq 0 \end{cases}$$

$$\max_{\varphi, \lambda} \varphi = [d_0^{t+1}(x_{t+1}, y_{t+1})]^{-1}$$

$$\text{s.t.} \begin{cases} -\varphi y_{i,t+1} + Y_{t+1}\lambda \geq 0 \\ x_{i,t+1} - X_{t+1}\lambda \geq 0 \\ \lambda \geq 0 \end{cases}$$

$$\max_{\varphi, \lambda} \varphi = [d_0^t(x_{t+1}, y_{t+1})]^{-1}$$

$$\text{s.t.} \begin{cases} -\varphi y_{i,t+1} + Y_t\lambda \geq 0 \\ x_{i,t+1} - X_t\lambda \geq 0 \\ \lambda \geq 0 \end{cases}$$

$$\max_{\varphi, \lambda} \varphi = [d_0^{t+1}(x_{t+1}, y_{t+1})]^{-1}$$

$$\text{s.t.} \begin{cases} -\varphi y_{it} + Y_{t+1}\lambda \geqslant 0 \\ x_{it} - X_{t+1}\lambda \geqslant 0 \\ \lambda \geqslant 0 \end{cases}$$

1）粮食生产的指标体系构建

建立粮食生产效率评价指标体系时，首先，投入产出指标选取的实质性原则是评价指标要反映评价目的和评价内容；其次避免投入产出集合内部指标间的强线性关系；最后要考虑指标的多样性和数据可获取性。要全面准确地对粮食生产效率进行评价，指标的选取主要遵循科学性原则、系统性原则、可行性原则。因而，对于同一指标数据必须保证数据来源相同，统计口径相对一致，符合规范要求。

基于 DEA 的 Malmquist 指数模型实质上是一种基于投入产出变量的效率评价模型，即评价指标的选取包括投入项和产出项两个方面。在进行投入项和产出项指标选取前，首先构建粮食生产效率测算的概念模型图（图 5.2.1）和选取决策单元。本章以江苏省13 个市的粮食生产效率为研究对象，故决策单元的选取以各市为区分，研究目标群体中共有 13 个决策单元。

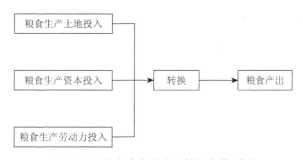

图 5.2.1　粮食生产效率测算概念模型图

基于粮食生产管理者通常希望在特定的投入量（如劳动力、粮食播种面积、农业机械使用量）的水平下获得尽可能多的产出量（粮食产量），本章选择面向产出的模式来测算分析江苏省各市的粮食生产效率。因此，本章中粮食生产的产出项为粮食产出，投入项选取粮食生产中土地、劳动力和资本的投入数量。鉴于数据的可获取性，用粮食总产量表示粮食产出，用粮食作物播种面积表示土地投入，用粮食生产中的农业机械总动力、化肥施用量（折纯量）表示资本投入，用粮食生产中的实际劳动人数表示劳动力投入。本章中所使用的基础数据全部来源于 2006～2015 年的《江苏统计年鉴》，本章的投入产出指标界定如表 5.2.1 所示。

表 5.2.1　粮食生产效率投入产出指标界定表

投入项	产出项
粮食作物播种面积/千公顷	粮食总产量/万吨
粮食生产中的农业机械总动力/万千瓦	
粮食生产中的化肥施用量（折纯量）/万吨	
粮食生产中的实际劳动人数/万人	

统计资料中农林牧渔劳动力、农业机械总动力、化肥施用量（折纯量）是指所有从事农业的，没有单独针对粮食的资料。因此，本章对上述四种投入要素进行一定的处理，把农业中用于粮食生产的劳动力、农业机械总动力、化肥施用量（折纯量）剥离出来，以更准确地测度粮食生产效率。

对于粮食生产中的劳动力数据，本书借鉴李萌的数据处理方法，将农业产值占农林牧渔业总产值的比重和粮食播种面积占农作物总播种面积的比重作为权数来计算从事粮食生产的劳动力人数。计算公式如下：

$$粮食生产劳动力 = 农林牧渔从业人数 \times \frac{农业产值}{农林牧渔总产值} \times \frac{粮食播种面积}{农作物总播种面积}$$

对于农业机械总动力、化肥施用量（折纯量）数据，本章以全年粮食播种面积占农作物总播种面积的比重作为权数计算粮食生产中的农业机械总动力、化肥施用量（折纯量）。计算公式如下：

$$粮食生产农业机械总动力 = 农业机械 \times \frac{粮食播种面积}{农作物总播种面积}$$

$$粮食生产化肥施用量 = 农业生产化肥施用量（折纯量） \times \frac{粮食播种面积}{农作物总播种面积}$$

此外，本章评价指标投入项所选取的四个投入要素的作用是相互独立的假设，即劳动力、播种面积、农业机械总动力、化肥施用量（折纯量）对粮食生产起的作用相互独立；同时，政策、气候、病虫害等对粮食产量具有一定影响但难以量化的因素暂不列入粮食生产效率测算概念模型。另外，本章投入产出指标共 5 项，选取的目标决策单元 13 个。这符合 DEA 理论的一条重要经验法则，即 DEA 理论要求样本个数至少是输入与输出变量和的两倍，否则 DEA 效率的区别能力就会变弱。

江苏省是我国粮食主产区之一。2005～2014 年，受农业现代化与城镇化进程加快、农村劳动力进城务工等影响，江苏省 13 市中，粮食生产劳动力总体上呈下降趋势，从 2005 年的 358.1 万人减少到 2014 年的 292.3 万人，2008 年和 2011 年下降幅度尤其大，分别比上年减少了 4.89% 和 5.97%，只有 2010 年比上年增加 0.62%；粮食生产机械总动力持续增加，从 2005 年的 2035.90 万千瓦时增加到 2014 年的 3391.12 万千瓦时，其中 2006 年增速达到 11.48%，2008 年和 2014 年增速分别达到 7.86% 和 7.64%；粮食生产化肥施用量（折纯量）方面，2005～2009 年从 220.00 万吨增加到 245.45 万吨，2009 年之后又逐步减少到 233.60 万吨；粮食播种面积除 2013 年略微下降，总体呈上升趋势，但增速在不断放缓；粮食产量总体上呈上升趋势，仅 2007 年和 2013 年有所下降，但近年来粮食产量的增速在逐渐降低。

2）运用 DEAP 软件对江苏省各市粮食现状做数据测算

DEAP 是一款基于 DOS 界面、无须安装的软件，易于使用且功能强大，可以满足 DEA-Malmquist 指数模型的计算需求需要，并且没有 DMU 数目的限制。

软件的具体操作如下。

（1）新建一个文件夹，里面必须有四个文件（123.ins、deap.exe、DEAP.000、123.DTA）。前三个文件在一般下载的 DEAP Version 2.1 中都有，第四个文件是一个数据文件，一般先在 Excel 中输入，再复制到一个记事本下就可以了，注意在记事本下的数据只有数据，不包括决策单元的名称和投入、产出的名称，并且一定要先放产出，后放投入。数据目录如图 5.2.2 所示，各数据截取如图 5.2.3 和图 5.2.4 所示。

123.DTA	2016/5/31 23:36	DTA 文件	5 KB
123.ins	2016/6/3 13:26	INS 文件	1 KB
DEAP.000	1980/1/8 10:45	000 文件	1 KB
deap.exe	2002/8/13 14:05	应用程序	549 KB

图 5.2.2 数据目录

城市	year	Y（粮食总产量）	X1（粮食作物播种面积）	X2（粮食生产农业机械总动力）	X3（农业生产化肥施用量（折纯量））	X4（粮食生产的实际劳动人数）
南京市	2005	96.54	148.23	64.45	5.49	8.47
无锡市	2005	74.99	119.96	90.61	5.86	9.84
徐州市	2005	314.13	576.99	246.37	37.80	63.80
常州市	2005	98.06	144.81	97.41	5.40	9.33
苏州市	2005	110.76	169.85	107.49	6.36	8.20
南通市	2005	294.19	541.35	178.81	16.80	35.33
连云港市	2005	248.00	434.14	194.19	24.24	37.13
淮安市	2005	345.39	574.91	213.09	25.37	49.95
盐城市	2005	483.96	779.06	236.34	32.84	33.54
扬州市	2005	226.43	357.51	138.39	13.88	15.85
镇江市	2005	90.68	155.58	86.38	6.34	13.80
泰州市	2005	267.18	403.02	148.75	15.53	23.42
宿迁市	2005	286.61	518.36	233.61	24.42	49.47
南京市	2006	105.99	153.65	80.80	5.47	8.18
无锡市	2006	77.83	119.02	89.79	5.85	9.05
徐州市	2006	357.98	613.20	280.73	41.83	68.89
常州市	2006	105.81	145.81	158.39	5.37	9.12
苏州市	2006	123.52	175.70	109.87	6.46	7.91
南通市	2006	319.48	544.58	182.98	16.95	28.78
连云港市	2006	276.99	445.62	216.14	25.12	38.32
淮安市	2006	381.46	594.23	238.80	26.20	48.30
盐城市	2006	535.33	824.63	254.06	35.34	35.83
扬州市	2006	245.08	367.95	142.17	15.02	16.02
镇江市	2006	99.57	159.28	89.58	6.49	13.12
泰州市	2006	282.25	414.22	156.49	15.32	22.65
宿迁市	2006	317.64	534.85	269.74	25.21	50.83

图 5.2.3 Excel 数据截取

123.DTA.txt - 记事本

文件(F) 编辑(E) 格式(O) 查看(V) 帮助(H)

```
96.54   148.23   64.45    5.49    8.47
74.99   119.96   90.61    5.86    9.84
314.13  576.99   246.37   37.80   63.80
98.06   144.81   97.41    5.40    9.33
110.76  169.85   107.49   6.36    8.20
294.19  541.35   178.81   16.80   35.33
248.00  434.14   194.19   24.24   37.13
345.39  574.91   213.09   25.37   49.95
483.96  779.06   236.34   32.84   33.54
226.43  357.51   138.39   13.88   15.85
90.68   155.58   86.38    6.34    13.80
267.18  403.02   148.75   15.53   23.42
286.61  518.36   233.61   24.42   49.47
105.99  153.65   80.80    5.47    8.18
77.83   119.02   89.79    5.85    9.05
357.98  613.20   280.73   41.83   68.89
105.81  145.81   158.39   5.37    9.12
123.52  175.70   109.87   6.46    7.91
319.48  544.58   182.98   16.95   28.78
276.99  445.62   216.14   25.12   38.32
381.46  594.23   238.80   26.20   48.30
535.33  824.63   254.06   35.34   35.83
245.08  367.95   142.17   15.02   16.02
99.57   159.28   89.58    6.49    13.12
282.25  414.22   156.49   15.32   22.65
317.64  534.85   269.74   25.21   50.83
```

图 5.2.4 记事本数据截取

（2）对命令 Dblank 文件进行修改，修改后保存为“123.ins”文件，如图 5.2.5 所示。

```
123.ins - 记事本
文件(F) 编辑(E) 格式(O) 查看(V) 帮助(H)
123.dta            DATA FILE NAME
123.out            OUTPUT FILE NAME
13                 NUMBER OF FIRMS
10               NUMBER OF TIME PERIODS
1                NUMBER OF OUTPUTS
4                NUMBER OF INPUTS
1               0=INPUT AND 1=OUTPUT ORIENTATED
1                0=CRS AND 1=VRS
2                0=DEA(MULTI-STAGE), 1=COST-DEA, 2=MALMQUIST-DEA, 3=DEA(1-STAGE), 4=DEA(2-STAGE)
```

图 5.2.5　命令 Dblank 文件修改

（3）打开 DEAP 软件，运行“123.ins”文件，如图 5.2.6 所示。

```
DEAP Version 2.1
****************

A Data Envelopment Analysis (DEA) Program

by Tim Coelli
   Centre for Efficiency and Productivity Analysis
   University of New England
   Armidale, NSW, 2351, Australia
   Email: tcoelli@metz.une.edu.au
   Web: http://www.une.edu.au/econometrics/cepa.htm

The licence for this copy of DEAP is a:
    SITE LICENCE
    for staff and students at

    *** THE UNIVERSITY OF NEW ENGLAND ***

Enter instruction file name: 123.ins
```

图 5.2.6　运行“123.ins”

（4）按回车键后自动生成“123.out”文件，如图 5.2.7 所示。

123.DTA	2016/5/31 23:36	DTA 文件	5 KB
123.ins	2016/6/3 13:26	INS 文件	1 KB
123.out	2016/6/4 1:19	OUT 文件	17 KB
DEAP.000	1980/1/8 10:45	000 文件	1 KB
deap.exe	2002/8/13 14:05	应用程序	549 KB

图 5.2.7　生成“123.out”文件

“123.out”文件查看如图 5.2.8 所示。

注意事项：（1）123.dta、Dblank、123.ins 都用记事本打开。

（2）数据文件名和命令文件名一定要相同，如都用 123。

（3）文件夹中一定要包括 deap.000 文件，如果没有这个文件，打开 DEAP 软件，就会出现一闪就没有了的情况。

```
123.out - 记事本
文件(F) 编辑(E) 格式(O) 查看(V) 帮助(H)
Results from DEAP Version 2.1

Instruction file = 123.ins
Data file        = 123.dta

Output orientated Malmquist DEA


DISTANCES SUMMARY


year =      1

  firm    crs te rel to tech in yr     vrs
  no.     *************************     te
           t-1      t       t+1

   1     0.000    1.000    0.949     1.000
   2     0.000    0.923    0.881     1.000
   3     0.000    0.818    0.794     0.855
   4     0.000    1.000    0.960     1.000
   5     0.000    1.000    0.927     1.000
   6     0.000    1.000    0.935     1.000
   7     0.000    0.857    0.831     0.870
   8     0.000    0.906    0.886     0.943
```

图 5.2.8 "123.out" 文件查看

本章运用 DEAP2.1 软件对江苏省各市粮食投入和产出的相关统计数据进行测算, 得到 2005~2014 年江苏省各市整体粮食全要素生产率及其分解年际变化和江苏省各市粮食全要素生产率的年际变化, 如表 5.2.2 和图 5.2.9 所示。

表 5.2.2 江苏省各市粮食全要素生产率年际变化

年份	全要素生产率分解	全要素生产率分解		技术效率变化分解	
		技术效率变化指数	技术进步指数	纯技术效率变化指数	规模效率指数
2005	1	1	1	1	1
2006	0.065	1.014	1.05	1.014	1
2007	0.943	0.982	0.96	0.996	0.986
2008	1.112	1.014	1.097	1.003	1.01
2009	1.029	1.014	1.016	1.008	1.006
2010	1.013	1.004	1.009	1.003	1.001
2011	1.036	1.004	1.032	1.004	1.001
2012	1.021	1.008	1.014	1.005	1.002
2013	0.998	0.985	1.014	0.988	0.996
2014	1.011	1.005	1.006	1.005	1
10 年平均	1.0228	1.003	1.0198	1.0026	1.0001

3) DEA-Malmquist 指数法对江苏省各市粮食生产效率做总体评价

由表 5.2.2 可知, 2005~2014 年江苏省整体粮食全要素生产率平均上升 2.28%。全

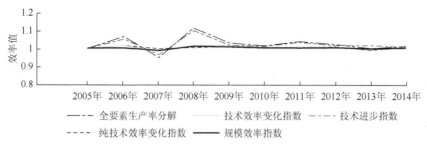

图 5.2.9 江苏省各市粮食全要素生产率年际变化

要素生产率指数分解为技术进步和技术效率，可知整体粮食全要素生产率的上升主要是由技术进步带来的，技术进步年均增长 1.98%，技术进步贡献是这一期间江苏省整体粮食全要素生产率增长的源泉。技术效率可进一步分解为纯技术效率和规模效率。2005～2014 年江苏省整体纯技术效率均值为 1.0026，江苏省作为粮食主产区，各市在既定技术和生产规模下，粮食生产相对效率提高，但效率提高不大。2005～2014 年江苏省整体规模效率均值为 1.0001，其值大于 1 说明这一期间内整体粮食生产的规模收益递增。由图 5.2.9 可知，2005～2014 年江苏省整体粮食全要素生产率变动呈现波动性。粮食全要素生产率变化趋势与技术进步的变化趋势基本一致，技术效率的变化趋势与纯技术效率的变化趋势基本一致，说明 2005～2014 年江苏省整体粮食全要素生产率的变动主要是由技术进步引起的，粮食全要素生产率的增长主要来自技术进步的贡献；粮食生产的技术效率变化则主要是由纯技术效率的变动引起的。江苏省总体粮食全要素生产率 2005～2014 年的均值为 1.0228，说明各市粮食生产效率在这个时间段整体呈现微幅增长。但整个研究期间内不同阶段粮食全要素生产率、技术效率、技术进步、纯技术效率和规模效率变动有所差异。2007 年全要素生产率（0.943）、技术效率（0.982）、技术进步（0.96）、纯技术效率（0.996）和规模效率（0.986）均小于 1，表明粮食生产效率整体存在效率损失。这一期间由于工业经济发展挤占农业特别是粮食生产资源、城镇化进程加快和大量农村劳动力进城务工等因素的影响，粮食播种面积和从事粮食生产的人员有所减少，全省粮食产量年均减少 3.22%，粮食生产技术效率没有产生“增长效应”，整体技术效率负增长；技术进步负增长表明这一时期农业科技没有转化为现实生产力，农业科技进步对粮食增产的效果不明显，也意味着粮食生产经营管理水平没有得到提高。

2008～2012 年全要素生产率、技术效率、技术进步、纯技术效率和规模效率均大于 1，说明这一期间粮食生产效率逐渐改善。这一期间粮食全要素生产率平均增长 4.2%，技术效率平均增长 0.9%，技术进步平均增长 3.4%，技术效率有所改善，技术进步对粮食增产发挥正向作用。一方面，在“十一五”、“十二五”期间，江苏省政府认真贯彻落实党中央、国务院关于加强“三农”工作的各项方针政策，加快推进农业产业化、农村工业化和农村城镇化进程；另一方面，2004 年以来农业税的减征免征对农民种粮收益空间的提升以及这一期间农业科技的有效推广并转化为现实生产力等对 2008～2012 年各市粮食生产效率的明显提高能够起一定的解释作用。2005～2014 年江苏省各市整体粮食全要素生产率值如表 5.2.3 所示。

表 5.2.3 2005～2014 年江苏省各市粮食生产全要素生产率值

城市	2005 年	2006 年	2007 年	2008 年	2009 年	2010 年	2011 年	2012 年	2013 年	2014 年	均值
南京	1	1.076	0.899	0.899	1.235	1.019	1.008	1.048	1.046	1.009	1.0239
无锡	1	1.046	0.947	0.947	1.066	1.028	1	1.038	1.009	1.003	1.0084
徐州	1	1.069	0.896	0.896	1.112	1.063	0.994	1.016	1.031	0.957	1.0034
常州	1	1.065	0.952	0.952	1.125	1.025	1	1.014	1.026	1.026	1.0185
苏州	1	1.104	0.89	0.89	1.188	1.03	1.022	1.049	1.021	1.01	1.0204
南通	1	1.075	0.911	0.911	1.107	1.037	1.06	1.055	1.018	1.024	1.0198
连云港	1	1.084	0.99	0.99	1.097	1.028	1.005	1.014	1.024	0.98	1.0212
淮安	1	1.063	0.965	0.965	1.074	1.021	1.009	1.012	1	1.003	1.0112
盐城	1	1.036	0.997	0.997	1.038	0.994	1.02	1.022	0.976	0.982	1.0062
扬州	1	1.047	0.974	0.974	1.141	1.037	1.003	1.079	1.036	1.021	1.0312
镇江	1	1.072	0.939	0.939	1.088	1.053	1.029	1.088	1.056	0.999	1.0263
泰州	1	1.046	0.957	0.957	1.111	1.023	1.019	1.03	0.985	1.007	1.0135
宿迁	1	1.068	0.949	0.949	1.092	1.028	1.004	1.01	1.05	0.96	1.011

粮食全要素生产率的变化由多方面因素相互作用而成，其综合反映了粮食品种改良、粮食作物栽培技术改进、粮食生产者劳动技能和知识水平的提高、粮食生产组织和管理以及计划的改进等对粮食全要素生产率变动的影响。由表 5.2.3 可知，2005～2014 年粮食全要素生产率均值大 1 的市有 13 个，各市发挥其粮食生产自然资源禀赋优势，粮食生产经营管理水平和技术推广有所改善。由表 5.2.3 还可知，2005～2014 年江苏省各市粮食全要素生产率变化呈现波动性，期间全省没有任何一个市的粮食全要素生产率始终大于 1。各市粮食生产的土地、劳动力和物质投入年际变动较大，各市粮食总产量不稳定。

4）江苏省各市粮食全要素生产率分解分析

全要素生产率可被分解为技术进步和技术效率，技术效率在规模报酬可变的前提下可进一步分解为纯技术效率和规模效率。为了进一步研究区域内部变化，分析全省各市粮食生产优劣势所在，本案例测算了 2005～2014 年江苏省各市粮食生产技术进步指数的年际变化，如表 5.2.4 所示。

表 5.2.4 2005～2014 年江苏省各市粮食生产技术进步指数

城市	2005 年	2006 年	2007 年	2008 年	2009 年	2010 年	2011 年	2012 年	2013 年	2014 年	均值
南京	1	1.076	0.921	1.206	1.019	1.008	1.048	1.046	1.009	1.027	1.036
无锡	1	1.048	0.965	1.051	1.008	1.004	1.016	1.001	1.018	1.005	1.0116
徐州	1	1.031	0.979	1.061	1.008	1.004	1.016	1.001	1.016	1.005	1.0121
常州	1	1.065	0.952	1.125	1.025	1	1.014	1.026	1.026	1.004	1.0237
苏州	1	1.104	0.89	1.188	1.03	1.022	1.049	1.021	1.01	1.003	1.0317
南通	1	1.075	0.938	1.141	1.024	1.029	1.069	1.03	1.021	1.006	1.0333
连云港	1	1.032	0.977	1.06	1.008	1.004	1.016	1.001	1.025	1.005	1.0128

续表

城市	2005 年	2006 年	2007 年	2008 年	2009 年	2010 年	2011 年	2012 年	2013 年	2014 年	均值
淮安	1	1.026	0.98	1.064	1.008	1.004	1.016	1.001	1.02	1.005	1.0124
盐城	1	1.036	0.997	1.038	0.994	1.02	1.022	0.976	0.982	0.975	1.004
扬州	1	1.047	0.986	1.127	1.037	1.003	1.079	1.036	1.021	1.001	1.0337
镇江	1	1.038	0.972	1.058	1.013	1.001	1.035	1.056	0.999	1.033	1.0205
泰州	1	1.046	0.957	1.111	1.023	1.019	1.03	0.985	1.007	0.999	1.0177
宿迁	1	1.033	0.975	1.054	1.008	1.004	1.016	1.001	1.024	1.005	1.012

粮食生产的技术进步涵盖有关粮食生产的所有技术及各种知识的积累与改进,不仅包括粮食生产技术的进步,还包括粮食生产经营管理、社会科学方面的技术进步。由表 5.2.5 可知,2005~2014 年江苏省各市粮食生产技术进步指数年际间波动较大,特别是 2005~2006 年江苏省各市粮食生产的技术进步水平大幅上升,2006~2007 年则大幅下降。但从整体来看,江苏省各市粮食生产技术进步的变化较小,各市粮食生产技术进步指数基本在 1 附近,说明当期农业科技的应用没有有效转化为现实生产力。这意味着随着农业前沿生产技术的不断更新与推广,农业科技进步对各市粮食生产的贡献仍处于低效水平,农业科技在粮食生产中的推广与应用绩效有待评估。同时表明,现有农业前沿生产技术的推广可能受到体制、资金、人员等因素的制约,导致技术进步贡献的低效。例如,即使粮食优质新品种被采用,但由于某些生产资料价格的上升导致农户没有按照最优配置投入各种生产资料,技术进步没有真正转化成现实生产力,最终影响粮食生产效率的提高。

表 5.2.5　2005~2014 年江苏省各市粮食生产的技术效率值

城市	2005 年	2006 年	2007 年	2008 年	2009 年	2010 年	2011 年	2012 年	2013 年	2014 年	均值
南京	1	1	0.976	1.024	1	1	1	1	1	1	1
无锡	1	0.999	0.981	1.015	1.02	0.997	1.022	1.008	0.986	0.988	1.0016
徐州	1	1.037	0.915	1.048	1.055	0.99	1	1.031	0.942	1.025	1.0043
常州	1	1	1	1	1	1	1	1	1	1	1
苏州	1	1	1	1	1	1	1	1	1	1	1
南通	1	1	0.971	0.97	1.013	1.03	0.987	0.988	1.003	1.023	0.9985
连云港	1	1.05	1.013	1.035	1.02	1.002	0.998	1.023	0.955	1.002	1.0098
淮安	1	1.036	0.984	1.01	1.013	1.005	0.996	1	0.983	1.004	1.0031
盐城	1	1	1	1	1	1	1	1	1	1	1
扬州	1	1	0.988	1.012	1	1	1	1	1	1	1
镇江	1	1.033	0.966	1.029	1.039	1.028	1.052	1	1	1	1.0147
泰州	1	1	1	1	1	1	1	1	1	1	1
宿迁	1	1.034	0.973	1.036	1.02	1.001	0.995	1.05	0.937	1.028	1.0074

技术效率是生产单位在现有技术水平下获得最大产出或投入最少成本的能力。技术效率在农业经济领域用以度量农作物实际产出和理论最大产出的差距，即既定技术水平和生产要素投入条件下农业实际产出达到最大产出的程度。纯技术效率和规模效率的综合作用引起粮食生产技术效率的变动，但纯技术效率上升幅度大于规模效率上升幅度。因此，纯技术效率是大部分市粮食生产技术效率提高的主导因素。

技术效率在规模报酬可变前提下可进一步分解为纯技术效率和规模效率。纯技术效率反映在技术和规模不变的情况下，两个时期相对生产效率的变化，用以衡量决策单元的生产是否更靠近当前生产前沿面。

由表 5.2.6 可知，2014 年全省仅 3 市粮食生产纯技术效率大于 1，表明在现有的技术水平和生产要素投入规模下，江苏省 77%的市粮食生产投入要素没有得到充分有效利用。2005~2009 年各市粮食生产纯技术效率值基本在 1 附近，说明现有技术在各市粮食生产中基本没有得到充分利用，粮食生产经营偏离其生产前沿面。

规模效率主要度量投入要素的增加对全要素生产率的影响，反映决策单元两个时期规模收益状态的变化情况。由表 5.2.7 可知，2014 年全省仅 5 个市粮食生产规模效率值大于 1。这表明 2014 年全省大部分市粮食生产规模收益呈递减状态，粮食生产的规模经济性较差，各市粮食规模化经营水平较低，粮食生产经营规模有待优化。近年来受工业化趋势、农资价格上涨和种粮比较收益低等因素影响，大部分市特别是粮食主产区，粮食生产的土地、劳动力和物质投入减少，农民种粮积极性不高，影响粮食生产的规模效率。

表 5.2.6　2005~2014 年江苏省各市粮食生产的纯技术效率值

城市	2005 年	2006 年	2007 年	2008 年	2009 年	2010 年	2011 年	2012 年	2013 年	2014 年	均值
南京	1	1	1	1	1	1	1	1	1	1	1
无锡	1	1	1	1	1	1	1	1	1	1	1
徐州	1	1.034	0.93	1.031	1.055	0.989	1.006	1.026	0.945	1.021	1.0037
常州	1	1	1	1	1	1	1	1	1	1	1
苏州	1	1	1	1	1	1	1	1	1	1	1
南通	1	1	0.999	0.985	0.989	1.027	0.996	0.982	0.993	1.023	0.9994
连云港	1	1.056	1.02	1.02	1.019	1.001	1	1.023	0.969	0.999	1.0107
淮安	1	1.029	0.999	0.999	1.012	1.002	1.001	0.996	0.993	0.999	1.003
盐城	1	1	1	1	1	1	1	1	1	1	1
扬州	1	1	1	1	1	1	1	1	1	1	1
镇江	1	1.029	1.025	0.992	1.013	1.027	1.049	1	1	1	1.0135
泰州	1	1	1	1	1	1	1	1	1	1	1
宿迁	1	1.037	0.98	1.019	1.017	0.999	0.997	1.047	0.95	1.023	1.0069

表 5.2.7　2005~2014 年江苏省各市粮食生产规模效率值

城市	2005 年	2006 年	2007 年	2008 年	2009 年	2010 年	2011 年	2012 年	2013 年	2014 年	均值
南京	1	1	0.976	1.024	1	1	1	1	1	1	1
无锡	1	0.999	0.981	1.015	1.02	0.997	1.022	1.008	0.986	0.988	1.0016

城市	2005年	2006年	2007年	2008年	2009年	2010年	2011年	2012年	2013年	2014年	均值
徐州	1	1.003	0.984	1.017	0.999	1.001	0.994	1.005	0.996	1.003	1.0002
常州	1	1	1	1	1	1	1	1	1	1	1
苏州	1	1	1	1	1	1	1	1	1	1	1
南通	1	1	0.972	0.985	1.024	1.003	0.991	1.006	1.009	1.001	0.9991
连云港	1	0.995	0.994	1.015	1.001	1.001	0.999	1	0.985	1.003	0.9993
淮安	1	1.008	0.985	1.011	1.001	1.003	0.995	1.004	0.99	1.004	1.0001
盐城	1	1	1	1	1	1	1	1	1	1	1
扬州	1	1	0.988	1.012	1	1	1	1	1	1	1
镇江	1	1.003	0.942	1.037	1.026	1.001	1.002	1	1	1	1.0011
泰州	1	1	1	1	1	1	1	1	1	1	1
宿迁	1	0.997	0.993	1.016	1.003	1.002	0.997	1.003	0.986	1.005	1.0002

5）案例结论与评析

（1）案例总结

①贯彻落实耕地保护政策，严守土地红线

严格遵守耕地保护政策符合国家提出的严守土地红线的要求，同时为保证粮食产量打下良好的基础，江苏省可分区域从以下几方面入手。

首先，合理规划土地使用，保证农用地面积。苏南地区发展较快，地方政府应该主动调节城镇化的建设用地总面积，城市建设用地可规划为土地存量与增量两部分，政府在保证粮食耕地存量处于可控范围的基础上，要重视城镇化建设用地的流量控制。对于已经列入国家新型城镇化建设的粮食用地一律不许随便占用，并提升用地效率，尽量避免重复建设，浪费资源。土地供给计划需提前向社会大众公开，实现阳光政策，接受大众的监督。

其次，规范粮食用地的使用制度。在苏北地区，粮食用地的使用成本相对较低，若让市场自发对农业用地进行调节，直接会导致耕地面积大量缩小。所以，在推动市场经济发展的同时，政府应该加强对粮食用地的管理，强化耕地有偿使用制度，提升占用耕地进行工业化建设的成本，保护基本农田建设。作为决策者，政府在土地规划过程中，要权衡城镇建设用地和粮食生产用地两方面因素，使城乡发展建设用地、工业和农业用地之间形成良性互动，同时要考虑环境保护问题，只有这样才能形成真正可持续的、确保粮食生产能力和效率的城乡用地模式。

再次，建立合理的土地产权结构。通过合理合法征购的方式获得城镇发展、房产开发所需要的集体所有的土地，要参照市场交易行情与实际情况，对农民给予一定程度的经济补偿。这样既可以在保障农民的权益上保护国家的利益，也可以对政府的权力进行监督，避免政府行政权力的滥用，更有利于减缓消除耕地流失速度，保证18亿亩红线。

最后，健全土地流转机制。在市场飞速发展的今天，制度和方针的规划要适应当前的形势，在保证粮食作物播种面积质量与数量基础上，成立土地交易中介服务机构，配置专业人员与科学合理的操作手册，面向社会，为土地的流转提供科学的建议；推动土地使用权交易相关法律的进程，通过法律的保障，将土地使用权流转的原则、条件、方法等展现在公众面前，使土地流转更加依法合理，公平公正。

②调整粮食收购价格，控制粮食生产成本

合理的粮食收购价格不仅是提高农民种粮积极性、提升农民种粮收益的基础和关键，也是稳定粮食生产、确保粮食安全的重要手段。受需求和产量等多方面影响，粮食价格也不断波动，因此，为了保障农民的利益，政府应当根据市场情况，不断调整粮食的收购价格，对于囤积粮食影响粮价的不法商贩予以严厉的惩治，提高农用物资的质量并降低价格，实现真正意义上的让利于民。经过调查发现，近年来江苏省各地区粮食的收购价在逐年增加，这是一个很好的现象，同时应该清楚地认识到增加幅度还有很大的提升空间，需要继续让粮食价格保持适度上涨，同时注意对城市低保户等弱势群体给予补贴，避免引发民生问题。

粮食生产成本主要是由物质成本和人工成本（家庭用工折价）构成，其人工成本是比照外出务工收入核算的，本身也属于种粮收益的一部分。一方面，控制粮食生产成本是关键，特别是控制物质成本中的农用物资是重点，种子、肥料等农资产品价格走高会使农产品的成本提高，农民获益减少，降低生产积极性；另一方面，要降低人工成本，以农民为主体，科研人员深入基层对其实现再教育再培训，把先进的耕作技术、生产模式、生产设备向广大粮食生产者普及，重点提高他们耕作的技能，从而提高粮食生产效率。

③加大农业基础设施投入，推动粮食生产机械化

近些年来水旱灾害多发，江苏省一些地区特别是苏北地区由于水利设施年久失修，出现问题也没有及时地采取补救措施，导致粮食生产受到损失，已经严重制约当地粮食生产现代化的发展。在当前粮食生产劳动力短缺而且趋于老龄化的情况下，劳动力成本快速上升，人工费越来越高，而推广应用粮食生产农业机械可以大大节省人工费，在一定程度上提高劳动生产率，而且机械化生产可以在很大程度上促进粮食规模经营，因此，实现机械现代化是基础。江苏省地处平原，适合采用机械化生产方式。采取机械化耕种方式，扩大农业生产机械覆盖范围，可以减少劳动力的投入，将人力资源从田地里解放出来，在耕种过程中，无论浇水施肥，还是防虫防害，都能达到真正意义上的"精耕细作"，大大缩短人工时代所需要的时间，提高效率，保证粮食产量。在加大资金投入，提高比重，加快基础设施的推广进程与更新工作的同时，也要完善相关的基础设施长效养护机制，防范设施损坏，要因地制宜，根据农田的环境、地理位置等客观因素科学布局，在生产区域内种植最合适的农产品。只有建立健全完善持久有效的基础设施，才能保证农田生产效率持续稳定的增长，形成具有一定规模的生产基地。

④加快科技创新，驱动生产方式转型升级

现代农业不再是以往的"靠天吃饭"，更多的是要依靠科学技术的支持与帮助，要

加大对农业科技的投入与使用，全面提高农业的高科技支撑水平，达到事半功倍的成效。创新驱动是发展现代农业的主要方式，将新能源，新材料，新技术不断运用到农业生产中，形成集约型生产方式。

根据江苏省农业科技在不同地域的应用情况和不同地区的自然条件的特点，在加大农业科技并将专家产量变为农民产量时，要做到因地制宜，针对不同地域的特征，应有不同的侧重点。江苏省苏北地区关键要加快科技创新，开发增产新技术，提高综合效益；江苏省苏南地区关键是要加快科技成果转化推广，提高种植户的科技水平，提高科技应用效率；江苏省苏中地区应大力推广应用中低产田改造技术，积极建设成为高产稳产农田。此外，江苏省各地区要积极引进高产量的种植品种，并在农民中推广开来，鼓励农科院工作者走进基层，指导农民新品种的耕种方法，传播新的耕种技术；农业部门要适时组织涉农高校、科研院所及相关科技人员集思广益，群策群力，针对不同的农产品和基地，因地制宜、因时制宜，实施科学化、多元化的生产模式。

（2）案例评析

由于只截取了 2005～2014 年的江苏省 13 市的相关数据进行研究，其不能全面地反映江苏省长时间内的粮食生产综合水平，也无法判断范围更小的县域内的粮食生产效率水平，因此希望在将来对江苏省各县市 20 年以来的数据进行收集整理，研究其粮食生产效率水平。

关于 DEA 模型的指标选取仍有可改进的空间，最终构建的指标体系依旧需要不断完善，例如，目前缺少合理的换算方式以及各大城市相应的数据，希望能够将农药使用量纳入指标，这样对江苏省 13 市的农业生产效率的评价结果更为精确，所得结果的针对性将更强。

评价区域农业生产效率的方式方法、模型架构、理论体系以及相关软件有很多种，本章仅在 Malmquist 指数法的基础上对江苏省 13 市的粮食生产支出效率有效性进行了评估；未来可以在开拓模型的基础上，对江苏省粮食生产效率做进一步研究细化。

■ 5.3　DEA 案例：基于 DEA 模型的江苏省财政支出效率评价研究

思路： 本案例运用 DEA 模型对江苏省几大重要城市的财政支出效率进行了评价研究，综合分析各地财政支出的效率及导致效率不高的原因。DEA 是一种以相对概率概念为基础，按照多指标投入和多指标产出，对同类的部门或单位进行相对有效性或效益评价的方法。此模型已经在各领域的效率评价方面得到了应用，本案例着眼于江苏省南京市、常州市、无锡市、徐州市、苏州市、南通市、扬州市这七个重要城市进行财政支出效率的评价研究，运用 DEAOS 操作软件进行数据处理，分析得出影响效率的因素并提出相关建议。

本案例选取江苏省七个重要城市（南京市、常州市、无锡市、徐州市、苏州市、南通市、扬州市）进行财政支出效率的评价研究，在搜集了大量数据之后，汇总了表 5.3.1 所示的原始数据表。

表 5.3.1　江苏省七个重要城市的财政收支情况

项目	南京市	常州市	无锡市	徐州市	苏州市	南通市	扬州市
汇总公共财政收入/万元	7 330 168	3 789 900	2 033 667	839 788	2 242 751	5 008 596	2 249 986
公共财政支出/万元	7 696 569	3 923 000	2 033 667	1 241 976	2 578 304	2 122 134	4 821 070
一般公共服务支出/万元	261 602	196 320	120 656	109 556	149 100	91 966	181 320
公共安全支出/万元	278 417	180 000	124 840	125 686	229 765	90 876	130 870
教育支出/万元	176 556	721 700	160 904	206 189	213 033	145 016	71 260
科学技术支出/万元	72 210	58 600	49 900	34 231	41 460	25 864	42 600
文化体育与传媒支出/万元	139 224	118 900	50 559	22 957	55 695	22 184	35 020
社会保障和就业支出/万元	219 075	394 900	88 345	165 198	120 931	32 146	65 460
医疗卫生支出/万元	171 793	213 100	115 927	68 452	99 695	81 464	58 140
节能环保支出/万元	89 481	84 300	128 478	33 158	31 631	24 940	73 800
城乡社区事务支出/万元	452 634	356 770	269 233	120 586	86 053	317 706	288 043
农林水事务支出/万元	70 993	62 098	55 672	84 049	48 469	31 830	25 550
交通运输支出/万元	230 095	110 087	79 842	43 349	122 421	44 120	89 240
GDP 总值/亿元	7 201.57	3 969.80	7 568.15	4 016.58	12 011.65	4 558.70	2 933.20
人均 GDP/元	88 243.72	85 483.94	117 054.37	46 877.21	112 743.10	62 473.62	65 660.82

1. 江苏省各城市财政数据的指标选取

1）投入指标选取

我们在收集整理数据的时候，选取了汇总公共财政收入、公共财政支出、一般公共服务支出、公共安全支出、教育支出等 15 项指标。

其中，公共财政支出与汇总公共财政收入相对应，是公共财政分配的第二阶段，它是国家将集中起来的社会产品或国民收入按照一定的方式和渠道，有计划地进行分配的过程。它具体体现在政府对其所掌握的公共财政资金的安排、供应、使用和管理的全过程，反映了公共财政资金的规模、结构、流向和用途。公共财政支出通常也称为政府支出或公共支出，既是动态的，也是静态的。

一般公共服务支出主要用于保障机关事业单位正常运转，支持各机关单位履行职能，保障各机关部门的项目支出需要，以及支持地方落实自主择业军转干部退役金等。公共安全支出是国家安全支出的一部分，是为了维护社会公共安全而必需的经费支出，包括：各级公安机关、国家安全机关的业务经费、人员经费、活动经费；居民身份证经费；看守所、拘留所、收容所的经费；公安干部培训经费；警察学校经费等。社会保障和就业支出，主要包括财政对社会保险基金的补助、补充全国社会保障基金、行政事业单位离退休、就业补助、城市和农村居民最低生活保障等 17 个门类。在中国的财政预算中，社会保障和就业支出的核心是养老。

城乡社区事务类科目反映政府城乡社区事务支出。此类下设 10 款：城乡社区管理事务、城乡社区规划与管理、城乡社区公共设施、城乡社区住宅、城乡社区环境卫生、建设市场管理与监督、政府住房基金支出、土地有偿使用支出、城镇公用事业附加支出、其他城乡社区事务支出。

农林水事务类科目反映政府农林水事务支出，具体包括：农业支出、林业支出、水利支出、南水北调支出、扶贫支出、农业综合开发支出、其他农林水事务支出等。需要说明的是，所谓的"农业支出"是指大口径的农业方面的支出，具体包括种植业、畜牧业、渔业、兽医、农机、农垦、农场、农业产业化经营组织、农村和垦区公益事业等方面的支出。因此，在科目应用时，"农业支出"下的各项级科目不仅适用于种植业，而且适用于包括上述各行业和组织在内的各种支出，如各级畜牧和农机部门的基本支出都使用"农业支出"款下的"行政运行"项。

在此，为了简化本章的数据模型，适应 DEAOS 软件，我们认真选取了一般公共服务支出和社会保障和就业支出作为研究的投入指标。可以看到，一般公共服务支出在各城市所占比重都相对很大，并且所涉及的范围、单位、事务都很广泛。而一个国家的国民经济在一定程度上是跟国民的就业和社会生活保障息息相关的。

2）产出指标选取

本章选取了各城市总 GDP 和人均 GDP 作为产出指标。

GDP，即国内生产总值，它是指在一定时期内（一个季度或一年），一个国家或地区的经济中所生产出的全部最终产品和劳务的价值，常被公认为衡量国家经济状况的最佳指标。

GDP 不但可以反映一个国家的经济表现，还可以反映一个国家的国力与财富。人均 GDP 常作为发展经济学中衡量经济发展状况的指标，是重要的宏观经济指标之一，它是人们了解和把握一个国家或地区的宏观经济运行状况的有效工具。将一个国家核算期内（通常是一年）实现的 GDP 与这个国家的常住人口（或户籍人口）相比进行计算，得到人均 GDP。人均 GDP 是衡量各国人民生活水平的一个标准，为了更加客观地衡量，经常与购买力平价相结合。

2. 基于 DEA 方法及 DEAOS 操作软件的模型求解

1）DEAOS 操作软件简介

本章运用了 DEAOS 操作软件帮助解决 DEA 模型求解问题。该软件操作简便，上手容易，提供结果较为形象准确，便于理解和掌握。DEAOS 操作软件界面和选择界面分别如图 5.3.1 和图 5.3.2 所示。

在该界面中新建一个你所想要的项目，如图 5.3.3 所示。

在适当位置输入所给数据，如图 5.3.4 所示。

单击 Save&Solve 按钮，选择适当模型，该系统可呈现图 5.3.5 所示的分析结果。

判断各个决策单元是否 DEA 有效，并画出数据包络图，更为形象直观，如图 5.3.6 所示。

通过该模型的 DEA 模型求解，我们可以对江苏省财政支出效率进行更为准确的评价，并提出具有建设性的建议。

图 5.3.1　DEAOS 操作软件界面

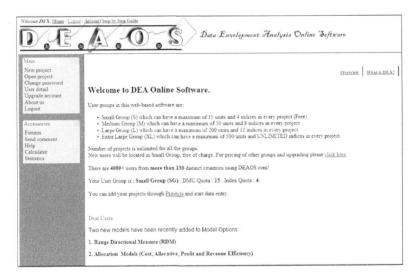

图 5.3.2　DEAOS 操作软件选择界面

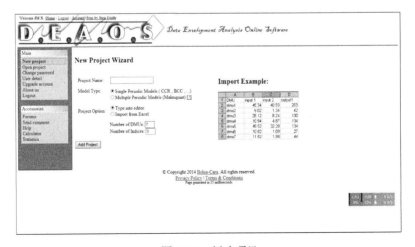

图 5.3.3　新建项目

Project : **Test**

Add [Row ▽]　[Add]　Data Statistics

Name Unit	Active	Index1 Not Acti ▽	Index2 Not Acti ▽	Index3 Not Acti ▽	Index4 Not Acti ▽	
DMU1	☑					Delete
DMU2	☑					Delete
DMU3	☑					Delete
DMU4	☑					Delete
DMU5	☑					Delete
DMU6	☑					Delete
DMU7	☑					Delete
DMU8	☑					Delete
		Delete	Delete	Delete	Delete	

≤ 1 ≥

[Save]　[Save & Solve]　[Cancel]

Import: [　　　　　　] 浏览... [Import Excel File]

图 5.3.4　输入数据

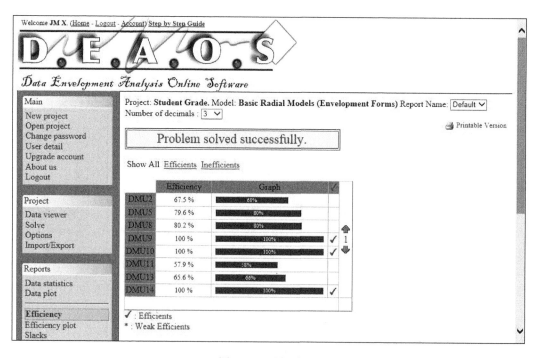

图 5.3.5　分析结果

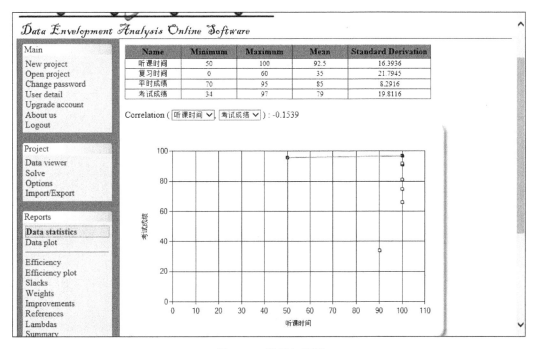

图 5.3.6 数据包络图

2）DEAOS 操作软件求解

在 DEAOS 操作软件中输入原始数据后，得到了以下效率分析结果（图 5.3.7）。通过软件求解，目前就一般公共服务支出与社会保障和就业支出两项投入指标，以及总 GDP 和人均 GDP 作为产出指标来看，有三个城市目前效率已经达到 DEA 有效，分别是无锡市、苏州市和南通市，其次是扬州市（效率达到 52.6%）、徐州市（效率为 50.4%）、常州市（效率为 44.9%），而南京市效率最低，仅为 38.8%。

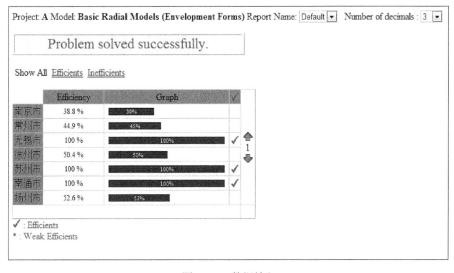

图 5.3.7 数据输入

3. 江苏省各城市财政状况分析

1）各个城市的个体财政状况分析

上述七个城市的个体财政状况分别如图 5.3.8～图 5.3.14 所示。

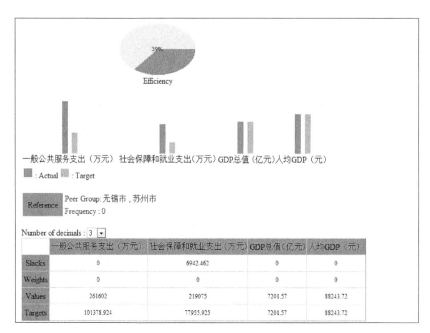

图 5.3.8　南京市个体财政状况

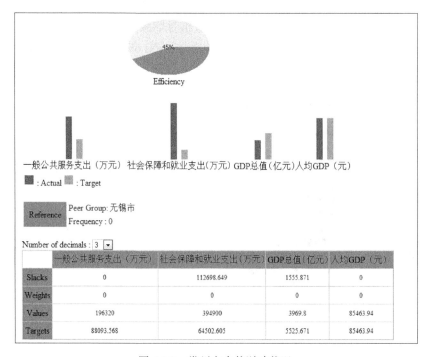

图 5.3.9　常州市个体财政状况

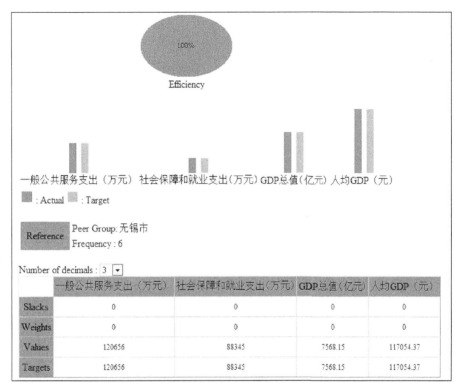

图 5.3.10　无锡市个体财政状况

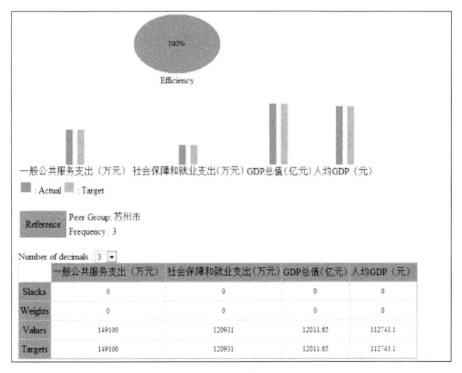

图 5.3.11　苏州市个体财政状况

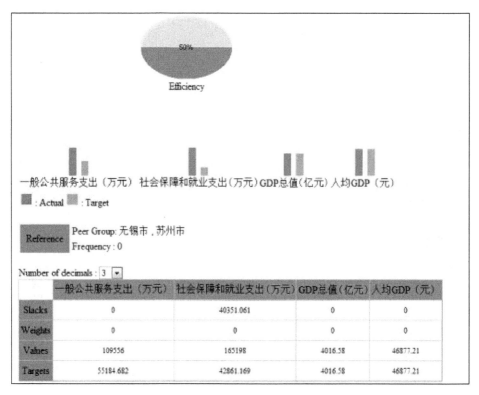

图 5.3.12　徐州市个体财政状况

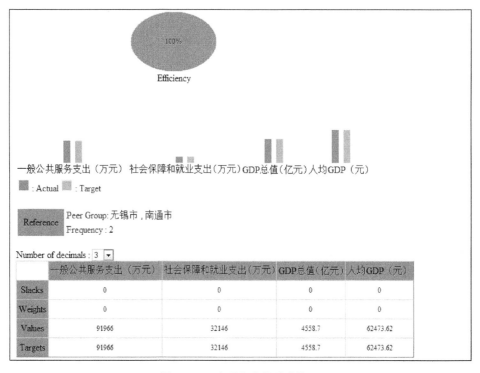

图 5.3.13　南通市个体财政状况

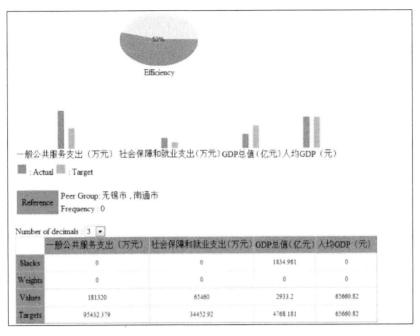

图 5.3.14　扬州市个体财政状况

运用 DEA 可以得到以下分析结果。

（1）以 GDP 总值为 Y 轴，以一般公共服务支出为 X 轴，如图 5.3.15 所示。

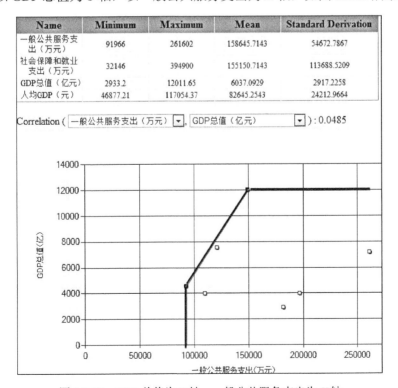

图 5.3.15　GDP 总值为 Y 轴，一般公共服务支出为 X 轴

（2）以 GDP 总值为 Y 轴，以社会保障和就业支出为 X 轴，如图 5.3.16 所示。

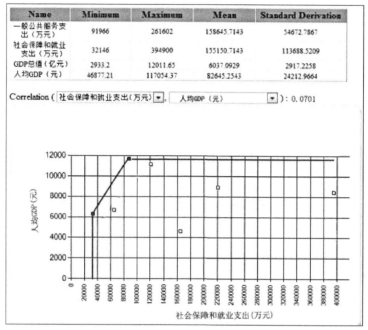

图 5.3.16　GDP 总值为 Y 轴，社会保障和就业支出为 X 轴

（3）以人均 GDP 为 Y 轴，以一般公共服务支出为 X 轴，如图 5.3.17 所示。

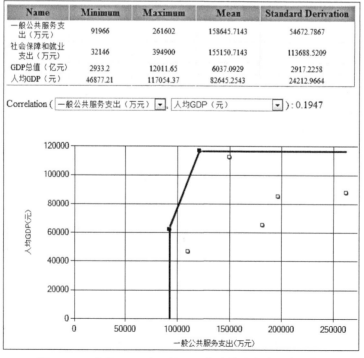

图 5.3.17　人均 GDP 为 Y 轴，一般公共服务支出为 X 轴

（4）以人均 GDP 为 Y 轴，以社会保障和就业支出为 X 轴，如图 5.3.18 所示。

Name	Minimum	Maximum	Mean	Standard Derivation
一般公共服务支出（万元）	91966	261602	158645.7143	54672.7867
社会保障和就业支出（万元）	32146	394900	155150.7143	113688.5209
GDP总值（亿元）	2933.2	12011.65	6037.0929	2917.2258
人均GDP（元）	46877.21	117054.37	82645.2543	24212.9664

Correlation (社会保障和就业支出(万元) ▼ , 人均GDP（元） ▼): 0.0701

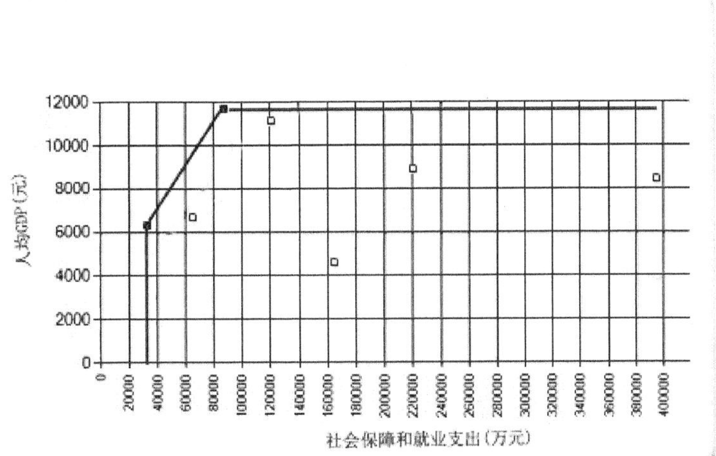

图 5.3.18　人均 GDP 为 Y 轴，社会保障和就业支出为 X 轴

软件求解的松弛变量和最终的改进方案分别如图 5.3.19 和图 5.3.20 所示。

A Model: Basic Radial Models (Envelopment Forms) Report Name: Default ▼　Number of decimals : 3 ▼

	一般公共服务支出（万元）	社会保障和就业支出（万元）	GDP总值（亿元）	人均GDP（元）
南京市	0	6942.462	0	0
常州市	0	112698.649	1555.871	0
无锡市	0	0	0	0
徐州市	0	40351.061	0	0
苏州市	0	0	0	0
南通市	0	0	0	0
扬州市	0	0	1834.981	0

⇦ 1 ⇨

图 5.3.19　解的松弛变量

2）江苏省各城市财政状况 DEA 分析

（1）无锡市、苏州市和南通市效率已经达到最高，可以保持一般公共服务支出与社会保障和就业支出不变而达到最大产出。

（2）南京市：一般公共服务支出有投入冗余，需要降低到 101 378.921 万元；社会保障和就业支出也有投入冗余，需要降低到 77 955.925 万元才能使效率达到最高。

	一般公共服务支出（万元）	社会保障和就业支出（万元）	GDP总值（亿元）	人均GDP（元）
南京市	261602 to 101378.924	219075 to 77955.925	7201.57 to 7201.57	88243.72 to 88243.72
常州市	196320 to 88093.568	394900 to 64502.605	3969.8 to 5525.671	85463.94 to 85463.94
无锡市	120656 to 120656	88345 to 88345	7568.15 to 7568.15	117054.37 to 117054.37
徐州市	109556 to 55184.682	165198 to 42861.169	4016.58 to 4016.58	46877.21 to 46877.21
苏州市	149100 to 149100	120931 to 120931	12011.65 to 12011.65	112743.1 to 112743.1
南通市	91966 to 91966	32146 to 32146	4558.7 to 4558.7	62473.62 to 62473.62
扬州市	181320 to 95432.379	65460 to 34452.92	2933.2 to 4768.181	65660.82 to 65660.82

Project: A Model: **Basic Radial Models (Envelopment Forms)** Report Name: Default Number of decimals : 3

图 5.3.20　最终的改进方案

（3）常州市：一般公共服务支出有投入冗余，需要降低到 88 093.568 万元；社会保障和就业支出也有投入冗余，需要降低到 64 502.605 万元，可以使 GDP 总值的产出不足有所改善，提高到 5525.671 亿元，人均 GDP 保持不变。

（4）徐州市：一般公共服务支出有投入冗余，需要降低到 55 184.682 万元；社会保障和就业支出也有投入冗余，需降低到 42 861.169 万元才能使效率达到最高。

（5）扬州市：一般公共服务支出有投入冗余，需要降低到 95 432.379 万元；社会保障和就业支出也有投入冗余，需要降低到 34 452.92 万元，可以使 GDP 总值的产出不足有所改善，提高到 4768.181 亿元，人均 GDP 保持不变。

从结果可以看出，所有未能达到 DEA 有效投入产出比的城市，都存在着投入冗余，产出不足的情况，这个结果跟我们在前面所描述的中国现今财政支出所呈现出的问题相一致。

4. 案例总结与分析

1）案例总结

本案例对江苏省南京市、常州市、无锡市、徐州市、苏州市、南通市、扬州市这七个重要城市多项投入指标和产出指标进行了财政支出效率的评价研究，运用了 DEAOS 操作软件进行数据处理。以小见大，我们可以看到，尽管中国自改革开放以来，人民的生活水平不断得到提高，中国的人均 GDP 不断攀升，政府的财政支出结构也在积极改善和调整，但是财政支出的现状仍应是各级政府所要关注的重点。出现的主要问题包括如下。

（1）行政费用占财政总开支比重过大，大量挤占公共开支项目。

统计数据显示，在财政各类支出中，行政管理支出的增长幅度最大，支出金额由 1998 年 1600.27 亿元增加到 2006 年 7571.05 亿元，膨胀了近 4 倍。在财政支出汇总所占的比重也由 1998 年的 14.82%增加到 2006 年的 18.73%。虽然 20 世纪 80 年代以来我国先后进行了几次大规模的机构精简改革，但是机构和人员编制仍急剧膨胀，而且行政事业部门公用经费支出中存在着不同程度的浪费。这些原因使得行政费用增长过快，大量挤占其他项目支出，导致财政支出结构不合理，加重了财政负担。

（2）财政支出中"缺位"、"越位"现象仍然存在。

财政支出的"缺位"表现在，一方面介入市场有效领域，另一方面对于政府职能范围之内的一些工作没有尽到责任，尚未提供充分的公共物品来满足社会需求。例如，政府对于义务教育投入不足；对自然资源和环境保护的力度不足等。这使得政府无法充分利用宏观调控政策来弥补市场失效的缺陷，也不利于社会主义市场经济体制的完善。财政支出的"越位"表现在政府对许多本该由市场解决的问题，应该通过市场机制提供的商品加以干预，也就是管了不该管的事，突出体现在政府参与生产、提供私人产品、政府对企业的直接干预、财政供养人员过多以及支出负担过重等。这样就浪费了稀缺的财政资源，分散了财力，使财政支出不能用在重点项目的实施上，如科教兴国、可持续发展战略等。

（3）中央和地方财权和事权分配不均。

中央政府占了全国财政收入的大头。地方政府虽然在收入方面不如中央政府，但它却为全国的财政支出作出了巨大的贡献。一些本应由中央政府承担的项目支出却让地方政府进行补贴，形成了"地方政府事权过多、财权过少、民生政策资金不足"的局面。这样就可能造成地方政府为了节省财政收入而置中央政府的方针政策于不顾，从而削弱中央政府方针政策的有效性。

（4）社会文教费投入依然很低。

改革开放以来，我国对教育方面的投入增大，绝对规模从 1978 年的 146.96 亿元增加到 2006 年的 10 846.20 亿元，占财政支出的比例也由 13.10%到 26.83%。我国一直把教育作为一个重点来抓，但教育支出总体投入水平较低的情况并没有得到根本改变，主要表现在，1978～2006 年教育投入占 GDP 比重平均为 4.04%，从 1978 年的 4%到 2006年的 5.1%，仅上升 1.1 个百分点。

2）案例评析

只有将人民的钱用到改善民生上去，取之于民，用之于民，并且充分利用资金，极大提高资金使用效率，才能使国家长治久安，国民经济和生活才能得到根本性的改变和提升。具体措施包括如下。

（1）要随着社会主义市场经济的发展不断调整和优化财政支出结构。一方面要逐步减少直至退出对一般性竞争领域的直接投入，严格控制并努力节约一般性开支；另一方面要加大对重点支出项目的财政保障力度，向农村倾斜，向社会事业发展的薄弱环节倾斜，特别是积极支持收入分配、社会保障、教育、投资等其他方面的体制改革创新，积极促进和完善社会主义市场经济体制，着力推动经济社会事业全面协调可持续发展。继续实行精简行政机构措施也是必要的，这是解决行政费用开支过大的根本途径。

（2）提供有效的公共服务，满足民生需求。在加快经济发展的同时，政府必须采取有效的政策措施，让社会成员能够共享发展成果，让绝大多数社会成员受益，从而实现真正意义上的发展，避免只有少数人受益的"有增长无发展"的情形。基于此，政府应当把主要的注意力放在公共服务上，把公共服务作为建设全面小康社会最重要的考核指标。只有这样，教育、医疗卫生、社会保障等领域的问题才能得到及时有效的解决，才能够为人的全面发展提供坚实的基础，为经济的持续稳定发展提供可靠的社会环境。

（3）深化财政支出管理体系改革，提高资金的使用效益。财政支出管理体系的改革和完善是我国建立公共财政体制的关键环节之一，要以提高财政资金的使用效益为最终目标，建立与市场经济相适应的预算管理体系，实现财政支出管理模式的创新。推进公共支出预算管理的制度创新，合理界定政府公共预算支出的内容和范围，推行以部门预算为基础的综合预算形式，加强预算制度的规范化把预算内和预算外两部分结合起来，建立统一的预算管理体系，从而合理配置资源，实现社会的公共需要；改变公共支出供给的方式，广泛推进政府采购制度，加大政府采购的工作力度，以节约资金、防止腐败问题的产生；改革财政资金的缴拨方式，实行国库单一账户制度，消除分散收付所带来的对财政资金的截留、挤占、挪用等问题，改进支出管理；实行预算编制、执行以及监督三者分开的现代化管理模式。

（4）正确处理中央财政和地方财政的关系。正确处理好中央财政与地方财政的关系有利于国家的长治久安。表现在财政管理体制上，正确处理中央财政与地方财政的关系，合理划分中央与地方财政的财权与事权，既要坚持维护中央权威，又要注意调动地方积极性，使二者有机统一。按照公共财政体制的要求，在保持中央对国家财力的相当程度的集中，保持中央强大的宏观调控能力的基础上，赋予地方政府更多的财力，使公共财政更好地改善民生。

另外，从本案例中也可以看出，DEA 在研究政府财政投入和支出效率问题方面有着广泛而深刻的作用。对于解决日常实际问题和分析处理数据，得到最优方案有着良好的借鉴意义。

■ 5.4　TOPSIS 案例：全球背景下江苏省财政收入风险评估

思路：随着全球化进程的不断深入，我国地方财政收入面临越来越大的挑战，本章立足于全球化背景，多角度考虑了影响地方财政收入的因素，建立了一套财政收入风险指标体系，并以江苏省南京市、苏州市、无锡市、南通市为例，利用 AHP 和 TOPSIS 对其风险进行评价，比较分析结果。研究框架如图 5.4.1 所示。

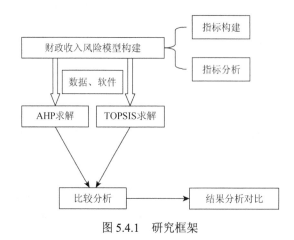

图 5.4.1　研究框架

1. 财政收入风险指标的创建与分析

国内有许多学者做过类似的研究，他们也建立了一些关于财政收入风险的指标，本章在前人研究的基础之上，适当保留了某些指标，并给出了一套新的指标体系（图 5.4.2）。

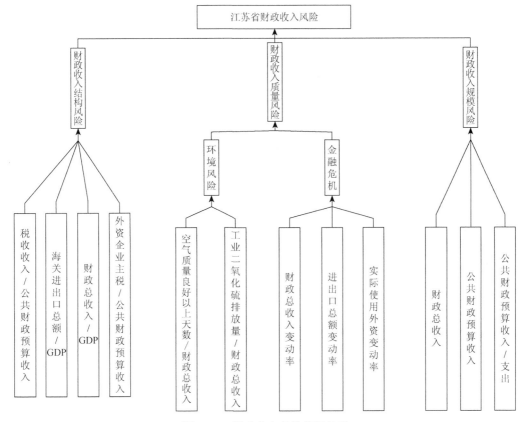

图 5.4.2 财政收入风险指标体系

本章的指标体系共分为四层，对于总的风险，我们从财政收入结构风险、财政收入质量风险、财政收入规模风险三个方面入手。其中，财政收入结构风险是考虑财政收入的比率关系，财政收入质量风险是考虑财政收入的清洁性和稳定性，财政收入规模风险是考虑财政收入的大小。

对于财政收入质量风险，主要是从环境和金融危机来考虑，环境对应收入的清洁性，金融危机对应收入的稳定性。

环境风险下面有两个四级指标。

（1）空气质量良好以上天数/财政总收入（−）。

（2）工业二氧化硫排放量/财政总收入（＋）。

（1）为单位财政收入所享有的空气质量良好以上的天数，该值越大，说明质量越好；（2）为单位财政收入摊得的工业二氧化硫排放量，该值越大，质量越差，故（1）为负向指标，（2）为正向指标。

金融危机下面有三个四级指标。

（1）财政总收入变动率（+）。

（2）进出口总额变动率（+）。

（3）实际使用外资变动率（+）。

考虑到金融危机的时间性，这里的变动率为 2007～2008 年的增长率与 2008～2009 年的增长率之差。上述三个指标均为正向指标，因为该值越大，说明越不稳定，则风险越大。

对于财政收入结构和规模风险，没有设立三级指标，而是直接下设四级指标。

财政收入结构风险下共有四个四级指标。

（1）规模以上外资工业企业主营业务税金及附加（图 5.4.2 中简写为外资企业主税）/公共财政预算收入（+）。

（2）税收收入/公共财政预算收入（−）。

（3）海关进出口总额/GDP（+）。

（4）财政总收入/GDP（−）。

注：规模以上企业是指主营业务收入 2000 万元以上企业。

在这里，我们认为一个地方的财政收入对外资依赖过大，其风险越大，故（1）为正向指标；地方的公共财政预算收入主要来自税收，（2）项值越大，风险越小，故（2）为负向指标；（3）项也是对外依存程度的衡量，故为正向指标；一个地方的财政收入应与其生产总值成正比，如果一个地方 GDP 很高，但其财政总收入却很低，这应当是不合理的，故（4）为负向指标。

财政收入规模风险下有三个四级指标。

（1）财政总收入（−）。

（2）公共财政预算收入（−）。

（3）公共财政预算收入/支出（−）。

（1）和（2）分别为财政总收入和公共财政预算收入的净值，其值越大则规模风险越小，故为负向指标；（3）是公共财政预算收入与支出的比例关系，这里涉及财政支出，不是财政收入内部的因素，故该比例反映的是一种规模，而非财政收入的内部结构，该值越大，说明收入相对支出越大，风险越小，故（3）为负向指标。

2. 运用 Excel 和灰色预测模型进行数据的处理、分析

考虑到数据的时效性，我们采用 2013 年的数据，但"财政年鉴"、"统计年鉴"、政府官方网站上数据并不全面，图 5.4.3 和图 5.4.4 是我们直接得到的数据，图中灰色阴影部分为我们需要但未知的数据。

南京	2013		2007	2008	2009	2010	2011	2012
财政总收入（亿元）	1591.59		628.53	742.4	901.15			
海关进出口总额（亿美元）	557.57		362	405.92	337.45			
GDP（亿元）	8011.78							
财政总收入变动率	0.03266		0.18117	0.21383				
进出口总额变动率	0.29		0.12133	-0.1687				
实际使用外资变动率	0.14247		0.1509	0.00843				
公共财政预算支出（亿元）	851.01							
税收收入（亿元）	684.47							
公共财政预算收入（亿元）	831.31							
实际使用外资（亿美元）			20.61	23.72	23.92	28.1601	35.644	41.3031
环境空气质量良好以上天数			312	322	315	302	317	317
规模以上工业企业外商投资企业主营业务税金及附加（千元）				355949	642091	1794370	2942280	4121471
工业二氧化硫排放量（万吨）			13.84	13.76	13.4	11.55	12.56	12.17

苏州								
财政总收入（亿元）			1217.72	1457.58	1593.39	1950.63	2311.62	2561.67
海关进口总额	亿美元	3093.5	2117.96	2285.26	2014.46	2740.76	3008.63	3056.92
GDP		13015.7						
财政总收入变动率		0.1038	0.19698	0.09317				
进出口总额变动率		0.19749	0.07899	-0.1185				
实际使用外资变动率		0.12355	0.13509	0.01155				
公共财政预算支出		1212.7						
税收收入		1138.3						
公共财政预算收入		1331						
实际使用外资（亿美元）			71.6471	81.3262	82.2653	85.3511	89.1222	91.649
环境空气质量良好以上天数		265						
规模以上工业企业外商投资企业主营业务税金及附加（千元）			650970	767290	843200	1071650	4047380	4838120
工业二氧化硫排放量（万吨）			37.9183	48.3686	14.7286	17.9393	19.1925	18.3401

图 5.4.3　南京市和苏州市原始数据

无锡		2013	2007	2008	2009	2010	2011	2012
财政总收入（亿元）			706.9	909.2	1061.99	1579.85	1722.123	1443.5086
海关进出口总额（亿美元）		703.73						
GDP（亿元）		8070.18						
财政总收入变动率		0.118	706.9	909.2	1061.99			
进出口总额变动率		0.311	511.46	560.28	439.45			
实际使用外资变动率		0.131	27.72	31.67	32.03			
公共财政预算支出（亿元）		711.49						
税收收入（亿元）		579.1053						
公共财政预算收入（亿元）		710.91						
实际使用外资（亿美元）			27.72	31.67	32.0308	33.0007	35.048	40.1
环境空气质量良好以上天数						341	342	343
规模以上工业企业外商投资企业主营业务税金及附加（千元）			142820	244540	333200	257010	1289820	1152110
工业二氧化硫排放量（万吨）			11.6586	9.6064	9.3711	9.9857	9.64	8.68

南通								
财政总收入		1216.73						
海关进口总额	亿美元	298.14						
GDP		5038.89						
财政总收入变动率		0.052	300.71	390.21	486.1			
进出口总额变动率		0.332	127.76	166.88	162.59			
实际使用外资变动率		0.259	31.17	29.37	20.0481			
公共财政预算支出		576.4						
税收收入（亿元）		406.6342						
公共财政预算收入		485.88						
实际使用外资（亿美元）			31.1745	29.371	20.0481	20.6056	21.6644	22.0542
环境空气质量良好以上天数		224						
规模以上工业企业外商投资企业主营业务税金及附加（千元）		4619500						
工业二氧化硫排放量（万吨）		6.98						

图 5.4.4　无锡市和南通市原始数据

对于那些未知的 2013 年数据，我们找到了相应的前些年的数据，考虑到预测效果的好坏，我们采用 Excel 和灰色预测模型两种工具进行数据预测（图 5.4.5），部分预测如下。

2008 年	2009 年	2010 年	2011 年	2012 年	2013 年
355 949 千元	642 091 千元	1 794 370 千元	2 942 280 千元	4 121 471 千元	4 920 602 千元

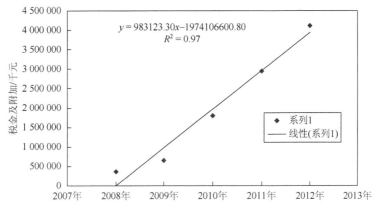

$y = 983123.30x - 1974106600.80$
$R^2 = 0.97$

图 5.4.5　南京市规模以上外资投资工业企业主营业务税金及附加预测

2013 年数据为模型模拟得到的数据，故图中未给出

使用灰色系统建模软件 GTMS 可以对南京市空气质量良好以上的天数进行预测,如图 5.4.6 所示。此外,还可以对苏州市 2013 年的财物总收入进行预测,预测模型如图 5.4.7 所示。各年的预测数值如下。

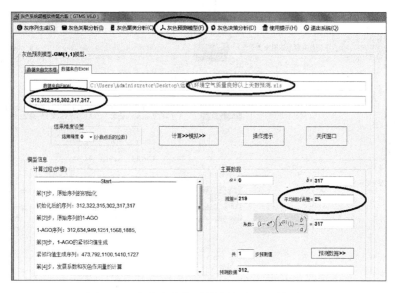

图 5.4.6　南京市空气质量良好以上天数预测

2007 年	2008 年	2009 年	2010 年	2011 年	2012 年	2013 年
1217.721 亿元	1457.583 亿元	1593.388 亿元	1950.625 亿元	2311.618 亿元	2561.673 亿元	2807.2 亿元

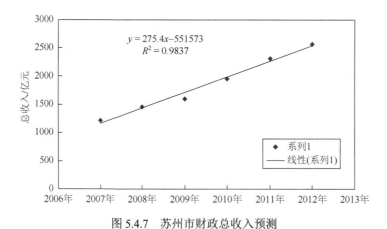

图 5.4.7　苏州市财政总收入预测

2013 年数据为模型模拟得到的数据,故图中未给出

苏州市规模以上外资投资工业企业主管业务税金及附加的预测模型如图 5.4.8 所示。各年的预测数值如下。

2007 年	2008 年	2009 年	2010 年	2011 年	2012 年	2013 年
$650\,970\times10^3$ 元	$767\,290\times10^3$ 元	$843\,200\times10^3$ 元	$1\,071\,650\times10^3$ 元	$4\,047\,380\times10^3$ 元	$4\,838\,120\times10^3$ 元	$7\,626\,326\times10^3$ 元

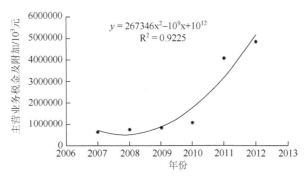

图 5.4.8 苏州市规模以上外资投资工业企业主营业务税金及附加预测

2013 年数据为模型模拟得到的数据，故图中未给出

使用灰色系统建模软件 GTMS 可以对无锡市空气质量良好以上的天数进行预测，如图 5.4.9 所示。

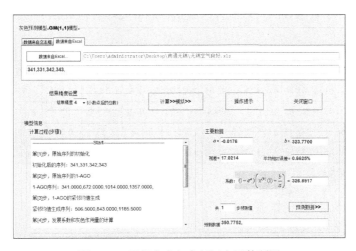

图 5.4.9 无锡市空气良好以上天数预测

预测后完整数据如图 5.4.10 和图 5.4.11 所示，灰色字体的数据都是经过预测得到的。

南京	2013	2007	2008	2009	2010	2011	2012
财政总收入(亿元)	1591.59	628.53	742.4	901.15			
海关进出口总额(亿美元)	557.57	362	405.92	337.45			
GDP(亿元)	8011.78						
财政总收入变动率	0.032664754	0.18116876	0.213833513				
进出口总额变动率	0.290004524	0.12132597	-0.16867856				
实际使用外资变动率	0.142465919	0.15089762	0.008431703				
公共财政预算支出 (亿元)	851.01						
税收收入 (亿元)	684.47						
公共财政预算收入 (亿元)	831.31						
实际使用外资 (亿美元)	43.28	20.61	23.72	23.92	28.1601	35.644	41.3031
环境空气质量良好以上天数	312	312	322	315	302	317	317
规模以上工业企业外商投资企业主营业务税金及附加(10³元)	4920602.1		355949	642091	1794370	2942280	4121471
工业二氧化碳排放量 (万吨)	11.47	13.84	13.76	13.4	11.55	12.24	12.17
苏州							
财政总收入 (亿元)	2807.2	1217.7211	1457.5825	1593.39	1950.63	2311.62	2561.67
海关进出口总额	3093.5	2117.9557	2285.2565	2014.46	2740.76	3008.63	3056.92
GDP	13015.7						
财政总收入变动率	0.103803835	0.19697555	0.09317181				
进出口总额变动率	0.197486891	0.07899113	-0.11849576				
实际使用外资变动率	0.123546769	0.13509409	0.011547324				
公共财政预算支出	1212.7						
税收收入	1138.3						
公共财政预算收入	1331						
实际使用外资 (亿美元)	94.6325	71.6471	81.3262	82.2653	85.3511	89.1212	91.649
环境空气质量良好以上天数	265						
规模以上工业企业外商投资企业主营业务税金及附加(10³元)	7626326	650970	767290	843200	1071650	4047380	4838120
工业二氧化碳排放量 (万吨)	18.8873	37.9183	48.3686	14.7286	17.9393	19.1925	18.3401

图 5.4.10 南京市和苏州市预测后完整数据

无锡	2013	2007	2008	2009	2010	2011	2012
财政总收入(亿元)	1891.1	706.9	909.2	1061.99	1579.85	1722.123	1443.5086
海关进出口总额(亿美元)	703.73						
GDP(亿元)	8070.18						
财政总收入变动率	0.118	706.9	909.2	1061.99			
进出口总额变动率	0.311	511.46	560.28	439.45			
实际使用外资变动率	27.72	31.67	32.03				
公共财政预算支出(亿元)	711.49						
税收收入(亿元)	579.1053						
公共财政预算收入(亿元)	710.91						
实际使用外资(亿元)	40.5154	27.72	31.67	32.0308	33.0007	35.048	40.1
环境空气质量良好以上天数	350			341	331	342	343
规模以上工业企业外商投资企业主营业务税金及附加(10^3元)	1822012.6	142820	244540	333200	257010	1289820	1152110
工业二氧化硫排放量(万吨)	9	11.6586	9.6064	9.3711	9.9857	9.64	8.68

南通							
财政总收入	1216.73						
海关进口总额(亿美元)	298.14						
GDP	5038.89						
财政总收入变动率	0.052	300.71	390.21	486.1			
进出口总额变动率	0.332	127.76	166.88	162.59		0.306	
实际使用外资变动率	0.259	31.17	29.37	20.0481		-0.058	
公共财政预算支出	576.4						
税收收入(亿元)	406.6342						
公共财政预算收入	485.88						
实际使用外资(亿美元)	18.7688	31.1745	29.371	20.0481	20.6056	21.6644	22.0542
环境空气质量良好以上天数	224						
规模以上工业企业外商投资企业主营业务税金及附加(10^3元)	4619500						
工业二氧化硫排放量(万吨)	6.98						

图 5.4.11　无锡市和南通市预测后完整数据

将上述 2013 年数据按照财政收入风险指标进行处理，得到如下结果（表 5.4.1）。

表 5.4.1　处理后数据

城市	$X_1(-)$	$X_2(+)$	$X_3(-)$	$X_4(+)$	$X_5(-)$	$X_6(+)$	$X_7(+)$	$X_8(+)$	$X_9(+)$	$X_{10}(-)$	$X_{11}(-)$	$X_{12}(-)$
南京	0.823 36	0.431 01	0.198 66	0.059 19	0.196 03	0.007 21	0.032 66	0.29	0.142 47	1 591.59	831.31	0.976 857
苏州	0.855 22	1.471 97	0.215 68	0.057 3	0.094 4	0.006 73	0.103 8	0.197 49	0.123 55	2 807.2	1 331	1.097 55
南通	0.836 9	0.366 44	0.241 47	0.095 07	0.184 1	0.005 74	0.052	0.332	0.259	1 216.73	485.88	0.842 96
无锡	0.814 6	0.540 05	0.234 33	0.025 63	0.185 08	0.004 76	0.118	0.331	0.131	1 891.1	710.91	0.999 18

注：$X_1 \sim X_{12}$ 是无量纲的

其中，$X_1 \sim X_{12}$ 的含义如下。

X_1：税收收入/公共财政预算收入（$-$）。

X_2：海关进出口总额/GDP（$+$）。

X_3：财政总收入/GDP（$-$）。

X_4：规模以上外资工业企业主营业务税金及附加/公共财政预算收入（$+$）。

X_5：空气质量良好以上天数/财政总收入（$-$）。

X_6：工业二氧化硫排放量/财政总收入（$+$）。

X_7：财政总收入变动率（$+$）。

X_8：进出口总额变动率（$+$）。

X_9：实际使用外资变动率（$+$）。

X_{10}：财政总收入（$-$）。

X_{11}：公共财政预算收入（$-$）。

X_{12}：公共财政预算收入/支出（$-$）。

3. AHP 建模和 yaahp 软件求解

运用 yaahp 软件为 AHP 的决策过程提供模型构造、计算和分析等，进行 AHP 模型构建。

1）绘制层次模型

绘制层次模型如图 5.4.12 所示。

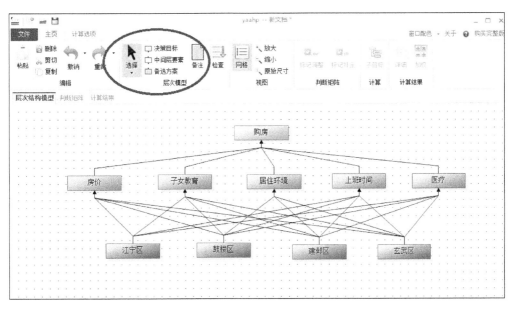

图 5.4.12　绘制层次模型

2）判断矩阵生成及比较数据输入

确定层次模型后，软件将据此进行解析并生成判断矩阵。判断矩阵数据输入时可以选择多种输入方式，可以通过拖动滑动条来完成输入，也可以直接键入自定数据。判断矩阵打分图如图 5.4.13 所示。

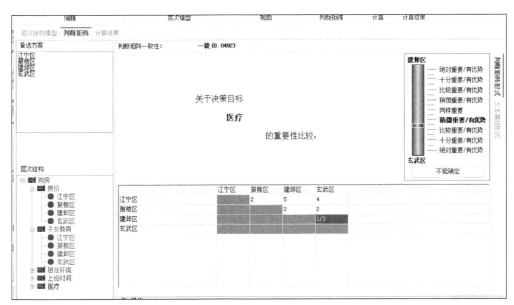

图 5.4.13　判断矩阵打分图

对于打分不一致的，可以自己进行调整，如图 5.4.14 所示。

调整后的判断矩阵如图 5.4.15 所示。

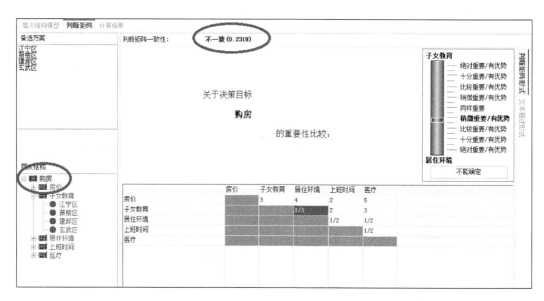

图 5.4.14　判断矩阵打分不一致

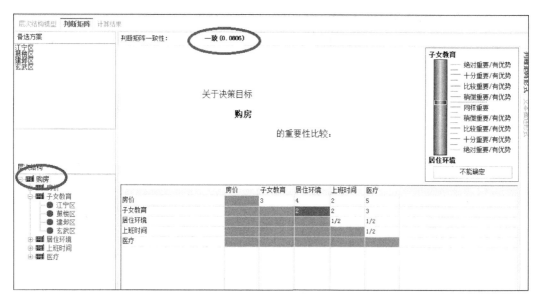

图 5.4.15　调整后的判断矩阵

3）总目标/子目标排序权重计算

无论备选方案对总目标的排序权重，还是备选方案对层次结构中其他非方案层要素的排序权重，都可以快速地完成计算，并且能够查看详细的判断矩阵数据、中间计算数据以及最终计算结果，如图 5.4.16～图 5.4.19 所示。

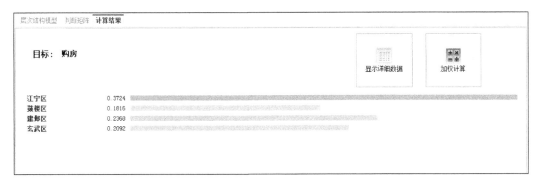

图 5.4.16　计算结果

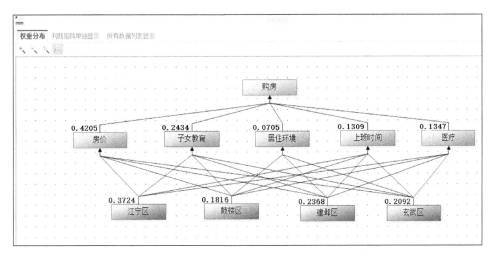

图 5.4.17　权重分布图

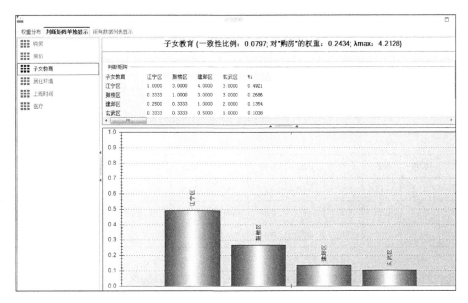

图 5.4.18　判断矩阵单独显示

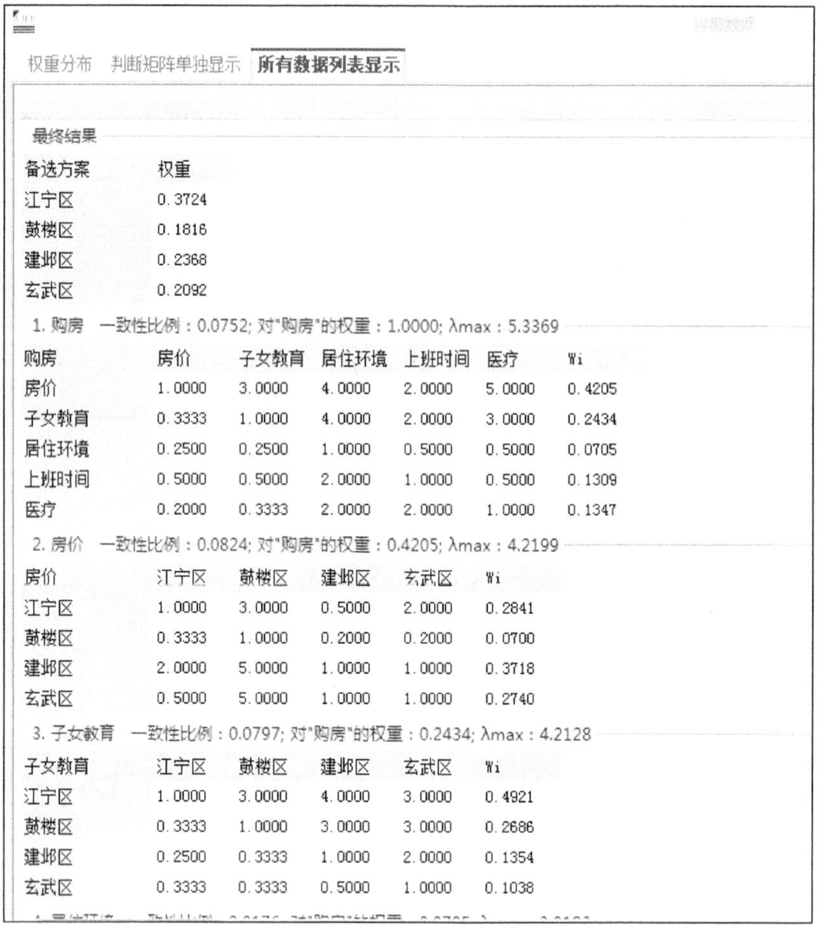
权重分布 判断矩阵单独显示 所有数据列表显示

最终结果

备选方案	权重
江宁区	0.3724
鼓楼区	0.1816
建邺区	0.2368
玄武区	0.2092

1. 购房 一致性比例：0.0752; 对"购房"的权重：1.0000; λmax：5.3369

购房	房价	子女教育	居住环境	上班时间	医疗	Wi
房价	1.0000	3.0000	4.0000	2.0000	5.0000	0.4205
子女教育	0.3333	1.0000	4.0000	2.0000	3.0000	0.2434
居住环境	0.2500	0.2500	1.0000	0.5000	0.5000	0.0705
上班时间	0.5000	0.5000	2.0000	1.0000	0.5000	0.1309
医疗	0.2000	0.3333	2.0000	2.0000	1.0000	0.1347

2. 房价 一致性比例：0.0824; 对"购房"的权重：0.4205; λmax：4.2199

房价	江宁区	鼓楼区	建邺区	玄武区	Wi
江宁区	1.0000	3.0000	0.5000	2.0000	0.2841
鼓楼区	0.3333	1.0000	0.2000	0.2000	0.0700
建邺区	2.0000	5.0000	1.0000	1.0000	0.3718
玄武区	0.5000	5.0000	1.0000	1.0000	0.2740

3. 子女教育 一致性比例：0.0797; 对"购房"的权重：0.2434; λmax：4.2128

子女教育	江宁区	鼓楼区	建邺区	玄武区	Wi
江宁区	1.0000	3.0000	4.0000	3.0000	0.4921
鼓楼区	0.3333	1.0000	3.0000	3.0000	0.2686
建邺区	0.2500	0.3333	1.0000	2.0000	0.1354
玄武区	0.3333	0.3333	0.5000	1.0000	0.1038

图 5.4.19 判断矩阵综合列表

4）运用 yaahp 软件求解

中间层的判断矩阵我们采用专家打分法，目标层的判断矩阵我们直接使用具体数据。由于指标的正逆性不同，我们用线性比例转化方法进一步处理数据，结果如表 5.4.2 所示。

表 5.4.2 线性比例变化

南京市	0.99	0.29	1	0.62	0.48	1	0.28	0.87	0.55	0.76	0.58	0.86
苏州市	0.95	1	0.92	0.60	1	0.93	0.88	0.59	0.48	0.43	0.37	0.77
南通市	0.97	0.25	0.82	1	0.51	0.80	0.44	1	1	1	1	1
无锡市	1	0.37	0.85	0.27	0.51	0.66	1	0.94	0.51	0.64	0.68	0.84

按照前面介绍的步骤依次操作软件，得到各步骤结果如图 5.4.20～图 5.4.25 所示。

5）TOPSIS 求解

（1）原始矩阵如表 5.4.3 所示。

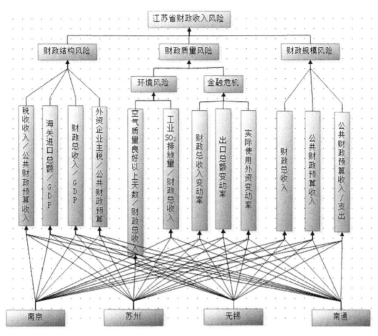

图 5.4.20 江苏省财政收入风险层次结构模型

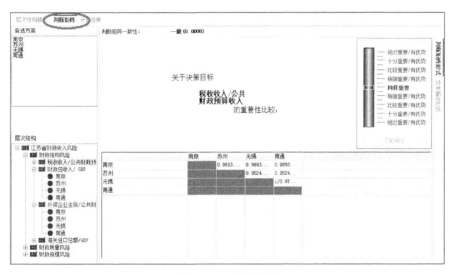

图 5.4.21 判断矩阵

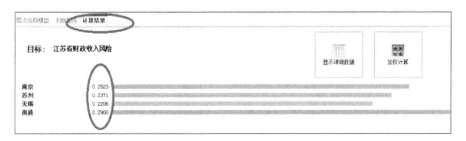

图 5.4.22 计算结果

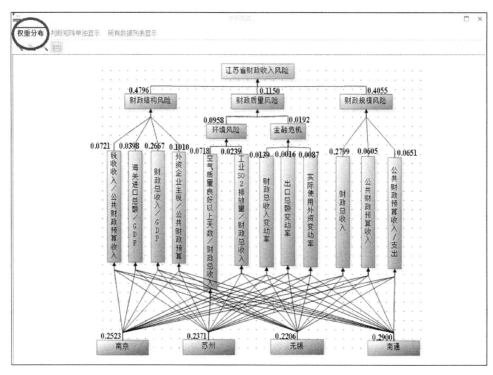

图 5.4.23　详细数据之权重分布

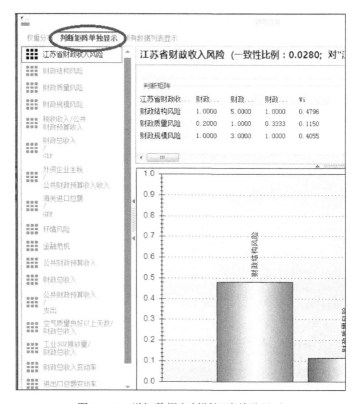

图 5.4.24　详细数据之判断矩阵单独显示

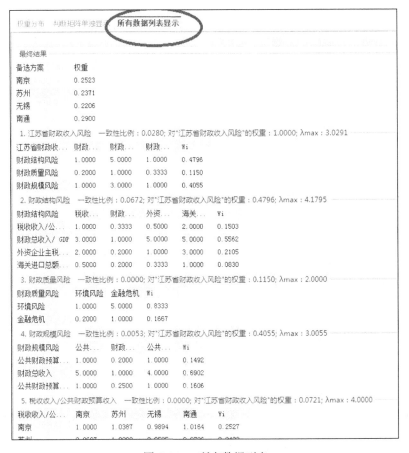

图 5.4.25　所有数据列表

表 5.4.3　原始矩阵

城市	$X_1(-)$	$X_2(+)$	$X_3(-)$	$X_4(+)$	$X_5(-)$	$X_6(+)$	$X_7(+)$	$X_8(+)$	$X_9(+)$	$X_{10}(-)$	$X_{11}(-)$	$X_{12}(-)$
南京	0.823 36	0.431 01	0.198 66	0.059 19	0.196 03	0.007 21	0.032 66	0.29	0.142 47	1 591.59	831.31	0.976 857
苏州	0.855 22	1.471 97	0.215 68	0.057 3	0.094 4	0.006 73	0.103 8	0.197 49	0.123 55	2 807.2	1 331	1.097 55
南通	0.836 9	0.366 44	0.241 47	0.095 07	0.184 1	0.005 74	0.052	0.332	0.259	1 216.73	485.88	0.842 96
无锡	0.814 6	0.540 05	0.234 33	0.025 63	0.185 08	0.004 76	0.118	0.331	0.131	1 891.1	710.91	0.999 18

（2）向量归一处理后如表 5.4.4 所示。

表 5.4.4　向量归一处理

城市	$X_1(-)$	$X_2(+)$	$X_3(-)$	$X_4(+)$	$X_5(-)$	$X_6(+)$	$X_7(+)$	$X_8(+)$	$X_9(+)$	$X_{10}(-)$	$X_{11}(-)$	$X_{12}(-)$
南京	0.494 416	0.258 58	0.445 1	0.461 04	0.576 85	0.583 07	0.193 59	0.504 8	0.411 6	0.404 65	0.464 42	0.496 7
苏州	0.513 547	0.883 08	0.483 24	0.446 3	0.277 78	0.544 36	0.615 2	0.343 76	0.356 94	0.713 72	0.743 57	0.558 08
南通	0.502 546	0.219 84	0.541 02	0.740 55	0.541 74	0.464 14	0.308 18	0.577 9	0.748 29	0.309 35	0.271 44	0.428 62
无锡	0.489 152	0.324	0.525 03	0.199 63	0.544 61	0.385 05	0.699 34	0.541 34	0.378 48	0.480 8	0.397 16	0.508 06

（3）由 AHP 得到各指标权重如表 5.4.5 所示。

表 5.4.5　各指标权重

	$X_1(-)$	$X_2(+)$	$X_3(-)$	$X_4(+)$	$X_5(-)$	$X_6(+)$	$X_7(+)$	$X_8(+)$	$X_9(+)$	$X_{10}(-)$	$X_{11}(-)$	$X_{12}(-)$
权重	0.0721	0.0398	0.2667	0.101	0.0718	0.0239	0.0139	0.0016	0.0037	0.2799	0.0605	0.0651

（4）计算加权标准化矩阵如表 5.4.6 所示。

表 5.4.6　加权标准化矩阵

城市	$X_1(-)$	$X_2(+)$	$X_3(-)$	$X_4(+)$	$X_5(-)$	$X_6(+)$	$X_7(+)$	$X_8(+)$	$X_9(+)$	$X_{10}(-)$	$X_{11}(-)$	$X_{12}(-)$
南京	0.035 647	0.010 29	0.118 71	0.046 57	0.041 42	0.013 94	0.002 69	0.000 81	0.001 52	0.113 26	0.028 1	0.032 34
苏州	0.037 027	0.035 15	0.128 88	0.045 08	0.019 94	0.013 01	0.008 55	0.000 55	0.001 32	0.199 77	0.044 99	0.036 33
南通	0.036 234	0.008 75	0.144 29	0.074 8	0.038 9	0.011 09	0.004 28	0.000 92	0.002 77	0.086 59	0.016 42	0.027 9
无锡	0.035 268	0.012 9	0.140 03	0.020 16	0.039 1	0.009 2	0.009 72	0.000 87	0.001 4	0.134 58	0.024 03	0.033 07

（5）确定正理想解和负理想解如表 5.4.7 所示。

表 5.4.7　正理想解和负理想解

	$X_1(-)$	$X_2(+)$	$X_3(-)$	$X_4(+)$	$X_5(-)$	$X_6(+)$	$X_7(+)$	$X_8(+)$	$X_9(+)$	$X_{10}(-)$	$X_{11}(-)$	$X_{12}(-)$
正理想解	0.037 027	0.008 75	0.144 29	0.020 16	0.041 42	0.009 2	0.002 69	0.000 55	0.001 32	0.199 77	0.044 99	0.036 33
负理想解	0.035 268	0.035 15	0.118 71	0.074 8	0.019 94	0.013 94	0.009 72	0.000 92	0.002 77	0.086 59	0.016 42	0.027 9

（6）求出各方案到理想解和负理想解的距离如表 5.4.8 所示。

表 5.4.8　各方案到正理想解和负理想解的距离

项目	南京	苏州	南通	无锡
S^*	0.095 72	0.045 44	0.129 22	0.069 23
S^-	0.052 86	0.121 21	0.041 82	0.081 93

（7）计算各方案的相对贴近度如表 5.4.9 所示。

表 5.4.9　各方案的相对贴近度

城市	贴近度
南京	0.355 773
苏州	0.727 325
南通	0.244 512
无锡	0.542 011

4. AHP-TOPSIS 做风险评价

yaahp 软件计算的最终结果为：南通（0.2900）＞南京（0.2523）＞苏州（0.2371）＞无锡（0.2206），即四个城市的财政收入风险从大到小依次为南通、南京、苏州、无锡。

TOPSIS 计算的最终结果为：苏州（0.727 325）＞无锡（0.542 011）＞南京（0.355 773）＞南通（0.244 512），即四个城市的财政收入风险从大到小依次为南通、南京、无锡、苏州。

可以看出，两种方法得出的结果大方向上是一致的，也与实际较符合，但在无锡和苏州的比较上略微有点差异。第二种方法的权重是根据 AHP 而来的，其实是将 TOPSIS 与 AHP 结合起来了，其得出的结果也更加可靠。

AHP 是多层次多因素权重确定的有效工具。AHP 通过判断矩阵导出排序权值，使权值在定性的基础上得以量化，结果更加客观。但 AHP 对评价指标值的排序处理，过于简单化。将 TOPSIS 法和 AHP 在层次性多元分析评价中进行综合应用，可以吸收两种方法的优点，互补不足，使评价方法的应用领域更加广泛，同时可提高评价方法的易操作性和评价结果的客观性、准确性。

5. 案例总结与评析

1）案例总结

随着全球化的不断深入以及各种不确定因素的出现，地方政府财政收入面临越来越大的挑战和风险。本章正是在这样的背景下，提出了一套财政收入风险指标，并以江苏省南京市、苏州市、无锡市、南通市为实例进行了评估。我们在相关资料及网站上找到了 2013 年的一些实际数据，也利用 Excel 和灰色预测模型预测了部分数据。通过 AHP 及 TOPSIS 的综合应用，我们得到四个城市的财政收入风险大小为：南通＞南京＞无锡＞苏州，此结果与实际也较符合。在研究过程中，小组成员提高了搜集数据、处理数据的能力，增强了对 AHP、TOPSIS 等模型的理解，并且拓宽了对相关学科的认识。当然，在研究过程中，我们也遇到了很多阻碍，研究也还有很多不足，但我们相信这次研究过程对以后的学业会有很大的帮助。

2）案例评析

（1）由于自身专业知识的限制，对于指标的选取有待完善。希望可以不断修改找到更加具有代表性的指标。

（2）对判断矩阵的打分是我们小组成员根据现有知识自己完成的，具有很大的主观性，希望可以有专业的老师、专家来给我们的矩阵打分。

（3）对于计算出的结果，我们无法根据每一个数据针对性地对每个地区的财政收入风险进行分析，并提出有效的建议。

（4）由于时间限制，我们小组仅选取了南京市、苏州市、无锡市和南通市进行分析，如果有时间，我们小组想把江苏省 13 个市都进行分析对比。

（5）针对财政收入，财政投入与财政产出引起我们小组的兴趣。希望可以把这一部分与财政风险结合起来，找出更深层次的原因和对策建议。

5.5　经典博弈案例：英国脱欧

1. 英国脱欧事件背景描述

2016 年 6 月 23 日，英国组织公众投票，决定是该留在欧盟（EU）还是脱离欧盟。根据公布结果显示，脱欧阵营获得 1202 万票，领先留欧阵营约 70 万票，这意味着英国脱欧成功。

英国与欧盟始终保持着若即若离的关系。其根本原因是历史关系影响下的主权捍卫以及国际战略关系的选择，导火索是欧债危机的爆发与党派争端，中间牵扯的是千丝万缕的制度束缚和经济利益纠缠。脱欧争论的一个重要议题是英国在欧盟预算中承担的份额。以 2013 年数据计算，英国是欧盟财政预算第二大净贡献国。令英国人不悦的是，一些欧元区国家在金融危机后降低了贡献额，导致英国贡献比例大幅升高。金融危机前，英国每年为欧盟预算贡献大约 40 亿欧元，2014 年时达到 100 亿欧元；占本国国民总收入（GNI）的比例也从 0.2% 升高到 0.5% 以上。此外，欧债危机的爆发、劳动力迁移、银行业联盟等问题进一步坚定了英国脱欧的决心。

在二战后，欧盟开始促进欧洲国家之间的经济合作，如果对于单独的一个国家，欧盟提倡"单一市场"，允许自由流动的货物、服务和金钱。欧盟还建立了许多成员国共同的法律。然而，英国认为欧盟涉及太多的规定来控制自己的事务。自由流动的规则从贫穷国家带来大规模移民。每年大量的钱给欧盟带来了沉重的经济负担。从英国的政治特征角度来看，一直实施着实用主义政策，而英国与欧盟的关系若即若离。目前，欧盟的经济下降，英国的经济强于欧盟，这给英国的经济带来了负担。在 2010 年的欧洲金融危机时，英国没有参与到营救中，欧盟对英国的金融监管在下降。同时，欧盟还显示了对英国的不信任和不满。结果，彼此间的信任下降到历史最低点。

在 2015 年，英国曾公开提出留在欧盟的条件和目标。四个目标包括：确保欧洲共同市场平等对待非欧元区国家，如英国；增强欧盟的竞争力和减少成员国的约束；不迫使英国参与欧洲政治一体化进程；控制输送移民到英国。然而，欧盟回应说，这些目标很难实现，特别是取消欧洲移民的社会福利。自此，英国与欧盟的冲突再次被激化。下面，我们来分析英国脱欧对各个国家的影响。

2. 英国脱欧对各方的影响

（1）对于英国，英国脱欧的好处包括：节省向欧盟交纳的财政开支；腾出就业岗位和劳动福利；从法律上摆脱欧盟的束缚。英国脱欧带来的不利影响包括：欧盟是英国最大的贸易伙伴，脱欧会影响二者之间的经济贸易；英国金融业有 250 多家外国银行，脱欧会影响伦敦在全球金融业的地位；500 万英国人的就业机会和欧盟息息相关，英国脱欧影响本国人民的就业。

（2）对于欧盟，如果英国选择离开，欧盟的全球影响力将被削弱。从经济的角度考虑，英国的 GDP 占欧盟的 16.2%，代表欧盟经济的 1/6，大约与加利福尼亚州和弗吉尼亚州在美国所占比例相同。欧盟不仅失去了会费，也给经济实力和国际地位带来了消极的影响。

（3）对于苏格兰和北爱尔兰，在 2014 年 9 月，苏格兰举行独立公投，但是因 55% 的反对投票最终没能成功独立。苏格兰和英格兰有不同的税收政策和石油储备。如果英国选择离开欧盟，苏格兰很可能举行第二次独立公投，并选择继续留在欧盟。北爱尔兰也有类似的选择。因为离开欧盟将加剧英国新教徒和爱尔兰共和国天主教徒之间的紧张局势。

3. 建立英国脱欧事件的博弈模型

英国脱欧事件关系到英国、欧盟等主体的利益。在整个博弈的过程中有三个冲突：英国与欧盟之间、英国内部之间、欧盟内部之间。我们分别对其进行详细的分析。图 5.5.1 为 Gambit 软件建立的博弈的标准形式。

EU GB NI SC		1				2			
1		60	10	10	40	60	10	10	40
		60	10	10	40	60	10	10	40
		60	10	10	40	60	10	10	40
		60	10	10	40	60	10	10	40
		60	10	10	40	60	10	10	40
		60	10	10	40	60	10	10	40
		60	10	10	40	60	10	10	40
		60	10	10	40	60	10	10	40
2		80	10	10	0	$\frac{28833}{500}$	$\frac{704}{125}$	$\frac{2907}{500}$	$\frac{9467}{500}$
		80	10	10	0	$\frac{22827}{500}$	$\frac{1317}{250}$	$\frac{2907}{500}$	$\frac{5463}{500}$
		80	10	10	0	$\frac{12603}{250}$	$\frac{1291}{250}$	$\frac{24}{5}$	$\frac{2201}{125}$
		80	10	10	0	$\frac{192}{5}$	$\frac{24}{5}$	$\frac{24}{5}$	$\frac{48}{5}$
		80	10	10	0	$\frac{192}{5}$	$\frac{24}{5}$	$\frac{24}{5}$	$\frac{48}{5}$
		80	10	10	0	$\frac{192}{5}$	$\frac{24}{5}$	$\frac{24}{5}$	$\frac{48}{5}$
		80	10	10	0	$\frac{192}{5}$	$\frac{24}{5}$	$\frac{24}{5}$	$\frac{48}{5}$
		80	10	10	0	$\frac{192}{5}$	$\frac{24}{5}$	$\frac{24}{5}$	$\frac{48}{5}$

图 5.5.1　Gambit 软件建立博弈

1）英国与欧盟之间的冲突（表 5.5.1）

英国与欧盟之间冲突基本上是一个最后通牒的博弈（非零和博弈）模型。英国相信可以从欧盟获得更多的利益，因为英国贡献了很多 GDP。欧盟相信英国会变得贪婪，所以不愿妥协。

表 5.5.1　英国与欧盟之间的冲突

参与者		英国	
		留下	离开
欧盟	妥协	60，40	—，—
	忽视	80，0	−50，−25

2）英国内部的冲突（表5.5.2）

英国内部的冲突是，北爱尔兰和苏格兰更喜欢留在欧盟，如果他们都留在欧盟，英国面临的冲突局势将更加复杂。北爱尔兰和苏格兰之间的冲突过程类似于性别战博弈。如果两者都留在欧盟，将减少英国的回报同时增加欧盟的回报。

表5.5.2 英国内部的冲突

参与者		苏格兰	
		离开	留下
北爱尔兰	离开	5, 5	0, 0
	留下	0, 0	10, 10

3）欧盟内部的冲突

欧盟内部的冲突更为复杂。因为如果这是一个单独的博弈，欧盟可以选择向英国妥协，但这是一个多人参与的重复博弈。如果欧盟向英国妥协，其他国家也会模仿英国获得更多的好处。所以即使在这一轮妥协似乎是一个很好的选择，在整个博弈中，欧盟仍将不顾英国的离开。该冲突的决策者与策略如下。

DM1：欧盟。

妥协：与欧盟妥协，给英国更多的利润以增加英国留在欧盟的机会。

忽视：忽视英国离开欧盟。

DM2：英国。

留下：留在欧盟。

离开：离开欧盟。

DM3：北爱尔兰。

留下：留在欧盟并离开英国。

离开：离开欧盟并留在英国。

DM4：苏格兰。

留下：留在欧盟并离开英国。

离开：离开欧盟并留在英国。

4. Gambit决策支持系统软件（DSS）求均衡解

我们应用Gambit 15.0来计算均衡解。在本章的模型中，每个决策者都是聪明且贪婪的，每个人都知道别人策略的支付。因为如果欧盟不向英国妥协，他们会面临更多类似的情况，就像英国离开欧盟。此时，欧盟的不妥协使得英国不得不通过投票，来决定到底是留在欧盟还是离开欧盟。因此，当英国投票离开欧盟后，北爱尔兰和苏格兰进行谈判。对于双方来说，留在欧盟是最好的选择，如果其中一个能够成功留在欧盟，则另一方留欧盟的支持率将会增加。图5.5.2是关于留在欧盟的可能性的数据。

北爱尔兰和苏格兰之间的冲突博弈如表5.5.3所示。将表5.5.3中的信息输入到Gambit软件，可以计算出博弈的Nash均衡解，如图5.5.3所示。根据计算结果可知，Nash均衡是状态（留下，留下），即北爱尔兰和苏格兰会有同样的态度，他们更想留在欧盟，离开英国。

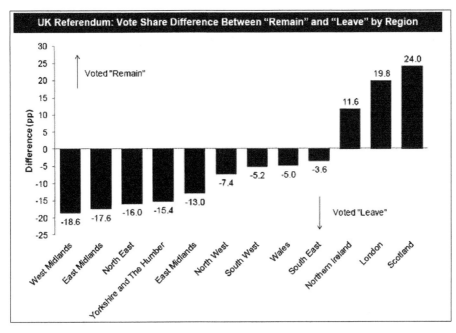

图 5.5.2 关于留在欧盟的可能性的数据

表 5.5.3 北爱尔兰和苏格兰冲突

		苏格兰	
		离开	留下
北爱尔兰	离开	5，5	0，0
	留下	0，0	10，10

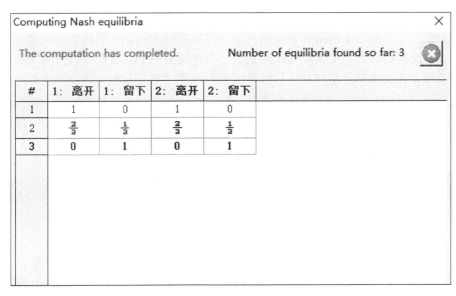

图 5.5.3 计算 Nash 均衡解

使用 Gambit 软件，构建欧盟内部的博弈模型，计算可得博弈的 Nash 均衡解，如图 5.5.4 所示。根据计算结果可知，苏格兰会选择留在欧盟，然后北爱尔兰也会留在欧盟。英国毫无疑问地选择离开欧盟，欧盟应该妥协，以避免最坏的结果。然而，欧盟不会妥协，所以最好的结果将是苏格兰和北爱尔兰留在欧盟且英国离开欧盟。这是一场两败俱伤的博弈。

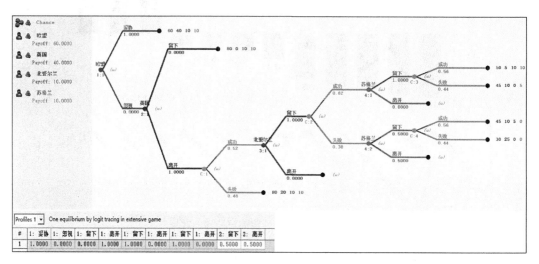

图 5.5.4　Gambit 计算结果

5. 案例总结与评析

在投票开始前欧盟和英国也都进行了分析，支持离开欧盟可能是一场两败俱伤的博弈。这可以应用博弈理论进行行为描述。最后通牒的博弈是关于经济实验的博弈。第一个决策者（发起者）收到一笔钱，提出决策者和其他决策者之间如何分配。第二个决策者（应答者）选择接受或拒绝这个提议。如果第二个决策者接受，这些钱将根据这个提议进行分配。如果第二个决策者拒绝，两个决策者都收不到钱。博弈通常只进行一次，这样不存在交换的问题。英国离开欧盟就是一个很好的例子，我们可以使用博弈论来避免坏的选择。在传统经济学模型中，将英国留在欧盟，欧盟甚至可以得到更多的收益，这样，英国是其成员国。如果英国不离开欧盟，他们都将得到更多的回报，但他们不想互相包含。通过分析可以知道，人们关心公平和尊重有时超过了收益。在这个博弈中没有一个是真正的赢家。

5.6　冲突分析图模型案例：Elmira 冲突

1. 基于图模型的系统构建

1）Elmira 冲突背景介绍

Elmira 是位于加拿大安大略省西南部的一个农业小镇，因枫糖节而闻名，它的水源来自地下蓄水层。在 1989 年，安大略省环境监管部门检测到 Elmira 的含水层的水被 N-亚硝基二甲胺污染，这是一种致癌的物质污染。怀疑污染源自二氯萘酯化工有限公司（UR），这是一家生产当地农药（杀虫剂）和橡胶的制造商，他们生产 N-亚硝基二甲胺作为其副产品。因此，安大略省的环境部依照《安大略环境保护法案》发布了一项命令。要求 UR 公司在安大略省的环境监管部门监督下证明它的回收和处理系统是合理的，同时在处理污染的问题上也要进行合作且将污染清理干净。随后，由于当地居民的施压，滑铁卢市和伍尔维奇的乡镇组成的地方政府（LG）也参与到冲突中，站在环境监管部门的一边，充当独立顾问的角色寻求法律建议来解决这一冲突。

2）决策者和方案

Hipel 等从 Elmira 的冲突案例中提取出了三个决策者：DM1——环境监管部门（MoE），DM2——UR 公司，DM3——地方政府（LG）。决策者都有不同的目的，环境监管部门的目的是尽可能有效率地实行它的命令；UR 公司想要使得法案失效或至少进行对其有利的修改；而 LG 的目的是保护环境且尽量不影响当地的税收。基于这些目的，可以确定各决策者可采取的策略方案情况如下。

环境监管部门（DM1）：

（1）修改：通过修改命令以使其更容易被 UR 公司所接受。

UR 公司（DM2）：

（2）拖延：延长上诉过程。

（3）接受：接受当前的控制命令。

（4）放弃：放弃 Elmira 的经营权。

地方政府（DM3）：

（5）坚持：坚持应用最初的控制命令。

3）可行状态

在这个模型中，逻辑上应该存在 32 种可能的状态，剔除一些不可行的状态，最后只剩下 9 种可行状态，如表 5.6.1 所示。

表 5.6.1　Elmira 冲突的可行状态

决策者	方案	可行状态								
		s_1	s_2	s_3	s_4	s_5	s_6	s_7	s_8	s_9
MoE	（1）修改	N	Y	N	Y	N	Y	N	Y	—
UR 公司	（2）拖延	Y	Y	N	N	Y	Y	N	N	—
	（3）接受	N	N	Y	Y	N	N	Y	Y	—
	（4）放弃	N	N	N	N	N	N	N	N	Y
LG	（5）坚持	N	N	N	N	Y	Y	Y	Y	—

4）绘制状态转移图

各决策者的状态转移图模型如图 5.6.1～图 5.6.3 所示。

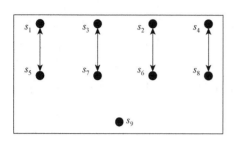

图 5.6.1 环境监管部门的状态转移图模型　　　　图 5.6.2 UR 公司的状态转移图模型

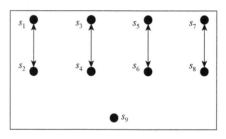

图 5.6.3 地方政府的状态转移图模型

5）偏好信息

为了获得各决策者的偏好信息，可以使用策略优先权排序法。各决策者的策略声明序列如表 5.6.2～表 5.6.4 所示。

表 5.6.2 环境监管部门的策略声明及解释

状态声明	解释
-4	环境监管部门不希望 UR 公司放弃在 Elmira 地区的经营权
3	环境监管部门希望 UR 公司接受原先的控制命令
-2	环境监管部门不希望 UR 公司选择拖延
-1	环境监管部门不希望修改原先的控制命令
5 IFF -1	当且仅当自己选择不修改命令时，环境监管部门希望地方政府坚持原先的控制命令

表 5.6.3 UR 公司的策略声明及解释

状态声明	解释
3 IFF1	当且仅当环境监管部门选择修改控制命令时，UR 公司会选择接受控制命令
-4	UR 公司不希望放弃在 Elmira 地区的经营权
-5	UR 公司不希望地方政府坚持原先的控制命令
2 IFF- 5	当且仅当地方政府选择不坚持控制命令时，UR 公司会选择拖延

表 5.6.4　地方政府的策略声明及解释

状态声明	解释
–4	地方政府不希望 UR 公司放弃在 Elmira 地区的经营权
–1	地方政府希望环境监管部门不修改控制命令
3 IF–1	如果环境监管部门选择不修改命令，地方政府希望 UR 公司选择接受最初的命令
5 IF1	如果环境监管部门选择修改命令，地方政府会选择坚持最初的命令
–2	地方政府不希望 UR 公司拖延进程
5	地方政府希望坚持最初的控制命令

使用策略优先权排序法可得各决策者的偏好排序为

DM1：$s_7 \succ s_3 \succ s_4 \succ s_8 \succ s_5 \succ s_1 \succ s_2 \succ s_6 \succ s_9$

DM2：$s_1 \succ s_4 \succ s_8 \succ s_5 \succ s_9 \succ s_2 \succ s_3 \succ s_7 \succ s_6$

DM3：$s_7 \succ s_3 \succ s_5 \succ s_1 \succ s_8 \succ s_6 \succ s_4 \succ s_2 \succ s_9$

2. 稳定性分析

使用冲突分析决策支持系统可以得到该冲突的均衡解，如表 5.6.5 所示。

表 5.6.5　Elmira 冲突的均衡解

状态	Nash				GMR				SMR				SEQ			
	MoE	UR 公司	LG	E	MoE	UR 公司	LG	E	MoE	UR 公司	LG	E	MoE	UR 公司	LG	E
s_1	√	√			√	√	√	*	√	√	√	*	√	√		
s_2					√		√		√		√				√	
s_3	√				√		√		√		√		√		√	
s_4		√			√	√	√	*	√	√	√	*	√	√	√	*
s_5	√	√	√	*	√	√	√	*	√	√	√	*	√	√	√	*
s_6		√			√		√		√		√				√	
s_7	√		√		√		√		√		√		√		√	
s_8		√			√	√	√	*	√	√	√	*	√	√	√	*
s_9	√	√	√	*	√	√	√	*	√	√	√	*	√	√	√	*

注：E 表示均衡解。

从表 5.6.5 可以看出，很明显状态 5 和状态 9 是在四种稳定性概念下满足所有决策者的最强的稳定状态，状态 4 和状态 8 只是 GMR、SMR 和 SEQ 三种稳定性概念下的稳定状态。

参 考 文 献

党耀国，朱建军，关叶青，等. 2015. 运筹学[M]. 3 版. 北京：科学出版社.

弗登伯格 J，梯诺尔 J. 2014. 博弈论[M]. 黄涛，译. 北京：中国人民大学出版社.

高鸿业. 2007. 西方经济学[M]. 4 版. 北京：中国人民大学出版社.

郭立夫，李北伟. 2006. 决策理论与方法[M]. 北京：高等教育出版社.

吉本斯 R. 2015. 博弈论基础[M]. 高峰，译. 北京：中国社会科学出版社.

李京文，钟学义. 1988. 中国生产率分析前沿[M]. 北京：社会科学文献出版社.

刘思峰，党耀国. 2005. 预测方法与技术[M]. 北京：高等教育出版社.

刘思峰，谢乃明. 2013. 灰色系统理论及其应用[M]. 6 版. 北京：科学出版社.

刘思峰，吴和成，菅利荣. 2011. 应用统计学[M]. 2 版. 北京：高等教育出版社.

马占新. 2002. 数据包络分析方法的研究进展[J]. 系统工程与电子技术，24（3）：42-46.

魏权龄. 1988. 评价相对有效性的 DEA 方法[M]. 北京：中国人民大学出版社.

Banker R D，Charnes A，Cooper W W. 1984. Some models for estimating technical and scale inefficiencies in data envelopment analysis[J]. Management Science，30（9）：1078-1092.

Banker R D，Morey R C. 1986. Efficiency analysis for exogenously fixed inputs and outputs[J]. Operations Research，34（4）：513-520.

Caves D W，Christensen L R，Diewert W E. 1982. The economic theory of index numbers and the measurement of input and output，and productivity[J]. Econometrica，50（6）：1393-1494.

Charnes A，Cooper W W，Rhodes E. 1978. Measuring the efficiency of decision making units[J]. European Journal of Operational Research，2（26）：429-444.

Charnes A，Cooper W W，Golany B，et al. 1985. Foundations of data envelopment analysis for pareto-koopmans efficient empirical production functions[J]. Journal of Econometrics，30（1）：91-107.

Charnes A，Cooper W W，Wei W L，et al. 1989. Cone ratio data envelopment analysis and multi-objective programming[J]. International Journal of Systems Science，20（7）：1099-1118.

Cooper W W，Seiford L M，Thanassoulis E，et al. 2004. DEA and its uses in different countries[J]. European Journal of Operational Research，154（2）：337-344.

Fare R，Grosskopf S. 1985. A nonparametric cost approach to scale efficiency[J]. Scandinavian Journal of Economics，87（4）：584-604.

Malmquist S. 1953. Index numbers and indifference curves[J]. Trabajos de Estatistica，（4）：209-242.

Solow R M. 1957. Technical change and the aggregate production function[J]. The Review of Economics and Statistics，37（3）：312-330.